LUIGI COPPA

ADEVA

Der Herausgeber
Otto Haase ist Industrieller in Graz (Österreich) und hat es sich zur Aufgabe gemacht, Werke der bildenden Kunst zu fördern. Um die tiefe Bedeutung der Kunstwerke erkennen zu lassen, hat er die Herausgabe dieser Publikation ermöglicht.
Sein Dank gilt dem Künstler Luigi Coppa und dem Autor Wilhelm Steinböck.

L' editore
Otto Haase, industriale di Graz (Austria), ha fatto della promozione dell'arte figurativa lo scopo della sua vita. Per divulgare e far comprendere il profondo significato delle opere d'arte, ha reso possibile l'edizione di questa pubblicazione.
Un sincero ringraziamento vada all'artista Luigi Coppa e all'autore Wilhelm Steinböck.

Wilhelm Steinböck
LUIGI COPPA

Akademische Druck- u. Verlagsanstalt
Graz/Austria

Impressum

Lithographien: Reproteam Graz (Austria)
Satz: Typographic, Graz (Austria)
Layout: TR Grafik, Graz (Austria)
Übersetzungen: Giovanni Chiarini
Maria Fehringer, Riccardo Caldura
Lektorat (ital.): Florika Grießner

Fotonachweis:
Bernard Lesaing, Aix en Provence: 2, 29, 30, 85
Archiv Luigi Coppa, Forio d'Ischia: 5, 6, 7
Foto Grafik Petek, Graz (Austria), 48, 65, 67, 72, 130
Alle anderen Fotos wurden durch den Künstler selbst aufgenommen.

Bibliographie, Biographie sowie die Auswahl der kritischen Anthologien stellte Marianna Coppa, die Tochter des Künstlers zusammen.

Umschlagbild: 1   Der Schatten/L'ombra   1976

Alle Rechte, insbesondere die des auszugsweisen Abdrucks vorbehalten.

© Akademische Druck- und Verlagsanstalt,
Graz/Austria 1990

Printed in Austria

ISBN 3-201-01502-4

◀ 2 Porträt des Künstlers   1984

Luigi Coppa

1. Träume der Kindheit

Luigi Coppa wurde am 4. Jänner 1934 in Forio d'Ischia als Sohn des Giovanni Coppa (1905—1973) und dessen Gattin Teresa Colella geboren. Vater Giovanni Coppa war bei der italienischen Straßenbaufirma Astaldi in Afrika als Maschinist tätig. Er verdiente dort sein Geld um die Familie in Forio erhalten zu können. 1935/36 war in Abessinien Krieg und Italien eroberte das Land. Der Negus Haile Selassie kehrte erst 1941 wieder in sein Land zurück, nachdem die Briten das Land wieder erobert hatten. Zu diesem Zeitpunkt war Vater Coppa beruflich in der Hauptstadt Addis Abeba tätig und geriet 1941 in englische Kriegsgefangenschaft.

So sah der kleine Junge, der von seinen Freunden liebevoll »Luigino«, kurz Gino genannt wurde, seinen Vater erstmalig 1947, nach dessen Freilassung aus der Gefangenschaft. Gino war damals 13 Jahre alt. Die Erziehung der Kinder — Luigi hatte noch eine vier Jahre ältere Schwester — war somit in die Hände der Mutter gelegt. Die Begabung des Knaben wurde sehr früh sichtbar und mit viel Fleiß und Können verfertigte er immer wieder Zeichnungen, die jedoch durch seine Mutter vernichtet wurden, denn sie hatte für ihn andere Berufsvorstellungen: Gino sollte Matrose und natürlich später Kapitän werden. Der Junge durchwanderte die schmalen Gäßchen von Forio, wird immer wieder überrascht von den sich öffnenden Plätzen, die ihm, dem Kleinen, so groß erschienen.

1. I Sogni della fanciullezza

Luigi Coppa nacque il 4 gennaio 1934 a Forio d'Ischia, figlio di Giovanni Coppa (1905—1973) e di sua moglie, Teresa Colella. Il padre Giovanni lavorava come macchinista presso la ditta italiana di costruzioni stradali Astaldi in Africa. Sudava laggiù il suo denaro per poter mantenere la famiglia a Forio. Nel 1935/1936 ci fu la guerra d'Abissinia e l'Italia conquistò il paese. Il Negus Haile Selassie potè rientrarvi solo nel 1941, dopo che gli Inglesi l'ebbero riconquistato. A quel tempo il padre lavorava nella capitale Addis Abeba e proprio nel 1941 fu fatto prigioniero dagli Inglesi.

Perciò il ragazzo, che dai suoi amici veniva chiamato affettuosamente »Luigino« e quindi »Gino«, vide il padre per la prima volta solo nel 1947, dopoché fu liberato dagli Inglesi. Gino aveva allora 13 anni.

L'educazione dei figli — Luigi aveva anche una sorella più grande di lui di quattro anni — era dunque affidata alla madre. Il ragazzo rivelò ben presto il proprio talento. Con diligenza e capacità continuava a fare disegni che sua madre sistematicamente distruggeva in quanto ella aveva in mente per il ragazzo altri progetti professionali: Gino sarebbe dovuto diventare marinaio e in seguito logicamente capitano. Il giovane percorreva gli stretti vicoli di Forio, restando sempre sorpreso dalle piazzette che gli si aprivano improvvisamente davanti e che a lui, ancora cosí piccolo, sembravano grandissime.

Quasi da ogni punto dell'isola si vede l'immensità

Fast überall auf der Insel sieht man die Weite des Meeres, die unendlich scheinenden Horizonte, jedoch auch die nahen Ufer des Festlandes, die Silhouetten des Golfs von Neapel.

Immer wieder sind es Menschen, die ihm begegnen, ihm mehr bedeuten als nur flüchtige Bekanntschaften, so der Onkel Giuseppe Colella, der ihm den Weg zur Musik hin wies, oder der forianische Maler Francesco Paolo Mendella. Das Werk des Letzteren beeindruckte ihn so sehr, daß sich in ihm bereits mit 10 Jahren der Wunsch festigte, Maler zu werden. Der mittellose Junge kratzte sich seine Farben von den Wänden der Häuser, oder er gewann sie aus Pflanzen. Die Gefangenschaft des Vaters ließ ihn die Armut noch spürbarer werden, sodaß er sogar seine Schule verlassen mußte, um in verschiedenen Geschäften als Gehilfe tätig zu sein.

Immer wichtiger wurden dem Jungen Künstlerpersönlichkeiten, die nicht nur in den vergangenen Jahrhunderten auf der Insel Aufenthalt genommen hatten, sondern vor allem jene, die nach dem 2. Weltkrieg die Insel besuchten und ihre Spuren hinterließen. Ihre Präsenz, vor allem durch die Bilder, die in Lokalen zurückblieben, war mitbestimmend für die Berufswahl Coppas. Namen wie: Werner Gilles, Karl Sohn-Rethel, Rudolf Levy, Max Peiffer Watenphul, Kurt Kramer, Hans Purrmann, Hermann Poll und viele andere mehr sind zu nennen. Nicht zuletzt war es Eduard Bargheer, den er kennenlernen konnte, und dessen Freundschaft ihm durch viele Jahre hindurch erhalten blieb. Kardinal Luigi Lavitrano, ein gebürtiger Forianer, zeigte Interesse für den Jungen und verhalf ihm zu Freifahrten auf den Autobuslinien der Insel, um seine Studien fortführen zu können.

1947 kehrte Vater Giovanni aus der Gefangenschaft zurück und sein Sohn begegnete ihm erstmalig. Der Vater mag es wohl gewesen sein, der dem jungen Talent geholfen hat, den ihm vorgezeichneten Weg beschreiten zu können. Der Heimgekehrte erzählte viel, nicht nur über die Leiden seiner Gefangenschaft, sondern vornehmlich von der Weite Afrikas, von den

sconfinata del mare, con orizzonti che sembrano infiniti, ma anche le vicine rive della terraferma, i contorni del Golfo di Napoli.

Sono sempre uomini quelli che incontra, ed essi significano per il ragazzo molto di più di semplici, fugaci conoscenze; così è con lo zio Giuseppe Colella che gli indicò la via verso la musica; oppure con il pittore di Forio Francesco Paolo Mendella. L'opera di quest'ultimo lo impressionò al punto che nel ragazzo già a dieci anni nacque il fermo proposito di diventare pittore. Sprovvisto di mezzi finanziari il giovane raschiava dalle pareti di casa frammenti per farne colori, oppure se li procurava dalle piante. La prigionia del padre rese ancora più acuta la miseria, al punto che Luigi dovette lasciare la scuola per darsi da fare, come aiutante, in lavori vari.

Sempre più importanti diventarono per il giovane le personalità di artisti che avevano dimorato nell'isola, non solo quelle dei secoli passati, ma soprattutto le personalità che avevano visitato l'isola dopo la seconda guerra mondiale e avevano lasciato dietro di sé testimonianze. La loro presenza, che si concretizzava principalmente nei quadri che essi lasciavano nei locali pubblici, contribuì decisamente alla scelta della professione di Coppa. Nomi come quelli di Werner Gilles, di Karl Sohn-Rethel, di Rudolf Levy, di Max Peiffer Watenphul, di Kurt Kramer, o di Hans Purrmann, di Hermann Poll e di molti altri dovrebbe essere ricordati. Non ultimo è da menzionare Eduard Bargheer, che Luigi conobbe personalmente e la cui amicizia restò immutata nel corso degli anni. Il cardinale Luigi Lavitrano, nativo anch'egli di Forio, mostrò interesse per il giovane; per farlo andare a scuola gli fece procurare una tessera di libera circolazione sulle linee dell'isola.

Nel 1947 il padre Giovanni tornò dalla prigionia e suo figlio lo vide per la prima volta. Certamente fu il padre ad aiutare il giovane talento a percorrere la strada tracciata. Il reduce raccontò tante cose; non parlò solo delle sue sofferenze di prigionia, raccontò soprattutto dell'immensità dell'Africa, degli uomini di

diesem Jungen, das Land kennenzulernen, in dem sein Vater arbeitete. Der Vater verließ bereits 1948 wieder Forio, um neuerdings bei der Firma Astaldi in Kenia tätig zu sein. Nunmehr sollte er jedoch jeweils nach drei Jahren für drei Monate nach Forio zurückkommen. Luigi Coppa lernt immer wieder Künstler kennen, schließt sich ihnen freundschaftlich an, so dem Maler Luigi De Angelis, dem Bildhauer Aniellantonio Mascolo.

15jährig beendet Luigi die Schule und erhält zum Abschluß, beim »Concorso Regionale di Disegno per le Scuole Medie« einen Preis: einen Farbkasten für Aquarelle.

Luigis Augen wurden immer sehender. Die Vielfalt an Begegnungen mit der Natur, der Landschaft, Kunstwerken und Künstlern wurde immer dichter. Die Bekanntschaft mit dem Maler Emilio Notte, einem Lehrer an der »Accademia di Belle Arti« in Neapel ermöglichte ihm den mehrmaligen Besuch in dessen Atelier.

2. Jahre des Studiums

1950 wagte sich der 16jährige junge Künstler erstmals mit drei Bildern am »Premio di Pittura Isola d'Ischia« zu beteiligen. Es war für ihn ein erster, beachtenswerter Erfolg. 1951 inskribierte Coppa am »Istituto di Belle Arti« in Neapel und wurde Student bei den Professoren: Alfredo Chiancone, Carlo Striccoli, Carlo Verdecchia und Francesco Parente.

Immer wieder will er schauend die Strukturen des Künstlerischen erfahren, reiste nach Rom um Ausstellungen und Museen zu besuchen, pflegte Freundschaften mit Künstlern von internationalem Rang. Von nun an beteiligt sich Coppa an Kollektivausstellungen, die ihm wichtig erschienen: »L'Arte nella Vita del Mezzogiorno d'Italia«, Rom 1953, »V° Premio Nazionale di Pittura«, La Spezia, 1953.

1954 beschickt der junge Künstler die Ausstellung der Kunststudenten seines Instituts im Circolo Artistico in

laggiù. E nel giovane nacque il vivo desiderio di conoscere quel paese nel quale lavorava suo padre. Già nel 1948 il padre lasciò di nuovo Forio per tornare a lavorare con la ditta Astaldi in Kenya. Da ora in po tornerà soltanto ogni tre anni per tre mesi a Forio. Luigi Coppa continua intanto a conoscere artisti, ai quali si lega con vincoli di amicizia; così accade con il pittore Luigi De Angelis, con lo scultore Aniellantonio Mascolo.

A quindici anni Luigi termina le scuole e alla chiusura dell'anno riceve al »Concorso Regionale di Disegno per le Scuole Medie« in premio: una scatola di colori per acquerello.

Gli occhi di Luigi continuavano intanto a vedere sempre più acutamente. Le occasioni di incontro con la natura, con il paesaggio, con le opere d'arte e gli artisti divennero molteplici e sempre più frequenti. La conoscenza del pittore Emilio Notte, docente all' »Accademia di Belle Arti« di Napoli, fece sí che il giovane frequentasse ripetutamente il suo atelier.

2. Anni di Studio

Nel 1950 il giovane artista, allora sedicenne osò prender parte con tre quadri al »Premio di Pittura Isola d'Ischia«. Fu un primo considerevole successo per lui. Nel 1951 si iscrisse all'Istituto di Belle Arti di Napoli e studiò con i professori Alfredo Chiancone, Carlo Striccoli, Carlo Verdecchia e Francesco Parente.

Il suo occhio è costantemente teso a penetrare le strutture del fatto artistico. Cominciò a viaggiare. Andò a Roma per visitare mostre e musei. Curava amicizie con artisti di rango internazionale. Da ora in poi Coppa prese parte alle esposizioni collettive che gli sembravano significative: »L'Arte nella Vita del Mezzogiorno d'Italia«, Roma 1953; »V° Premio Nazionale di Pittura«, La Spezia 1953. Nel 1954 il giovane artista invia 11 disegni alla mostra dell'Istituto d'Arte esposta al Circolo Artistico di Napoli ed ottiene la considerazione e le lodi di critici d'arte molto noti come

Neapel mit 11 Zeichnungen und findet lobende Beachtung durch die so wichtigen Kunstkritiker Paolo Ricci und Alfonso Garofalo in Zeitungen wie »Il Giornale« und »Unitá«. Dieses Jahr 1954 wird für ihn wichtig. Er schließt seine Studien am Istituto mit dem 1. Preis ab, der ihm damals immerhin den Betrag von 20.000 Lire einbrachte. Zudem hatte er in seinem Lehrer, dem Bildhauer Francesco Parente stets einen väterlichen Freund gefunden, der es ihm durch kleine Aufträge immer wieder ermöglichte, Geld zu verdienen. Der nunmehr 21jährige hatte bereits viel Erfahrung gewonnen. Er war ausgestattet mit einem Diplom, das wohl nicht das wichtigste gewesen war; er hatte zu sehen gelernt, hatte sich Techniken angeeignet, und gelernt, vieles mit seinen Händen zu erfahren und zu tun. Seit seiner Kindheit beobachtete er die kleinsten Dinge: Die Bäume, die Vögel auf ihrem Flug im Wind und in der Sonne, das Licht und die Schatten. Jedoch ebensosehr interessierten ihn die den Bildern der ganz Großen innewohnenden Strukturen der Bewältigung der Bildfläche und die Gestaltwerdung eines in sich abgeschlossenen Bildganzen.

3. Der Weg in die Fremde

Mit Geld in der Tasche brach er auf, um die Kunst seiner Heimat Italien kennenzulernen. Seine Studienreisen führten ihn über Orvieto vornehmlich in die Toskana, nach Arezzo, Florenz, jedoch auch nach Padua und Venedig.
Die Kunstwerke des Trecento und des Quattrocento, wurden ihm durch die Werke Giottos, Piero della Francescas, Paolo Uccellos zum tiefen und bleibenden Erlebnis. Es war nicht allein der ästhetische Genuß, die autoptische Erfahrung die ihn bewegte, sondern in den Bildwerken erkannte er Gesetzmäßigkeiten. Im Netz der formalen Äußerungen, in den Bewegungen und Gegenbewegungen, in Kreuzungs- und Konzentrationspunkten entdeckte er ein, die Bildfläche bestimmendes Ordnungsprinzip der »alten« Meister

Paolo Ricci e Alfonso Garofalo in fogli come »Il Giornale« e »L'Unità«.
L'anno 1954 è per lui importante. Chiude gli studi all'Istituto d'Arte con il I° premio, che a quel tempo gli fruttò 20.000 lire. Allo stesso tempo aveva trovato nel suo insegnante, lo scultore Francesco Parente, un sincero amico paterno, che gli dette la possibilità di guadagnare soldi grazie a commissioni di piccoli lavori. Il giovane, ormai ventunenne, aveva già acquistato molta esperienza. Era fornito di un diploma che non era certo la cosa più importante, ma aveva imparato a guardare, si era impossessato di tecniche e aveva appreso a sperimentare e a fare molte cose con le sue stesse mani. Fin dalla sua fanciullezza aveva imparato ad osservare le cose più minute: gli alberi il volo degli uccelli nel vento e nel sole, la luce e le ombre. Tuttavia lo attirarono con altrettanto interesse le strutture che si celavano nei quadri dei grandissimi quelle strutture che riuscivano magicamente a dominare la superficie della tela; lo interessava il costituirsi formale dell'unità figurativa compatta, in sé conclusa

3. La via per l'estero

Con i soldi in tasca si mise in cammino con lo scopo di conoscere l'arte del suo paese, l'Italia. I suoi viaggi di studio lo condussero attraverso Orvieto, su in Toscana, a Arezzo, Firenze, ma anche più a nord, a Padova e Venezia. Le opere d'arte del Trecento e del Quattrocento attraverso Giotto, Piero della Francesca, Paolo Uccello diventarono per lui esperienza profonda e indelebile. Non era soltanto il godimento estetico, il fatto autoptico a commuoverlo; fu soprattutto la consapevolezza di aver colto in quelle opere il principio del rispetto delle leggi formali. Nella rete delle espressioni formali, nei movimenti e nei contromovimenti, nei punti di incrocio e di concentrazione egli era riuscito a scoprire il principio ordinativo che improntava la superficie figurativa dei quadri degli

Diese Strukturen findet er ebenfalls in den Kunstwerken der Expressionisten wieder und erkennt, daß es sich nicht nur um ein zeitlich oder stilgeschichtlich bedingtes Prinzip, sondern um eine den Künstlern mediterraner Welt immanente Notwendigkeit handelt. Die gewonnenen Erkenntnisse wurden für Coppa wichtig. Nach Forio zurückgekehrt, ist er unentwegt daran, seine Erfahrungen in Bilder umzusetzen. Im »Café Internazionale« bei Maria (sie war die Seele dieser gastlichen Stätte) trafen sich die Künstler, wurden Freunde und respektierten einander.

Forio d'Ischia ist keine Stadt, sondern ein Dorf auf einer paradiesischen Insel im Tyrrhenischen Meer. Magisch zog diese Insel die Menschen an, die sich dort, unter dem Vulkan Epomeo aufhielten. Griechen und Römer entdeckten diese Sonneninsel im azurblauen Meer. Im Buch von Paul Buchner, »Gast auf Ischia« (Prestel Verlag, München, 1977) sind wissenschaftlich alle jene erfaßt, deren Ziel diese Insel durch die Jahrhunderte hin war; von Kaiser Augustus über Michelangelo, Goethe u.v.a.m. reicht der Bogen derer, die bis heute dieser Insel ihre Reverenz erwiesen haben. Sie war ein Ort, an dem sich Künstler trafen: Camille Corot besuchte sie 1828, Emil Nolde (1906, 1912) und viele andere mehr. So lernte er u.a. 1959 den Maler Hans Purrmann kennen, fernerhin die Maler Lélo Fiaux, Ely Borgrave, Leonardo Cremonini, Rudolf Pointner aus Graz, den bedeutenden Maler der Phantasie aus Österreich. Zwischendurch war für ihn die Teilnahme an der VII. Quadriennale der Kunst in Rom wichtig. Dort traf er auch auf eine Gruppe türkischer Künstler und Intellektueller, eine Begegnung, die für ihn noch wichtig werden sollte.

»antichi« maestri. Queste strutture le ritrova anche nei capolavori degli espressionisti e capisce che non si tratta di un principio determinato dal momento storico o dall'evoluzione stilistica, ma di una necessità immanente agli artisti appartenenti al mondo mediterraneo. La comprensione profonda di questi fattori fu importante per Coppa. Tornato a Forio si mette al lavoro con fermezza e costanza per trasformare queste esperienze in immagini. Al »Caffè Internazionale«, da Maria (l'anima di questo luogo ospitale), artisti si incontravano, diventavano amici, rispettosi l'uno dell'altro.

Forio d'Ischia non è una città, è un paese in un'isola di paradiso immersa nel golfo di Napoli. Magicamente quest'isola attirava a sé gli uomini, che si fermavano all'ombra del vulcano Epomeo. I Greci e i Romani avevano scoperto l'isola del sole nel mare azzurro. Nel libro »Gast auf Ischia« di Paul Buchner, sono tutte descritte scientificamente le personalità che nel corso dei secoli scelsero quest'isola come loro meta e l'elenco di coloro che le dimostrarono il loro favore è impressionante, va dall'imperatore Augusto a Michelangelo, a Goethe e a molti altri ancora. L'indagine di Buchner (Prestel Verlag, München 1977) si occupa diffusamente degli ospiti dell'isola dal 1550 fino alla fine del secolo scorso e in particolare delle personalità presenti a Ischia dalla seconda metà del '700 in poi, anche se non mancano accenni nella introduzione ai romani famosi che hanno abitato nell'isola (N.d.T.) Era un luogo in cui gli artisti si incontravano: Camille Corot vi fu nel 1828, Emil Nolde nel 1906 e nel 1912. Coppa vi conobbe fra gli altri nel 1959 il pittore Hans Purrmann; in seguito i pittori Lélo Fiaux, Ely Borgrave, Leonardo Cremonini, Rudolf Pointner, il famoso pittore della fantasia dell'austriaca Graz. Nel frattempo fu significativa per lui la partecipazione alla VII Quadriennale d'Arte di Roma. Fu lí che incontrò un gruppo di artisti e di intellettuali turchi, un incontro destinato ad avere un notevole rilievo in futuro.

3 Coppa mit Emy Roeder in Forio   1969

4. Wichtige Jahre: 1957/58

1957 wird für Luigi Coppa von besonderer Bedeutung.
In Forio trifft er die deutsche Bildhauerin Emy Roeder (geb. Würzburg 1890 — gest. Mainz 1971) und vor allem Hanna Bekker vom Rath (7. 9. 1893—8. 8. 1983), die große Dame des deutschen Kunsthandels. Selbst Malerin (sie war Schülerin von Adolf Hölzel und Ida Kerkovius), war sie freundschaftlich mit den Großen

4. Gli anni importanti: 1957/58

Il 1957 assume per Luigi Coppa un significato particolare.
A Forio incontra la scultrice tedesca Emy Roeder (nata a Würzburg nel 1890 — morta a Mainz nel 1971) e sopratutto Hanna Bekker vom Rath (7. 9. 1893—8. 8. 1983), la grande signora del mercato artistico tedesco. Ella stessa pittrice — era stata allieva di Adolf Hölzel e di Ida Kerkovius —, Hanna Bekker era amica

der europäischen Malerei verbunden, u.a. mit Karl Schmidt-Rotluff (1884—1976), dem Mitbegründer der »Brücke« in Dresden (1905), mit Alexej von Jawlensky (1864—1941), E. W. Nay (1902—1968), Ida Kerkovius (1879—1970). Sie sammelte Kunstwerke und förderte die Künstler. Bereits in den späten 30er Jahren hatte sie in Berlin Werken der »Entarteten«, der vom Nationalsozialismus verfolgten Kunst, geheime Ausstellungen organisiert. 1947 gründete sie in Frankfurt/Main ihre berühmt gewordene Galerie. Sie war die »Botschafterin der Kunst« der deutschen Moderne. Für ihre Künstlerfreunde hatte sie in ihrem alten Bauernhaus im Taunusstädtchen Hofheim ein offenes Haus.

Die Einladung dieser bedeutenden Frau an Luigi Coppa nach Hofheim war für ihn gewiß nicht nur ehrend, sondern Anerkennung für das Werk des jungen Künstlers. Drei Monate lang konnte er in einem Atelier, im sogenannten »Blauen Haus« in Hofheim, seine Landschaften malen, reiste mit Hanna Bekker vom Rath durch das Land und bekam im selben Jahr die Möglichkeit zu Personalausstellungen: Universa-Haus in Nürnberg, Galerie Staab in Hofheim/Taunus, in der Stuttgarter Hausbücherei durch das Frankfurter Kunstkabinett der Galerie Hanna Bekkers; zudem beteiligte er sich an der »Internationalen Ausstellung für Malerei« in Frankfurt/Höchst. Nach Forio zurückgekehrt nimmt er an der Ausstellung »Positano Art Workshop« teil und die in Rom kennengelernten türkischen Künstler und Intellektuellen erinnern sich seiner und durch den Rechtsanwalt Mes'ut Önen kommt ihm die Einladung zu einer Personalausstellung in der »Moderno Galerisindi« in Istanbul zu, die das Italienische Kulturinstitut in Istanbul veranstaltete.

Die zwei Monate in der Türkei waren erfüllt von neuen Begegnungen, Freundschaften und Anerkennungen seines künstlerischen Tuns. Unter anderem lernte er die Maler Cemal Tollu und Ibrahim Calli kennen, wobei letzterer gleichzeitig zu Ehren Coppas eine Reihe von Aquarellen ausstellte, die dieser, anläßlich eines Italienaufenthaltes verfertigt hatte.

dei grandi della pittura europea, fra gli altri di Karl Schmidt-Rotluff (1884—1976) uno dei fondatori della *Brücke* di Dresda (1905), di Alexej von Jawlensky (1864—1941), di E. W. Nay (1902—1968), di Ida Kerkovius (1879—1970). Hanna Bekker collezionava opere d'arte e incoraggiava ed aiutava gli artisti. Già sul finire degli anni 30 aveva organizzato a Berlino segretamente mostre delle opere dei »degenerati«, di quegli artisti, cioè, perseguitati dal regime nazista. Nel 1947 fondò a Francoforte la sua galleria, divenuta poi celebre. Era la »messaggera dell'arte« della *Moderne* tedesca. La sua vecchia fattoria a Hofheim, una piccola cittadina del Taunus, era sempre aperta per i suoi amici artisti.

L'invito del giovane ischitano a Hofheim, nella casa di questa importante signora fu per Luigi Coppa certamente un onore, ma ancor più fu un riconoscimento del valore della sua opera. Per tre mesi poté dipingere i suoi paesaggi nello studio della »casa blu« di Hofheim; con Hanna Bekker vom Rath viaggiò per la Germania e in quello stesso anno ebbe la possibilità di organizzare mostre personali: all'Universa-Haus di Norimberga, alla galleria Staab di Hofheim, alla Stuttgarter Hausbücherei per conto del Frankfurter Kunstkabinett, la galleria di Hanna Bekker. Prese parte inoltre alla »Internationale Ausstellung für Malerei« di Frankfurt/Höchst.

Tornato a Forio partecipa all'esposizione »Positano Art Workshop« e gli artisti e intellettuali turchi conosciuti a Roma si ricordano di lui. Attraverso l'avvocato Mes'ut Önen gli giunge l'invito per una »personale« a Istanbul, organizzata dall'Istituto italiano di Cultura di quella città.

I due mesi trascorsi in Turchia furono densi di incontri, di nuove amicizie e di riconoscimenti del suo operato artistico. Fra gli altri conobbe i pittori Cemal Tollu e Ibrahim Calli. Fu proprio quest'ultimo che organizzò in onore di Coppa in quel periodo una mostra di acquerelli che aveva dipinto in occasione di un suo soggiorno in Italia.

4 Uganda 1957

5. Eine Vision, die sich erfüllt: Afrika

Von Istanbul reiste der Künstler am 19. Dezember 1958 nach Kampala, in die Hauptstadt von Uganda in Ostafrika und verbrachte dort Monate. Er begegnete seinem Vater in Schwarz-Afrika. Er besuchte Kenya, Kongo und Ruanda-Urundi und beteiligte sich an der Ausstellung »The Uganda Art Club« in Kampala. Mit

5. Una visione che si avvera: l'Africa

Da Istanbul l'artista partì il 19 dicembre 1958 per Kampala, la capitale dell'Uganda nell'Africa orientale e vi passò diversi mesi. Nell'Africa nera incontrò suo padre. Visitò il Kenya, il Congo e il Ruanda-Urundi. Prese parte alla mostra »The Uganda Art Club« a Kampala. Tornò a Forio con un ricchissimo bagaglio di

5 Kongo 1958

einer reichen Fülle von Eindrücken und Entwürfen, Aquarellen nach Forio zurückgekehrt, entwickelte er einen ersten Zyklus von Ölbildern, die diese Eindrücke seiner Reise nach Schwarz-Afrika wiedergaben. Künstler wie Hans Purrmann und E. Bargheer besuchten das Atelier, um die Fortschritte Coppas zu besichtigen, seine afrikanischen Werke zu betrachten.

Viele Künstler stellten sich in Forio ein, und die Namen seiner Freunde werden fast unüberschaubar.

impressioni, di schizzi e di acquerelli. Dipinse un primo ciclo di olii che sviluppavano le impression ricevute in quel viaggio nell'Africa nera. Artisti come Hans Purrmann e E. Bargheer lo andarono a trovare nel suo studio per rendersi conto visivamente dei progressi di Coppa, per ammirare le sue opere »africane«.

Molti artisti si recavano a Forio e i nomi dei suoi amici quasi non si contano più. Sono importanti per lui. E non solo in vista di nuovi rapporti con l'estero e di

6 Coppa mit Renato Guttuso in Forio   1974

den Beziehungen zum Ausland und somit für Perspektiven und Ausstellungen seiner Kunst.
Unter den vielen Persönlichkeiten, die er kennenzulernen die Möglichkeit hatte, war es vor allem François Bondy, der ihm gemeinsam mit K. A. Jelenski die Gelegenheit einräumte, in der Galerie Lambert 1959 in Paris eine Personalausstellung zu haben. Diese veranlaßte ihn zu einem zwei Monate langen Aufent-

Fra le numerose personalità che ha l'opportunità di conoscere c'è anche François Bondy. Fu lui che insieme a K. A. Jelenski gli dette la possibilità di organizzare una mostra personale alla Galerie Lambert di Parigi nel 1959. Fu l'occasione per trascorrere due mesi a Parigi e ciò significò l'incontro con l'arte francese, con le opere di Pablo Picasso, di Henri Matisse e di molti altri ancora.

...hielt in Paris und wiederum war ihm die Begegnung mit der Kunst Frankreichs, mit Werken der Künstler Pablo Picasso, Henri Matisse u.v.a.m. von Bedeutung; Malern wie Jan Lebenstein, Stancic, Maeda, war er verbunden. In diese Zeit fällt die Freundschaft mit Erika und Erich Kastner aus Graz, einer Stadt, die ihm wichtige Freunde einbrachte. Erika Kastner, selbst Malerin und Schülerin des bedeutenden österreichischen Malers Alfred Wickenburg hatte in Forio ein Haus. 1960 hielt sich Coppa in Graz als Gast auf und hinterließ nicht nur Werke seiner Hand in der Stadt; letztlich führte dieser Kontakt zu weiteren Freundschaften, etwa mit Otto Haase und dem Autor dieser Zeilen. Von Graz reiste Coppa nach Zürich, er war dort Gast von Hans Peter Roth. Dort vermochte er im Atelier dessen Gattin Annemarie Grieder-Roth zu arbeiten und in der »Galerie Läubli« stellte er gemeinsam mit Hanny Fryes seine Werke aus. Bettina und Ello Katzenstein hatten Coppa 1958 in Forio kennengelernt. Sie waren die Organisatoren. In der »Bottega española«, einem internationalen Künstlertreffpunkt, begegnete er Künstlern wie: Manola Bea, Leo Zanier u.a....

Im Oktober 1960 heiratete Luigi Coppa Anita Verde, die Tochter des forianischen Dichters Giovanni Verde. Sie gebar ihm drei Kinder: Teresa (geb. 1961), Marianna (geb. 1963), Giovanni (geb. 1964).

6. In Forio bei der Familie

In Erinnerung an seine Reisen nach Schwarz-Afrika malte der Künstler eine Reihe großformatiger Ölbilder, die in den Jahren 1961 bis 1964 entstanden. Großwildjagden, Märkte, Schiffe auf den Flüssen und Seen waren seine Gegenstände. Immer wieder besuchte er Rom, Venedig (Biennale); stellte selbst aus, wie etwa in der Buchhandlung »Einaudi« in Rom und zeigte seine Kunst auf der Insel Ischia beim »Premio Nazionale di Pittura Ischia« (1963). Seine Kinder waren es wohl, die ihn 1965 neue Bildgegenstände finden ließen: Kinderbilder mit ihren Spielsachen und...

...si legò a pittori come Jan Lebenstein, Stancic, Maeda. Risale a questo periodo l'amicizia con Erika e Erich Kastner di Graz, una città questa che gli valse molte amicizie importanti. Erika Kastner, anch'ella pittrice e allieva del celebre pittore austriaco Alfred Wickenburg, possedeva una casa a Forio. Nel 1960 Coppa fu ospite a Graz e nella città non lasciò soltanto opere del suo pennello; nacquero nuove amicizie con Otto Haase, per esempio, e con l'autore di queste righe. Da Graz Coppa andó a Zurigo, ospite di Hans Peter Roth. Là poté continuare a lavorare nello studio della moglie Annemarie Grieder-Roth ed espose le sue opere assieme a quelle di Hanny Fryes nella »Galerie Läubli«. Bettina e Ello Katzenstein avevano conosciuto Coppa nel 1958 a Forio. Erano gli organizzatori di quella mostra. Nella »Bottega española«, un punto d'incontro internazionale di artisti, conobbe Manola Bea, Leo Zanier e tanti altri.

Nel mese di ottobre del 1960 Luigi Coppa sposò Anita Verde, la figlia del poeta di Forio Giovanni Verde. Gli dette tre figli: Teresa (nata nel 1961), Marianna (nata nel 1963) e Giovanni (nato nel 1964).

6. A Forio con la famiglia

Negli anni dal 1961 al 1964 l'artista, ispirandosi ai suoi viaggi nell'Africa nera dipinse una serie di olii di grande formato. Sono quadri di caccia grossa, di mercati, di navi sui fiumi e sui laghi. Ripetutamente si recava a Roma, a Venezia (Biennale). Organizzava Mostre personali, come quella alla libreria »Einaudi« di Roma ed esponeva la sua arte nell'isola d'Ischia al »Premio Nazionale di Pittura Ischia« (1963). Saranno proprio i suoi figli che nel 1965 gli suggeriranno nuovi soggetti figurativi: immagini di bambini con i loro giocattoli e il tema degli »amanti«.

7 In Algerien   1985

das Thema »Die Liebenden«. Zur gleichen Zeit zeigte er in der Galerie Bremer eine Personalausstellung unter dem Titel »Afrikanischer Mythos« (1965). Anläßlich der Ausstellung »Hommage à Pablo Picasso« 1966 in Paris, die er gemeinsam mit Hanna Bekker vom Rath besuchte, wird seine Freundschaft mit Josè Palmeiro erneuert und er lernt Ossip Zadkine (1890—1967) kennen. Mit 4 Aquarellen nimmt er an der Ausstellung italienischer Maler in der »Galerie The Contempories« in New York teil. Immer wieder sind die Bambini, die Spielsachen, die ihn fesseln und die er in großformatigen Aquarellen zu Papier bringt, sein Thema.

Nello stesso periodo allestì una »personale« alla galleria Bremer dal titolo »Miti africani« (1965). A Parigi, in occasione della mostra »Hommage a Pablo Picasso« del 1966, che il pittore visitò in compagnia di Hanna Bekker vom Rath, rinnovò l'amicizia con Josè Palmeiro e conobbe Ossip Zadkine (1890—1967). Con quattro acquerelli prende parte all'esposizione di pittori italiani organizzata alla Galerie »The Contempories« di New York. Sono ancora i suoi bambini, i loro giochi che lo tengono avvinto e che il pittore trasferisce sulla carta in acquerelli di grande formato.

7. Begegnung mit Nordafrika

1976 reiste der Künstler nach Nordafrika. In Marokko lernte er eine Welt kennen, deren Eindrücke ihm zum großen Thema wurden. Die Impressionen setzte der bereits arrivierte Künstler in Zeichnungen, Aquarellen und Ölbildern um, die zu den schönsten gehören, die von seiner Hand stammen. Die Faszination war für ihn gegeben. Er stellte Menschen in den Mittelpunkt seiner Darstellung, eingebettet in eine Landschaft, setzt sie künstlerisch um in einer Art und Weise, wie es kein anderer Künstler bisher getan hatte. So entstehen Werke von internationaler Bedeutung, von komprimierter Aussagekraft, die seinen Ruf als europäischen Interpreten bestätigen. Auf den Märkten verbergen heute noch viele Frauen ihr Gesicht. »Verbleibt in euren Gemächern und zeigt euch nicht im Prunk der frühen Heidenzeit« befahl Mohammed den Frauen. Die Orte seiner Reisen werden zu Orten der Begegnung und des Dialogs zwischen den Kulturen und Religionen, in einer geradezu rebellischen Phantasie. Verwunderung und Neugier stehen nebeneinander, dargestellt in einer unheimlichen Weite und auf engem Raum.
1981/82 reist er wieder dorthin, nach Tunesien und Algerien.
Die Welt dieser Landschaft und dieser Menschen ließ ihn nicht los. Neuerdings fuhr er 1985 nach Tunis, Algerien und Marokko und er ist seither unterwegs, seine Sicht dieser Eindrücke, manifestiert in Aquarellen und Ölbildern, in zahlreichen internationalen Ausstellungen, einem breiten Publikum, Kunstkritikern und Sammlern vorzustellen. Es mag sein, daß diese Periode den Höhepunkt seines Schaffens für ihn und für viele darstellt.

7. Incontro con il Nordafrica

Nel 1976 l'artista partì per l'Africa del Nord. In Marocco conobbe un mondo che divenne per lui »il grande tema«. L'artista ormai affermato trasformò le impressioni derivate da quel mondo in disegni, acquerelli e olii che appartengono alle cose più belle prodotte dalla sua mano. Restò come affascinato. Pose gli uomini al centro della sua raffigurazione, uomini collocati in un paesaggio, trasfigurati artisticamente come nessun artista aveva mai fatto prima di lui. Nascono opere di rilievo internazionale, la cui forza espressiva compressa non fa che confermare la sua fama di interprete europeo. Nei mercati ancora oggi molte donne nascondono i loro volti. »Restate nelle vostre stanze e non mostratevi nello sfarzo dell'antico tempo pagano«, ordinò Maometto alle donne.
I luoghi dei suoi viaggi diventano luoghi di incontro e di dialogo fra culture e religioni, rivisitati da una fantasia addirittura ribelle. Stupore e curiosità convivono l'uno accanto all'altra in un'immensità perturbante e poi raffigurati in uno spazio ristretto.
Nel 1981/82 ritorna laggiù, in Tunisia, in Algeria.
Quel mondo, quel paesaggio e quelle figure umane lo tengono avvinto. Nel 1985 riparte ancora per Tunisi, per l'Algeria e il Marocco. Da quel momento è in viaggio per presentare la raffigurazione di quelle impressioni, fissate in acquerelli e olii esposti in numerose mostre internazionali, al grande pubblico, ai critici d'arte, ai collezionisti. Può darsi che questo periodo rappresenti per lui e per molti altri il culmine della sua fase creativa.

Zum Künstler

L' Artista

I. Ischia: Ein Ort für Künstler

Der Mensch und Künstler Luigi Coppa ist zutiefst durch den Ort seiner Geburt, Forio d'Ischia, und durch die Ereignisse seiner Kindheit geprägt. Ischia ist die älteste griechische Kolonie im Tyrrhenischen Meer. Orient und Abendland fließen in der, jedoch wieder sehr selbständigen Kultur der Insel ineinander, bedingt durch den regen Handel über das Meer. Ischia ist eine farbenprächtige Insel, doch voller dramatischer Gegensätze: Der kahle Vulkan und die lieblichen Gärten, die weißen Häuser und das tiefblaue Meer. Vom 18. Jahrhundert bis in die erste Hälfte unseres Jahrhunderts haben Künstler ihre Impressionen in Wort und Bild wiedergegeben. Die Insel wurde geradezu zum Prüfstein für Landschaftsmaler. Aus der Schule des Posillipo waren es Giacinto Gigante, Pitloo, Schedrin und viele andere mehr. Dann kamen andere, zumeist Deutsche, die die Insel entdeckten: Emil Nolde, Paul Klee, Hans Purrmann, Rudolf Levy, Karly Son Reitel, Werner Gilles, Craemer, Eduard Bargheer. Luigi Coppa hatte sich als Forianer in vielen Gesprächen und durch Wahrnehmung ihrer Art, künstlerisch tätig zu sein, ihnen angeschlossen und seine eigene Malweise auf eine neue Ebene gehoben. Er verließ so die Grundsätze des auf der Akademie Erlernten. Er schloß sich in der Malweise zeitgenössischer Kunst an, doch war er sich stets der Wurzeln bewußt, denen

I. Ischia: Un luogo per artisti

L'uomo e artista Luigi Coppa porta indelebile l'impronta del luogo della sua nascita, Forio d'Ischia, e degli eventi della sua fanciullezza. Ischia è la colonia greca più antica del mar Tirreno [cfr. P. Buchner, op. cit. pp. 16 sgg. Secondo la tesi sviluppata da Buchner, i greci, prima di approdare a Cuma, si sarebbero stabiliti a Ischia nell' 8° sec. d. a. C. N.d.T.]. Oriente e Occidente confluiscono nella cultura dell'isola, che tuttavia ha riacquistato una spiccata autonomia, condizionata e originata dall'intenso traffico cui la costringe il mare. Ischia è l'isola dei colori sgargianti e insieme dei constrasti drammatici: il nudo vulcano e i giardini graziosi, le bianche case e l'intenso blu inchiostro del mare. Dal 18° secolo fin alla prima metà del nostro tutti gli artisti hanno riprodotto in parole e immagini le impressioni provocate in loro da questa isola, che diventò addirittura la pietra di paragone di paesaggisti. Dalla scuola di Posillipo erano usciti pittori come Giacinto Gigante, Pitloo, Schedrin e molti altri ancora. Poi vennero altri, per lo più tedeschi, a scoprire l'isola: Emil Nolde, Paul Klee, Hans Purrmann, Rudolf Levy, Karly Son Reitel, Werner Gilles, Craemer, Eduard Bargheer. Ma chi prestò attenzione alle loro ambizioni espressioniste raffigurate attraverso il Golfo di Napoli? Fu Luigi De Angelis ad indicarli come i veri interpreti poetici dell'isola. Luigi Coppa, come nativo di Forio, attraverso i tanti dialoghi riuscì a cogliere la diversa qualità della loro arte e si

8 Forio 1953

9 Forio 1956

er entwachsen war: Er war und blieb ein mediterraner Künstler. Landschaften, Porträts waren bislang Coppas Gegenstände. Recht einsam steht ein Ölbild vor uns, ein Werk, das Qualität anzeigt und in dem er seiner Studienzeit in Neapel ein Denkmal setzte. »Badende« lautet der Titel des Bildes, das der Künstler 19jährig 1953 schuf (Abb. 35). Das Frühwerk des Künstlers ist autobiografisch gemeint. Er, dessen Porträt linksseitig mit finsterem und entschlossenem Blick das Bild einleitet, ist letztlich Anfang und Endpunkt des Bildinhaltes. Er und drei Frauen sind im Vordergrund zu sehen, wobei jeweils nur eine Frau, seine junge Freundin in verschiedenen Positionen gemeint ist. Sein in Rückenansicht gezeigtes Gegenüber, halb liegend, hält in der rechten Hand die Pik-As-Karte. Das orthogonale Bildschema — in der Art alter Meister — ermöglicht Einblick zum Verständnis des eindeutig dem Expressionismus verpflichteten Bildes. Die strahlende Sonne über dem Meer, die diagonal ihr Licht in das Geschehen einstrahlt, ist Schlüssel und Quelle für die Symbolkraft der Hoffnung

inserì nella loro cerchia, elevando il proprio modo pittorico ad un nuovo livello ed abbandonando così principi scolastici appresi all'istituto. Seguì i modi pittorici dell'arte contemporanea, pur restando consapevole delle radici dalle quali proveniva: era e restò un artista mediterraneo. Fino a quel momento i suoi soggetti erano stati paesaggi e ritratti, per cui un dipinto come l'olio su tela intitolato i »bagnanti« viene ad assumere per noi una posizione isolata. E' un'opera che testimonia qualità e insieme è un monumento eretto al suo apprendistato all'Istituto d'arte.

»Bagnanti« è il titolo del quadro creato dal diciannovenne Coppa nel 1953 (fig. 35). L'opera giovanile dell'artista va intesa in senso autobiografico. Lo sguardo cupo e deciso del suo volto introduce da sinistra la visione del quadro ed è al tempo stesso punto di partenza e di arrivo del dipinto. Il primo piano è occupato dalla sua figura e da tre donne, anche se in realtà si tratta di una sola donna, la sua amica, ritratta in posizioni diverse. La figura che gli sta di fronte, ritratta di spalle, per metà distesa, tiene una carta nella mano destra, l'asso di picche. Lo schema figura-

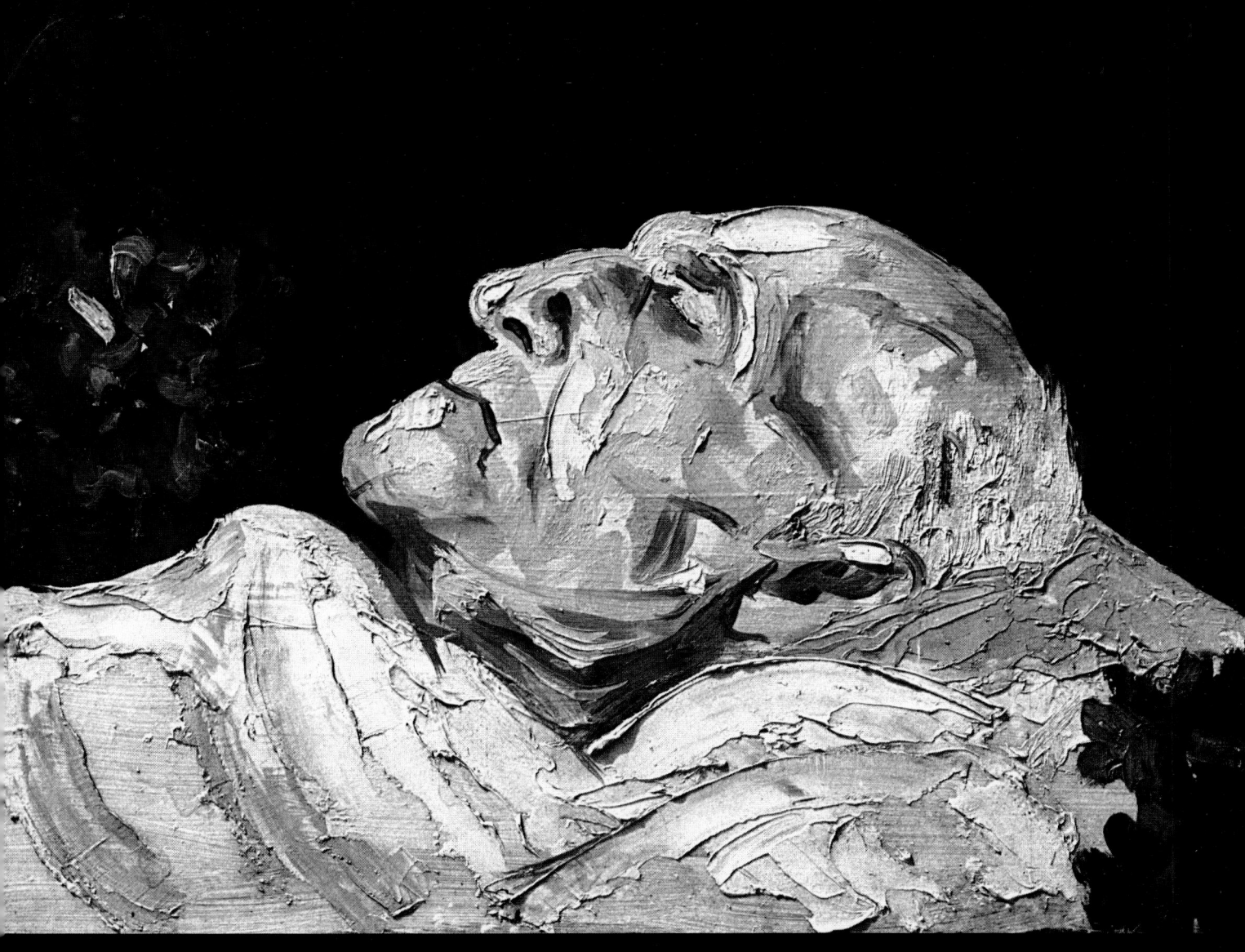

0 Der tote Großvater Vincenzo 1956

Der hinlänglich bekannte Traum der Maler zum dreidimensionalen Gestalten, wird in einem engen Raum (Boot oder Hütte am Meeresstrand) deutlich. Hoffnung und Zweifel, Lust und der möglicherweise in die Zukunft weisende Entscheidungsentschluß stehen in einem engen Zusammenhang.

tivo ortogonale fornisce — alla guisa dei vecchi maestri — anche la chiave interpretativa del quadro d chiara impronta espressionista. Il sole raggiante su mare, che scende diagonalmente ad illuminare lo scenario è chiave e fonte della forza simbolica della speranza.

11 Häuser von Maulbronn 1957

Grün- und Blautöne sind mit gelben und roten Farbdetails besetzt, die punktuell am Badeanzug der, in der Mitte des Bildes befindlichen Frau, sich festsetzen. Spielen sie Karten? Bleibt der Frau noch das Pik-As zum letzten Stich über, oder handelt es sich um andere Probleme?

Rasch und unmittelbar findet der junge Künstler zu eigener Sprache. Er durchschritt die Eindrücke, die u. a. Paul Klee auf ihn machte. In der kleinen Bar »La Lucciola«, unweit vom Hafen von Forio, in der er täglich seinen frühmorgendlichen Kaffee einnimmt, sagte mir Gino: »Paul Klee ist ein Kind der großen Meister, die zurückreichen in den Beginn der Neuzeit«. Coppa

Il noto, antico sogno di tutti i pittori, di dar vita alla terza dimensione è visibilmente affrontato nell'ambiente ristretto (nella barca e nella capanna sulla spiaggia). Speranza e dubbio, piacere e scelte decisionali proiettate nel futuro convivono qui strettamente correlati. Tonalità verdi e blu sono punteggiate di dettagli cromatici gialli e rossi, che si fissano poi nel costume della donna collocata al centro del quadro. Giocano a carte? L'asso di picche è la carta rimasta in mano alla donna per l'ultima giocata, o i problemi sono altri? Rapidamente il giovane artista trova il proprio linguaggio. Passa attraverso le impressioni ricevute da Paul Klee e da altri. Nel piccolo bar »La Lucciola«

12 Häuser von Maulbronn 1957

gehört der mediterranen Welt an. Licht, Farbe, Bewegung, alles ins Auge fallende, alles Sinnliche um ihn herum wird von eminenter Bedeutung. Dies prägte die Jahre der Jugend, entwickelte sich im Laufe der Monate und Jahre, zeitigte Festigung und Fortschritt in seiner menschlichen Haltung und seiner künstlerischen Gestaltungskraft. Heute, als erwachsener Mann, vermögen seine Augen nach wie vor »kindhaft« in diese Welt zu blicken, angereichert durch Erfahrung, Wissen und dazu kamen seine Hände, die eine Sensibilität entwickelten, zu »begreifen«. Nicht nur Menschen wurden zum »Du«, zum Gegenüber, besser zur Gemeinsamkeit, auch die Dinge, die Gott

poco distante dal porto di Forio, dove Gino soleva sorbire ogni mattina il suo sacrosanto caffè, mi disse un giorno: »Paul Klee è figlio dei grandi maestri che aprirono l'evo moderno«. Egli appartiene al mondo mediterraneo. Luce, colore, movimento, tutto ciò che intorno a lui colpisce o può essere sensuale, assume per lui significato primario. Questo dette un'impronta agli anni giovanili, si sviluppò nei mesi, negli anni maturando e rafforzando il suo atteggiamento umano e la forza creativa dell'artista.
Oggi da uomo adulto, i suoi occhi riescono come prima a guardare il mondo con l'innocenza di quelli di un bambino, solo che sono arricchiti dall'esperienza

13 Hofheim am Taunus (BRD) 1957

n den durch ihn geschaffenen Menschen erzeugt
hat. Unmittelbar will er umsetzen, erlebt in sich einen
nneren Auftrag. Wenn die Großmutter für den Kreuz-
stichrahmen Vorzeichnungen benötigte, so war Gino
da. Unter der Bank der Elementarschule entstanden
viele erste Zeichnungen, in denen er porträtierte, Szenen skizzierte. Aus der Isoliertheit des Gegenstandes

dal sapere e a tutto questo vengono ad aggiungersi le
sue mani che hanno sviluppato la sensibilità a »comprendere«. Non solo gli uomini diventano il »tu«, l'altro
da sé, anzi la comunitá. Anche le cose lo diventano,
quelle cose che Dio ha creato, creando l'uomo. Egl
vuol trasporre figurativamente senza mediazioni,
come se obbedisse ad una vocazione interiore

14 Prozession in Forio 1962

15 Istanbul 1957

entwickelte sich unmittelbar der Wunsch, diesen in Zeit und Raum zu stellen. Er beobachtete den Flug der Vögel, saß stundenlang, um die Wirkung des Sonnenlichtes im Ablauf des Tages auf den Gegenständen zu beobachten. »L'ombra« heißt der Titel des, dieses Buch begleitenden Umschlages (1976, Abb. 1). Der Schatten ist der treueste Freund des Menschen, zeichnet ab die Stunden des Tages und den Umriß des Menschen in einer bestimmten Landschaft, in

Quando la nonna, per i suoi lavori di ricamo, aveva bisogno di disegni da usare come modelli, Gino era pronto. Sotto il banco della scuola elementare nacquero già tanti primi disegni; erano ritratti, abbozzi di scenari. L'isolamento in cui vivevano i soggetti che disegnava gli fecero avvertire il bisogno di inserirli in uno spazio e in un tempo. Osservava il volo degli uccelli, sedeva per ore a studiare l'effetto della luce solare sugli oggetti nelle diverse ore del giorno

Zeit und Raum. Sonnenlicht und Gegenstand auf dieser Erde sind kosmische Beziehungen, die weit über die optischen Wirkungen hinausweisen und in metaphysische Bereiche einwohnen. Vertraut wurde ihm das Firmament bei Tag und bei Nacht, wenn er in der Stille der Nächte die glitzernden Netze der Fixsterne beobachtete und sich selbst mit ihnen in Beziehung setzte. Das Licht des Tages ließ die Gegenstände jeglicher Art, aber auch die Häuser, die Plätze, die Erde und den Himmel zusammenfügen. So finden die Gegenstände durch die Farbe und das Licht zueinander. Sein »Stillleben« (Abb. 31) von 1948 demonstriert dies. Er war damals 14 Jahre alt. Die Häuser in Forio d'Ischia lassen an Kulturen denken, die nicht nur an das europäische Festland erinnern, sondern sie hatten vor mehr als 40 Jahren eine recht farbige Wirkung. Kräftige Farben trugen vor allem die Erdgeschoßzonen, während die Stockwerke eine architektonische Ordnung zeigten.

Seine unmittelbare Umwelt war zunächst Forio und die Voraussetzungen waren gegeben, Landschaften künstlerisch zu gestalten. Die Gattung hat nicht nur Tradition im 19. Jahrhundert, wohl auch in der ersten Hälfte unseres Jahrhunderts in postimpressionistischer und expressionistischer Gesinnung. So ist der Blick des 19jährigen Künstlers auf Gebäude, das Meer, die Ensembles gerichtet. Mit zeichnerischer Sicherheit setzt er seine Tusche- und Federzeichnungen auf das Papier mit Gefühl für die Fläche, die Möglichkeiten derselben und ihre Grenzen. Der junge Künstler durchbricht Hürden des Vorgegebenen, will immer mehr er selbst sein.

I. Frühe Werke

Zwischen Hoffnung und Zweifel, nach Jahren des Bangens im zweiten Weltkrieg, ist Gino bereit seine Augen offenzuhalten. Aber nicht nur dies allein, sondern seine geistige Haltung, dem Erbe seiner Vorvä-

»L'ombra« è il titolo scelto per la copertina di questo libro (1976, Fig. 1). L'ombra è il più fedele amico dell'uomo, scandisce le ore del giorno, disegna la sagoma dell'uomo collocandolo in un paesaggio preciso, nel tempo e nello spazio. Tra luce del sole e oggetti vengono a stabilirsi sulla terra rapporti cosmici che superano di gran lunga gli effetti ottici per entrare nella dimensione metafisica. Familiare gli divenne il firmamento, di giorno e di notte. Nel silenzio della notte osservava i reticoli scintillanti delle stelle mettendo se stesso in rapporto con loro. La luce del giorno invece creava uno stretto legame fra tutti gli oggetti, ma anche fra le case, le piazze, la terra e il cielo. Così attraverso la luce e il colore gli oggetti si incontravano. La sua »natura morta« (fig. 31) del 1948 lo testimonia chiaramente. Aveva 14 anni. Le case di Forio fanno pensare a culture proprie non soltanto della terra ferma d'Europa. Più di quarant'anni fa facevano un effetto ben più cromatico. Colori accesi erano caratteristici dei piani terra, mentre i piani superiori evidenziavano l'ordine architettonico. In un primo tempo il suo ambiente immediato fu Forio e i presupposti indicavano la strada della creazione artistica di paesaggi. Il genere non ha tradizioni soltanto nel 19° secolo. Esso è ben radicato anche nella prima metà del nostro, in quello spirito post-impressionista ed espressionista. Così lo sguardo dell'artista diciannovenne si volge principalmente agli edifici, al mare e ai complessi architettonici. Con sicurezza nel tratto butta giù sulla carta i suoi disegni a china o a penna con il senso per la superficie, sperimentandone le possibilità e i limiti. Il giovane artista infrange i limiti dell'esistente per essere se stesso in misura sempre maggiore.

II. Opere giovanili

Scisso tra speranza e dubbio, dopo l'angoscia degli anni della seconda guerra mondiale, gli occhi di Gino sono pronti per continuare a guardare, ma questo non fu tutto. Fu pronto anche a rivolgere la sua disposi-

er getreu, jenen zuzuwenden die, wie er meinte, für ihn neue Wege in die Zukunft weisen. Unmittelbar nach dem Ende den Krieges kommen die bislang ausgebliebenen »Fremden« auf die Insel. Sie ist nun für Poeten, Literaten und bildende Künstler ein wieder neu angestrebtes Ziel einer Reise in Freiheit. Die Insel vermittelt nicht nur landschaftliche Schönheit, sondern wurde zum Ort der Begegnung nach jahrelanger Isolierung. Vertreter aller Nationen kamen nach Ischia und trotz »Feindschaft« im politischen Bereich fand man leicht Zugang zur Freundschaft im Künstlerischen. Vor allem waren es die dem Impressionismus und Expressionismus nahestehenden Künstler, die sich hier trafen. Der Junge wurde ihr Gefährte, gehörte zu ihnen, war ihnen dienlich, während er das Seine erfuhr und erlernte.

So entstand bereits 1949 das Aquarell der »Chiesa di San Gaetano« (Abb. 32). Der 15jährige war schnell mit der Hand, das nachzuvollziehen, was ein Künstler wie Eduard Bargherr zu vermitteln hatte. Welcher Sprung vom Stilleben des Jahres 1948 (Abb. 31) zu einer neu gefundenen »Gestaltungsweise«. Wie locker wird die Hand des Jünglings, der rasch und unmittelbar jedem Realismus und Naturalismus »Ade« sagte, um in eine neue Bildsprache einzusteigen. Freiheiten werden wachgerufen, die er 1949—57 entwickelte und in vielen Landschaftsaquarellen von hoher Qualität zu bestätigen vermochte. Immer wieder ist es Forio d'Ischia, »seine« Insel, die er darstellt, die er mit tiefer Verbundenheit zeigt, wie ein Mensch und Künstler es kann, wenn er Heimat gefunden hat, die er jenen zeigen will, die sie nicht so kennen wie er. Es sind Werke, die Anschluß finden konnten an eine europäische Kunst und nicht im Provinzialismus steckenblieben. Hier liegt die Quelle für den hohen Anspruch, den er anstrebte, einerseits immer wieder in sein Dorf zurückzukehren, doch unablässig den Blick auf das Geschehen in der abendländischen Kunst im weiten Sinn des Wortes zu richten, um das Eigene in die Vielfalt einzubringen.

zione spirituale — fedele all'eredità dei suoi padri — verso coloro che potevano indicargli, secondo lui nuove strade per il futuro.

Subito dopo la guerra arrivarono sull'isola gli »stranieri«, assenti per tanto tempo. Essa rappresentò per poeti, letterati, artisti una meta della libertà riconquistata, la meta di un viaggio. Essa non offriva bellezza soltanto paesaggistica, essa diventò luogo d'incontro dopo un isolamento durato anni.

Vennero a Ischia genti da tutti i paesi e nonostante l'»ostilità« causata da motivi politici, era facile trovare la strada per l'amicizia sul piano artistico e spirituale. Coloro che si incontravano sull'isola erano principalmente gli artisti vicini all'Impressionismo e all'Espressionismo. Il giovane divenne loro compagno, appartenne immediatamente a loro, fu servizievole nei loro confronti e intanto metteva a frutto ciò che poteva trarre dalla loro presenza; faceva esperienze e imparava. Così già nel 1949 nacque l'acquerello con la »Chiesa di San Gaetano« (fig. 32). Il quindicenne era rapido con la mano a rifare ciò che un artista come Eduard Bargherr poteva trasmettere. Che salto tra la natura morta del 1948 (fig. 31) e il nuovo stile figurativo. Com'è sciolta e sicura ora la mano del giovane che non esita neppure un attimo a dire *adieu* a tutti realismi e naturalismi, per addentrarsi in un nuovo linguaggio figurativo. Ora vengono rivendicate libertà che saranno sviluppate tra il 1949 e il 1957 in tanti acquerelli paesistici di elevata qualità. Ed è ancora Forio d'Ischia, la »sua« isola a venir raffigurata, un'isola che egli mostra con l'orgoglio e il profondo attaccamento dell'uomo e dell'artista che sa di avere una patria. La mostra a coloro che non la conoscono come lui. Sono opere che mettono in luce un profondo rapporto con l'arte europea. Non sono opere rimaste impaniate nel provincialismo. E'qui che va cercata l'origine delle sue grosse ambizioni: da un lato tornare continuamente al suo paese e dall'altro volgere sempre lo sguardo a ciò che avviene nell'arte occidentale nel senso più ampio del termine, per portare l'Io nel Tutto, l'individuale nel molteplice. Così, a poco a poco,

he Eigen- oder Fremdpropaganda dazuzugehören und Teil des europäischen Kunstgeschehens zu werden. Er gewinnt Freunde bei den Künstlern, den Kunstkennern und Sammlern. Freilich waren seine Werke einst billig zu bekommen, er lebte und lebt von ihnen. So finden wir sie in Privatsammlungen und sie sind heute Raritäten auf dem Kunstmarkt.

Die spontane und gewiß wohl überlegte Einladung der großen deutschen Galeristin und Kunstförderin des deutschen Expressionismus, Hanna Bekker vom Rath, ist eine Bestätigung der Begabung des jungen Forianers. In der Nähe zum internationalen Kunstgeschehen, sowie in der Hoffnung, daß er seinen Weg machen werde, erfolgte die Hereinnahme Coppas.

II. Schwarz-Afrika

Dem in den Nächten seiner Kindheit erträumten Land galt seine Sehnsucht. Dort war der Vater, dorthin führten ihn dessen Erzählungen, dorthin war somit ein inneres Spannungsverhältnis gegeben. Aber wohl nicht nur dies allein war maßgebend. Mit dem Wort Afrika verbanden sich die, seit Jahrhunderten gewachsenen, mediterranen Kulturkreise. Handel, Menschen, religiöse und mythische Vorstellungen begegneten dort wie kaum woanders einander, verwoben sich unauflösbar mit- und ineinander, nicht trennbar. Jedoch Schwarz-Afrika, das war dann doch etwas ganz anderes. Seine Reise dorthin trat er im Winter 1957 an und verlebte Monate des Jahres 1958 in Uganda, Kenia, Kongo und Ruanda-Urundi. In seiner Persönlichkeit begründet liegen die Möglichkeiten der Offenheit und damit der Begegnung, die das wache Auge und seine Intellektualität annahmen. Daher waren ihm die Menschen und Landschaften gar nicht so fremd. Er vermochte sich unmittelbar anzufreunden.

Seine Skizzenbücher füllten sich mit rasch hingesetzten Impressionen, in denen sich seine hohe Begabung als Zeichner in besonderer Weise dokumentiert. Coppa, nunmehr 24jährig, brachte in ihnen

entro a far parte senza spinte propagandistiche proprie od altrui degli accadimenti artistici europei. Acquista amici fra gli artisti, gli intenditori d'arte e i collezionisti. Certo, una volta le sue opere si potevano avere per pochi soldi; viveva e vive di esse. Quelle opere si trovano in collezioni private e oggi costituiscono delle rarità sul mercato artistico.

Lo spontaneo e certamente ben riflettutto invito della grande gallerista e mecenate dell'Espressionismo tedesco, Hanna Bekker vom Rath, è una conferma delle doti del giovane di Forio. Là, in prossimità della scena artistica internazionale e nella fiducia che egli avrebbe fatto la sua strada, avvenne l'»ammisione« di Coppa alla elite artistica europea.

III. L'Africa nera

Il suo anelito fu per il paese sognato nelle notti d'infanzia. Laggiù era suo padre, laggiù lo conducevano i suoi racconti, per quel paese avvertiva una sorta di tensione interiore. Ma non fu solo questo determinante. Alla parola Africa si richiamavano circoli culturali mediterranei cresciuti nel corso dei secoli. Uomini, commerci, concezioni mitiche e religiose s'incontravano, si fondevano e confondevano lí, in un intrico indissolubile. Eppure l'Africa nera era tutt'altra cosa. Inizió il suo viaggio nell'inverno del 1957 e trascorse alcuni mesi del 1958 in Uganda, Kenya, Congo e Ruanda-Urundi. Innata in lui, radicata nella sua personalità è la disponibilità alla franchezza e quindi all'incontro, un incontro che il suo occhio attento e la sua elevata intellettualità accettarono di buon grado. Perciò uomini e paesaggi non gli apparvero mai del tutto estranei, né totalmente diversi i loro costumi. Riuscì subito a stabilire un rapporto profondo, quasi d'amicizia.

I suoi quaderni di schizzi si rempirono di impressioni buttate giù rapidamente, impressioni che testimoniano in modo particolare il suo straordinario talento per il disegno. Coppa, ormai ventiquattrenne, river sava in essi non soltanto il grande talento, i suoi stud

16 Semliki-Tal 1958

nicht nur seine Begabung, seine Studien in Neapel, seinen Lernprozeß bei den Künstlerfreunden in Forio, sondern auch seine Begegnung mit dem deutschen Spätexpressionismus ein. Zeichnungen wie das »Tal von Semliki« (Abb. 16) oder das kleine Dorf von »Bundibugyo« (Abb. 17) sind Zeugen der Sicherheit seines Striches und der Fähigkeit, das Dargestellte im afrikanischen Sonnenlicht in der Lebendigkeit des momentan Geschauten darzustellen. Ein wenig bedeutendes Stück Erde wird in einer Ganzheit erfaßt, auf das Papier gebannt, umgewandelt zum Kunstwerk im kleinen Format. Sie sind sprachlose Botschaf-

a Napoli, l'apprendistato maturato a Forio in vicinanza degli amici artisti, vi riversava anche gli stimoli derivati dall'incontro col tardo Espressionismo tedesco Disegni come la »Valle del Semliki« (fig. 16), oppure i piccolo villaggio »Bundibugyo« (fig. 17) attestano la sicurezza del tratto e la capacità di dare all'oggetto raffigurato sotto il cielo africano l'immediatezza di ciò che viene colto dallo sguardo in un attimo. Un insignificante pezzo di terra viene colto nella sua totalità, i suo incanto fissato sulla carta e trasformato in un opera d'arte di piccolo formato. Nella serie si rivela sempre più se stesso, procede per cenni, per allusion

17 Bundibugyo 1958

wird er immer mehr er selbst, weist hin auf die nun gewonnene Eigenständigkeit, auf sein »Wort«, das er in die Kunstgeschichte Europas einzutragen begonnen hatte.
Den Momentaufnahmen von Landschaften sind unzählige Bewegungsstudien zur Seite gestellt, in denen Menschen in Aktion gezeigt werden (Abb. 18). Die, in den »Prozessionen« von Forio begonnene Darstellung vieler Menschen, in denen der Einzelmensch in die Anonymität zurücktritt, um dem Ereignis selbst mit seinen Bewegungsströmen gerecht zu werden, wird wieder aufgenommen und urplötzlich wächst der Künstler hinein in das Phänomen seines

alla sua »parola«, che egli aveva cominciato a registrare nella storia dell'arte d'Europa. Sono muti messaggi di un europeo in Africa.
Alle instantanee paesaggistiche affianca innumerevoli studi sul movimento che raffigurano uomini in azione (fig. 18).
Allora riprende i principi figurativi che animavano le »processioni« iniziate a Forio, quadri che rappresentavano moltitudini, nelle quali il singolo retrocedeva fino all'anonimato ed emergeva l'evento con i flussi dinamici delle sue folle. Ripartendo da essi l'artista riesce a immedesimarsi nel fenomeno Africa nera fissando le sue impressioni in piccoli acquerelli

18 Einbaumboot 1958

19 Afrikanische Frauen 1959 ▶

Schwarz-Afrika, das er in kleinen Aquarellen (vgl. Abb. 39) beginnt, um etwas später seine Impressionen in monumentalen Ölbildern festzuhalten. Dunkler werden die Farben, kontrastreicher, strenger die bestimmenden Linien. Hier gewinnt er die Kraft der Aussage, die Sparsamkeit, die notwendig ist, um sich nicht zu verlieren. Hier in Afrika war er fernab von Ausstellungen, Büchern und Katalogen der europäischen Kunstszene, hier konnte und mußte er er selbst sein.

Die Menschen Afrikas sind unmittelbarer als wir Europäer mit Existenzfragen konfrontiert; Jagd und Handel sind wesentlich. Das und vieles andere erfühlt Coppa, wenn er ein Bild wie »Safari« (Abb. 39) gestaltet. In der Fläche ordnet er die dunklen Geräte an, die die Agierenden miteinander verbinden, ihnen selbst mißt er durch entsprechende Ornamente Eigenleben zu und verleiht im dunkelroten Hintergrund den Zusammenschluß der Stunde des Geschehenen. Nie zerfallen die Bilder des Künstlers in Details, sie sind stets ein Ganzes.

Seine Bilder gewinnen an Dichte. Die »Kaufleute von Katwe« (Abb. 40) schließen sich zusammen, wie ein

(fig. 39), per passare più tardi ad olii monumentali, di grande respiro. I colori diventano più scuri, più ricchi di contrasto, le linee fondamentali più severe. E'qui che acquista la forza dell'espressione, la parsimonia necessaria a non perdersi. Qui vive lontano dalle esposizioni, dai libri e dai cataloghi propri dello scenario artistico europeo ed è qui che poteva e doveva essere totalmente se stesso.

In Africa gli uomini sono esposti in maniera più immediata ai problemi esistenziali. La caccia e il commercio sono sostanziali. Queste e moltre altre cose avverte Coppa quando dà vita a un quadro come »Safari« (fig. 39). Sulla superficie del quadro ordina gli attrezzi scuri; essi costituiscono il motivo che unisce tutte le persone che agiscono sulla scena e ad essi l'artista conferisce vita autonoma munendoli degli ornamenti adatti e il rosso scuro dello sfondo diventa momento di fusione e simbolo dell'accadimento cruento. Mai i quadri dell'artista si dissolvono nei dettagli; essi restano sempre un'unità compatta.

I suoi quadri acquistano in spessore. I »Mercanti di Katwe« (fig. 40) si chiudono insieme come un fregio ornamentale di un ordine bizantino. I modesti vestiti

20 Notre-Dame (Paris) 1959

Ornamentfries byzantinischer Ordnung. Die billigen Kleider wirken wie kostbare Steine, eingeschmolzen in Email und der Himmel erinnert an Fondo d'Oro-Gemälde des Trecento. Coppa verstand Schwarz-Afrika, blieb jedoch der tief beeindruckte Europäer. Er ließ sich seine Wege für seine Rückkehr nach Forio offen und verfiel in keine Manier. Doch durch viele Jahre hindurch verarbeitete er das Erlebte. Es findet in den großformatigen Ölbildern um 1963 einen Höhepunkt.

Afrika hatte einen Freund gewonnen, einen Interpre-

sembrano pietre preziose incastonate nello smalto e il cielo ricorda i dipinti a fondo d'oro del Trecento Coppa ha capito l'Africa nera. Egli non diventò un abitante della regione che dipingeva. Restò l'europeo che era, un europeo profondamente colpito. Mantenne aperte le strade per tornare a Forio evitando d scadere nel manierismo. Per molti anni continuerà a rielaborare le impressioni vissute che culmineranno nei grandi olii composti verso il 1963.

L'Africa aveva trovato un amico, un interprete di cu andare fiero; un mediatore che possedeva i mezz

21 Gestalten in der Dämmerung 1960

...en, auf den es stolz sein kann, einen Vermittler, mit den Mitteln europäischer Kunst, in seiner Art einsam, daher hervorragend.

IV. Kinder mit Spielzeugen, Liebende

Die visuellen Erfahrungen Coppas sind deutlich getragen von einer Langzeitwirkung. Der einmal gefundene Gegenstand läßt ihn nicht mehr los. Die ins Skizzenbuch eingetragenen »Impressionen« wer-den immer wieder lebendig, festigen sein Thema

...dell'arte europea, unico nel suo genere e proprio pe[r] questo un'eccezione irripetibile.

IV. Bambini con giocattoli, amanti

Le esperienze visive di Coppa agiscono profonda-mente per lunghi lassi di tempo. Il soggetto, una volta trovato, lo afferra e non lo lascia piú. Le »impressioni« fissate momentaneamente in schizzi, tornano conti-nuamente in vita, rafforzano il tema che l'artista ins...

wenn er längst vom eigentlichen Gegenstand visuell entfernt ist. Aus der Erinnerung, gestützt auf seine Vorzeichnungen, wird in der Sprache seiner Kunst das lebendig wiedergegeben, was er einst gesehen hatte, verarbeitet, verändert, gestaltet. So vermischen sich die optischen Eindrücke, sind übertragbar und vermögen einzuwohnen in andere Themen. Fließend sind die Grenzen, die sich dadurch ergeben. Entstanden die Werke »Safari«, »Mercato di Katwe«, »Gente d'Africa« (Abb. 39—41) unter dem unmittelbaren Eindruck des schwarzen Kontinents, so folgen in den nächsten Jahren Erinnerungsbilder von Bedeutung (Abb. 42—51). Es muß daran erinnert werden, daß der Künstler 1958 Schwarz-Afrika besuchte. Doch 1965, in jenem Jahr, in dem er in Berlin seine Ausstellung »Afrikanischer Mythos« in der Galerie Bremer präsentierte, entstehen unter dem Eindruck der ihm geborenen Kinder erste Studien einer neuen Periode seines Schaffens, die bestimmt sind durch Kinderdarstellungen und ihre Spielsachen. Von 1964 an beginnen sich immer mehr Einzelfiguren aus dem Verband der Gruppenbilder zu lösen (vgl. Abb. 46, 49).

Figuren aus Ruanda, Nomaden werden vertauschbar mit Kindern und ihren Spielsachen (vgl. Abb. 50—52).

Für den Maler Coppa ist die Bildfläche das allein bestimmende Element. Die Bildordnung und die Ausgewogenheit der Farben ist bedeutungsvoll, wobei der Sinn für das ornamentale Auflösen sowohl der Figuren, als auch des Hintergrundes die Einheit in der Fläche herstellt (vgl. Abb. 49/50). Licht, Farbe und Bildordnung sind für den südeuropäischen Künstler stets konstante Bedeutungsträger.

Um 1970 beginnt er einzelne Teile des menschlichen Körpers durch schwarze Rahmungen einzufassen. Es ist dies eine im Kunstgewerbe des Altertums geübte Methode des Cloisonismus, wie sie etwa Gauguin geübt hatte.

Das 1970 datierte Aquarell »Bambina con bambola«

lontano visivamente dal suo soggetto. Con l'ausilio dei disegni preparatori riporta in vita dai meandri del ricordo ciò che ha visto tanto tempo prima, lo piega al linguaggio della sua arte, lo elabora, lo modifica, lo plasma. Così le impressioni ottiche si fondono e confondono, diventano mobili, intercambiabili, facilmente adattabili ad altri temi. E i confini perdono di rigidità, si sfumano. Se opere come »Safari«, »Mercato di Katwe« oppure »Gente d'Africa« (figg. 39—41) nascono sotto l'influsso immediato delle forti impressioni ricevute dal continente nero, i quadri che seguono negli anni successivi prendono forma dal ricordo e sono quadri di grande rilievo (figf. 42—51). Il viaggio dell'artista nell'Africa nera risale al 1958, mentre la mostra »Miti africani« organizzata a Berlino alla Galleria Bremer è del 1965, cioè di un anno e di un periodo in cui il pittore stava componendo i primi studi di una nuova fase creativa in cui dominano raffigurazioni di bambini e dei loro giochi, una fase ispiratagli direttamente dai figli. Dal 1964 figure singole cominciano a staccarsi, ad emergere dall' anonimità del gruppo (cfr. figg. 46, 49).

Figure del Ruanda, nomadi dell'Africa diventano intercambiabili con quelle di bambini e di giocattoli (cfr. figg. 50—52). L'unico elemento determinante per il pittore Coppa è la superficie della tela. Significative in lui sono la disposizione figurativa e l'armonia cromatica, mentre il senso per la dissolvenza ornamentale delle figure e dello sfondo stabilisce nei suoi quadri l'unità della superficie (cfr. figg. 49/50). Luce, colore, disposizione compositiva sono sempre stati per gli artisti mediterranei gli elementi significativi *par exellence*.

Verso il 1970 Coppa comincia a racchiudere singole parti del corpo umano entro contorni neri. E' il cloisonismo, un metodo questo che nelle arti decorative è usato fin dall'antichità e che anche Gauguin ha applicato.

L'acquerello »Bambina con bambola« (fig. 52), datato 1970 è tenuto su colori cupi e piuttosto tristi. Non sono

22 Kinder mit Pferdchen 1970

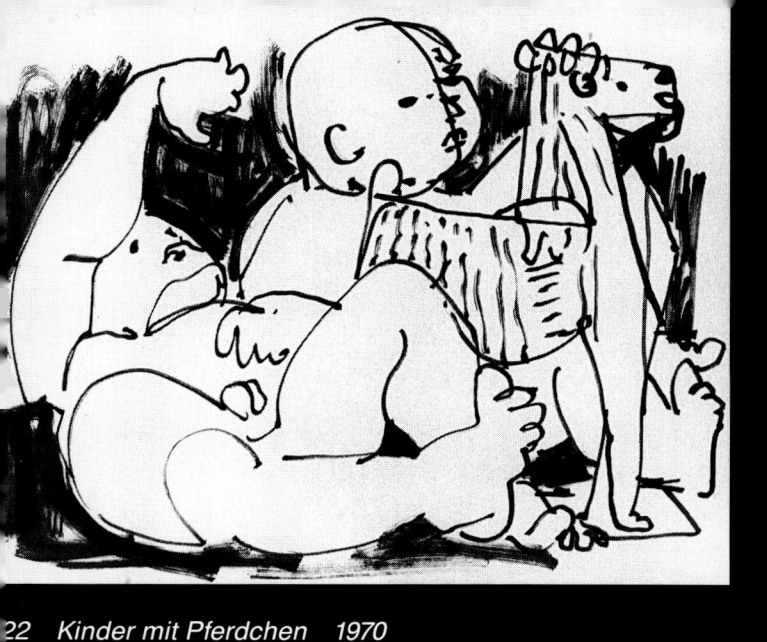

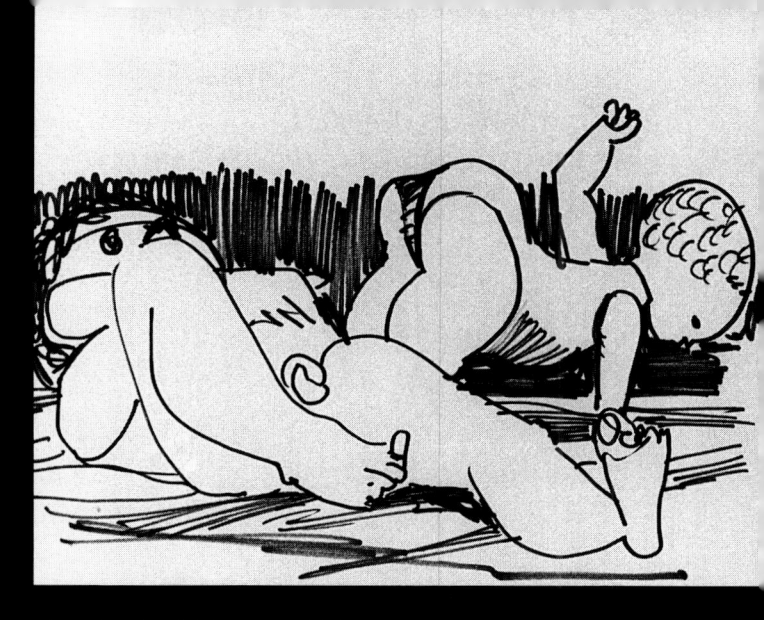

23 Kind mit Puppe 1970

Abb. 52) ist in dunklen und eher traurigen Farben gehalten. Nicht die Stoffe machen den Luxus dieser Kinder aus, er liegt in der malerischen Materie selbst, wie sie die Hand des Künstlers geschaffen hat. Nichts erinnert an die Kunst des 19. Jahrhunderts, diese Aquarelle sind Werke der 70er Jahre unseres Jahrhunderts, sie wuchsen ein in die zeitgenössische Kunst. Coppas Figuren nehmen stets die einmal gewählte Bildfläche füllend, doch nie überschreitend ein. Das entspricht seinem stets geübten Prinzip und ist ein Erbe der klassischen, abendländischen Kunst, die sich herüberrettete ins 20. Jahrhundert. In ihm wird die Dominanz des Menschen zum Ausdruck gebracht.

Für ein weiteres werden die Bildhintergründe nicht nur neutralisiert, sondern die Einzelfigur isoliert sich in der Fläche, um dem Beschauer damit näherzukommen. Die Figuren begegnen dem Betrachter unmittelbar. Nicht das plastische Einwohnen in eine adäquate Umwelt ist beabsichtigt, nur die ästhetische Annahme eines erkennbaren Gebildes, in Farbe und Form aufgelöst (Abb. 53). Plötzlich wird

gli abiti a rendere così fastosi questi bambini. La causa di questa impressione è da ricercare nella materia pittorica stessa, così come è stata concepita e plasmata dalla mano dell'artista. Non si tratta di illusioni. E' solo la forza dell'espressione plastica dell'artista. Nulla qui ricorda i modi figurativi del 19° secolo; questi acquarelli sono inconfondibilmente opere degli anni '70 di questo nostro secolo, concresciuti in seno all'arte contemporanea. Le figure di Coppa occupano totalmente lo spazio offerto dalla tela, senza però oltrepassarlo. E' un principio, questo, sempre seguito dall'artista e che egli ha derivato dall'arte classica dell'Occidente. Attraverso di esso viene espresso il dominio della figura umana sul resto. E' evidente dunque che gli sfondi vengano neutralizzati per fare emergere plasticamente in primo piano la singola figura, come se essa volesse avvicinarsi, venire incontro addirittura a colui che la guarda. Lo scopo non è di collocare plasticamente la figura in un ambiente adeguato, ma di dar vita a un'entità riconoscibile, dissolta poi nella forma e nel colore (fig. 53). E' all'improvviso che ci rendiamo conto che l'arti-

Nicht die Verpflichtung des Gegenstandes in Landschaft und Raum, sondern die Präsentation des Gegenwärtigen. Das Dargestellte will vom Betrachter angenommen werden. Trotz Auflösung des Figuralen, fügen sich die Teile zu einheitlicher Gestalt, in deren Bewegungsstrom Lebendigkeit zum Ausdruck kommt.

Aus den Erinnerungsbildern an die Nomaden von Schwarz-Afrika entwickeln sich von 1965 an die Kinderbilder mit ihren Spielsachen. Natürlich war es das Erlebnis seiner eigenen Kinder, das ihn dieses Thema aufgreifen ließ und ihn fast zehn Jahre lang beschäftigte. Noch 1984, im Aquarell mit dem ärmlich dastehenden »Bambino nomade« (Abb. 80) mit dem bescheidenen, dreieckartig gefügten Rädchenspielzeug in den Händen, wird das Thema von einst aufgegriffen und sammelt in sich eine Vielfalt sozialkritischer Elemente: Die Traurigkeit in den Augen des Kindes, die Verlorenheit in der Weite des afrikanischen Kontinents. Wohlstand und Armut haben eigene Dimensionen. Das in der Fläche ornamental aufgelöste Kinderpaar (Abb. 52) findet in der Verstrickung von Kind und Spielzeug eine Fortsetzung, die einmündet in eine komprimierte, geschlossene Form eines schlafenden Kindes (Abb. 55), ein Aquarell, das 1971 datiert ist und das eine Phase der figuralen Beruhigung in der Einzelfigur signalisiert. Bilder von gefügter Einheitlichkeit bestimmen diese Periode des Künstlers (Abb. 56).

Das Ineinander von Kind und Spielzeug, das Zerlegen von Einzelteilen und wieder fügen im Lineament der schwarzen Rahmungen und das Zusammenspiel der Farben lassen Coppas Aquarelle zu Werken von monumentaler Kraft werden.

Was sollte ein Suchen nach Vorbildern im Werk eines Künstlers schon bedeuten, in dessen Oeuvre sich so deutlich das Eigene abgezeichnet hat. Von der Inspiration her ist diese Periode von Frankreich geprägt, wo sich der Künstler 1966 anläßlich der Ausstellung »Hommage à Pablo Picasso« in Paris aufhielt. Picas-

sta ha affrontato nel quadro il problema della dimensione temporale. Non ci colpisce la collocazione dell'oggetto nel paesaggio e nello spazio, ma la presentazione di ciò che è attuale. Vuole essere accettato dall'osservatore. Nonostante la dissoluzione del momento figurale le singole parti si ricompongono in una forma unitaria il cui flusso dinamico è espressione di vita.

Dai ricordi delle figure dei nomadi africani si evolvono a partire dal 1965 le immagini di bambini e dei loro giochi. Certo è stata l'esperienza dei propri figli ad avergli ispirato il tema che da ora in poi lo terrà impegnato per dieci anni. Coppa ritornerà al tema ancora nel 1984 nell'acquerello del misero »Bambino nomade« (fig. 80) che tiene in mano un modesto giocattolo fatto di rotelle disposte a triangolo e lo svolgerà in chiave di critica sociale. La mano di Coppa coglie la tristezza negli occhi del bimbo, la sua esistenza abbandonata nell'immensità del continente africano, la sua gioia per il calore del sole e ciò senza voler trascurare i profili di questo paesaggio appena abbozzato. Benessere e miseria acquistano quindi una dimensione ben definita. La coppia di bambini risolta sul piano ornamentale nell'intrico tra bimbo e giocattolo (fig. 52) rappresenta una prosecuzione del tema che sfocia poi nella forma compatta e chiusa del bambino che dorme (fig. 55), un acquerello questo, che risale al 1971 e attesta l'inizio di una fase in cui i tratti formali delle figure isolate si acquietano, si placano.

Quadri di composta omogeneità caratterizzano questo periodo creativo dell'artista (fig. 55).

La compenetrazione di bimbo e giocattolo, la scomposizione dei dettagli e la ricomposizione entro le nere linee di contorno, il gioco armonico dei colori fanno degli acquerelli di Coppa opere di forza monumentale. Non ha senso cercare i modelli ispiratori di un artista la cui opera di per sé testimonia la presenza di uno stile così spiccatamente individuale. Sul piano dell'ispirazione questo periodo porta l'impronta della Francia, un paese in cui il pittore soggiornò nel 1966 in occasione dell'esposizione »Hommage a Pablo

sos Kunst hat ihn stets fasziniert, die in Frankreich geübte Kunst schlechthin, wobei hinzugefügt werden kann, daß er die Sprache dieses Landes beherrscht. Den Sinn für das Ornament (vgl. 48—50, 52), in den späten 60er Jahren, ebenfalls von Frankreich her bestimmt, nimmt er in individueller Weise auf.

V. Maghrebinische Welt: Marokko, Tunesien, Algerien

Plötzlich gibt es für den Künstler ein anderes Afrika, dem er von 1976 an durch eine Reise nach Marokko begegnet. 1981/82 arbeitet er in Tunesien und Algerien, 1985 wieder im maghrebinischen Bereich. Die Faszination läßt ihn nicht mehr los. Es sind nicht nur die »uomini blu«, die Tuaregs in ihren blauen Gewändern, die ihn interessieren, sondern es ist die geheimnisvolle Erfüllung, die sich dem Künstler und Menschen ergeben kann. Hier in Nordafrika wächst Coppa hinein in eine Welt, die er scheinbar längst erträumt hatte, als Mensch und als Künstler. So neu, so scheinbar fremd, wird diesem ewig »Jungen« dieser Teil der Erde zum Erlebnis des Artverwandten. Ehrfurcht für den in seine Welt und weltanschaulich geworfenen Menschen schließt an seine, einst in Forio so kindlich erlebten Empfindungen an. Das vormals für ihn so klar formulierte, durch den Katechismus abgesicherte Weltbild hebt sich nunmehr auf die Ebene des Mystischen und läßt dadurch den Menschen und die Natur geheimnisvoller werden. Das ist die Kraft des nordafrikanischen Kontinents, die viel konkretere Beziehung des Menschen in die goldfarbene Erde der Sandwüsten. Seit 1957, nach der so intensiv begonnenen Phase, hatte Coppa keine Landschaften mehr gemalt. Die Figuraldarstellungen der vorangegangenen Jahre, die Porträts, die Prozessionen von Forio, die Safari in Schwarz-Afrika, die »Bamboli« und »Amanti« haben sich in sprachlose

Picasso«. L'arte di Picasso lo ha sempre affascinato come grande attenzione ha rivolto del resto all'arte francese in genere e forse non è superfluo ricordare anche che Coppa padroneggia la lingua di que paese. La sensibilità per l'ornamento (vedi figg 48—50, 52) propria degli anni '60, derivava anch'essa dall'arte francese, Coppa la rivisse e la trascrisse comunque in maniera del tutto personale.

V. Mondo maghrebino: Marocco, Tunisia, Algeria

Improvvisamente l'artista scopre un'altra Africa. E l'Africa che incontra a partire dal 1976 col suo viaggio in Marocco. Nel 1981/82 lavora in Tunisia e in Algeria nel 1985 è di nuovo in Tunisia, in Algeria e in Marocco La fascinazione per quel mondo lo tiene avvinto. Non sono più soltanto gli »uomini blu«, i tuareg nei loro cromatici costumi ad interessarlo; sono l'artista e l'uomo a sentirsi appagati misteriosamente da quel mondo Qui nell'Africa del nord Coppa entra in una dimensione da sempre sognata. Per quanto nuova e apparentemente estranea possa sembrargli questa parte del mondo, è come se essa diventasse pe quest'uomo eternamente »giovane« esperienza di ciò che gli è affine.
Il rispetto per uomo scagliato nell'universo ed esistenzialmente abbandonato si somma alle sensazion avvertite da bambino a Forio. La concezione de mondo, così semplice per lui una volta, garantita com'era dal catechismo, può configurarsi ormai soltanto in termini mistici che riflettono l'alone misterico sempre più fitto che circonda l'uomo e la natura. Questa è la forza del continente nordafricano: chiedere all'uomo un rapporto molto più profondo e concreto con la terra dorata dei deserti di sabbia. Dal 1957 dopo l'intensa fase iniziale, Coppa non aveva più dipinto paesaggi. Le rappresentazioni figurative degli anni passati, i ritratti, le processioni di Forio, i safar nell'Africa nera, le »Bambole«, gli »Amanti« si sono

24 Kind mit Puppe 1974

Tuaregs verwandelt (Abb. 64). Durch das Blau und ihre Aneinanderreihung fügen sie sich zusammen, ein in die Wüste, die sich bis zum Horizont erstreckt und darüber das andere Blau des Firmaments. In ihm wird das Gefühl der Beunruhigung wach, der Verlorenheit in den so weiten Räumen dieser Erde. Nie jedoch verlieren sich die dargestellten Menschen in Bedeutungslosigkeit, sondern finden durch die Hand des Künstlers ihren angemessenen Wert. In der Dorf-

trasformati in muti tuareg (fig. 64). In fila e immersi ne blu essi si fondono col deserto che si estende fino all'orizzonte e poi, al di sopra, l'altro blu, quello de cielo. Emerge la sensazione dell'inquietudine dell'abbandono negli immensi spazi di questa terra Mai però queste figure d'uomini si perdono nell'insignificanza. Attraverso la mano dell'artista essi ritrovano sempre il loro giusto valore. Nel dipinto che ritrae il disabitato villaggio del Souf (fig. 65) le case si fon-

andschaft von Sour (Abb. 65), menschenlos, fügen sich die Behausungen der Menschen ein in die, durch Licht und Schatten in abgestuften Braun- und Gelbtönen gestaltete Landschaft. Dort ist der Mensch in ganz anderer Weise den Phänomenen der gegebenen geomorphologischen Situationen ausgesetzt als bei uns in Europa. Momenthaftes wird fixiert, gewinnt Gültigkeit im Sinne einer Manifestation im wahrsten Sinn des Wortes, abseits jeglicher Abstraktion. Die Hand des Künstlers formt Werke zwischen Schöpfungsakt, Geschicklichkeit und Situation.

Im Werk Coppas hat sich Kunst niemals von der Natur, noch vom Menschen gelöst. Sie erhebt konsequent den Anspruch, den Weg aus der expressionistischen Vorgabe in einer Neubegegnung mit dem optisch Wahrnehmbaren sich zu vollziehen und künstlerische Aussagen zu treffen. Gino Coppa ließ sich nie verführen, »Anschluß« an die durch junge, avantgardistische Künstler belebte Kunstszene in aller Welt zu suchen. In den pluralistischen und divergierenden Geleisen steht er auf jener Schiene, die weder einen Nullpunkt noch das Epigonentum zur Voraussetzung hat, sondern kann sich auf die Konsequenz eines, seiner Generation entsprechenden Beginns berufen. Er nimmt damit im internationalen Kunstgeschehen einen bestimmten Platz ein, der auch die Perspektiven für eine Kunst in der Zukunft offen läßt. Marktplätze werden dem Künstler zum Gegenstand, in denen er dem flüchtigen Ereignis menschlicher Kommunikation Gewicht verleiht. Die tätigen Menschen (Abb. 66), stehend, sitzend, radfahrend, stets »gesichtslos« wiedergegeben, finden sich ein in seinen Werken. Den Orangetönen, die an die Wüste erinnern, wird der blaue Burnus, Bekenntnis zu Mohammed, zugemessen. Im Laufe der vielen Skizzen und Bilder rücken einzelne Menschen immer näher ins Blickfeld, werden zum Gegenstand, wobei das Umland immer weniger bedeutungsvoll wird. Die Gestalten in den Bildern des Künstlers leiten einen Prozeß ein, in dem aus den angelegten Grundlinien das Weiß der Fläche sich mit Farbe füllt, deren Intensi-

dono col paesaggio costruito su un gioco di luci e ombre realizzato attraverso tonalità sfumate marron e gialle. Laggiù l'uomo è esposto ai fenomeni geomorfologici in una maniera e misura sconosciuta a noi europei. L'artista fissa nel quadro l'accadimento di un attimo, gli conferisce il rilievo dell'evento nel vero senso della parola, scevro dai condizionamenti dell'astrazione. La mano dell'artista, con i mezzi che ha a disposizione, dà forma ad opere che sono una sintesi perfetta di atto creativo, di abilità e di situazione reale.

L'arte di Coppa non si distacca mai dalla natura, né dall'uomo. Non è illegittima perciò l'aspirazione a superare l'espressionismo e a realizzare un approccio nuovo con la realtà otticamente percepibile per raggiungere una originale forza artistica espressiva. Luigi Coppa non si è mai fatto sedurre dalla tentazione di aggregarsi al variegato cosmo delle avanguardie proprio dei giovani artisti. Nell'intrico di itinerari molteplici e divergenti Coppa ha scelto un percorso che non presuppone né un punto zero, né la sorte dell'epigono; egli infatti a suo tempo seppe richiamarsi alle nuove istanze espresse dalla sua generazione.

E' ovvio, dunque che egli assuma nel panorama artistico internazionale una sua collocazione originale che per di più proietta nel futuro prospettive di un'arte nuova.

Le piazze di mercato diventano per l'artista soggetti che gli consentono di conferire uno spessore significativo all'atto fuggevole della comunicazione umana. Nelle sue opere gli uomini, sempre »senza volto« agiscono (fig. 66), in piedi, in bicicletta o seduti che siano. Alle tonalità arancioni, che richiamano il colore del deserto, fa da contrappunto il *burnus* blu, palese simbolo della fede musulmana. Nel susseguirsi degli innumerevoli schizzi e dei quadri la singola figura umana si avvicina sempre più al primo piano, fino ad emergere come vero soggetto in uno sfondo sempre meno significativo. Le figure dei quadri dell'artista ci introducono anche nel suo processo pittorico: una

at zwingend wird. Das ist nicht ein Blau, Braun oder Orange, das man nebenan im Geschäft zu kaufen vermag. Coppa stellt seine Farben selbst her, er nimmt sie aus der Natur, so sind die Farben auf den Waren, die die Händler von »El Hamma« in Tunesien darbieten, leuchtend.

Die Bildfläche wird immer enger. Alles Unnotwendige wird ausgeschieden und in Erinnerung an die »Bambini« sind Menschen schlafend oder sitzend dargestellt (Abb. 69). Die Figuren füllen großformatig die Werke Coppas. Ihn interessiert nicht mehr die Umgebung, nicht die Vielfalt, sondern der eigenartige Vorgang der geringen Distanz zu einem Tuareg. Der anonyme Mensch selbst wird zur Landschaft, aufgebaut durch die Kompartimente des Körperlichen, die in den Konturen rasch festgelegt, nach und nach mit den Coppa eigenen und faszinierenden Farben Blau, Rot, Braun und Orange, gefüllt werden, Farben, die in ihrer abgestuften Wirkung jenen ästhetischen Reiz vermehren, der diesen Werken eigen ist.

Vor uns entsteht eine Menschenlandschaft, von tiefgreifender Sozialstruktur getragen, die eingespannt erscheint zwischen dem Weiß der »Kopflandschaft« zu den sich kreuzenden braunen Füßen, des Weges müde (Abb. 72).

Und dann diese Stadtlandschaft von »Ghardaia« in Algerien (Abb. 70). Menschenleer wie das Dorf in Souf (Abb. 65), getragen von einer stringenden Bildordnung, eine Pyramide menschlicher Behausungen in Weiß-Braun-Tönen gehalten und darüber der blaue, wolkenbesetzte Himmel. Es muß an die frühen Landschaften Coppas aus der Zeit in Hofheim (Abb. 13), in Istanbul (Abb. 15) erinnert werden und gleichzeitig die Distanz Erwähnung finden, die er im Lauf der Zeit gefunden hat. Er löste sich von den, ihn in seiner Jugend bestimmenden Einflüssen, um ganz selbst zu werden, wobei sich der Weg seiner Entwicklung nunmehr deutlich abzeichnet. Diese Stadtlandschaft ist ein Hauptwerk des Künstlers. Sie wurde 1981 geschaffen. Die Bildordnung sowie die aufbauenden Elemente lassen es nicht zu, daß Erstarrung

volta tracciate le linee fondamentali in bianco del foglio si riempie di colori, la cui intensità affascina. I suoi blu i suoi marroni, il suo arancione non sono colori che s acquistano nel primo negozio all'angolo. Coppa s fabbrica da solo i colori, traendoli dalla natura, è per questo che i toni cromatici delle merci offerte dai mercanti di »El Hamma« in Tunisia sono così luminosi. La superficie dei quadri diventa sempre più piccola. Ora viene eliminato tutto ciò che non è necessario e tornando con la mente ai suoi »bambini« Coppa ritrae uomini nel sonno o seduti (fig. 69). Le figure riempiono tutta la superficie del foglio. Non lo interessa più il paesaggio, né il molteplice, ma l'evento irripetibile d trovarsi a poca distanza da un tuareg. Sono le sue figure anonime a trasformarsi in paesaggi, quelle figure costruite per sezioni, schizzate rapidamente nei tratti fondamentali e poi riempite di quei colori tutt personali e affascinanti propri della pittura di Coppa di quei blu, rossi, marroni, arancioni e neri, le cu *nuances* accrescono il fascino estetico che emana da queste opere.

Davanti a noi si apre un paesaggio di figure profondamente radicate nella struttura sociale, un paesaggio umano racchiuso fra il bianco delle »teste« e il marrone scuro dei piedi incrociati, stanchi per il lungo cammino (fig. 72).

E' ancora quella visione della città di »Ghardaia« in Algeria (fig. 70). Senz'anime, come il villaggio de Souf (fig. 65), racchiusa in una struttura compositiva compatta, una piramide di abitazioni umane giocata nelle tonalità cromatiche del bianco e del seppia; e al di sopra un cielo blu cosparso di nuvole. Bisogna riandare ai giovanili paesaggi del pittore del periodo d Hofheim (fig. 13) o di Istanbul (fig. 15), per cogliere la portata del cammino percorso in questi anni da Coppa. Si è dovuto liberare da tutte le influenze della sua pittura giovanile, per diventare veramente se stesso.

Ora il percorso della sua evoluzione è abbastanza ben delineato. Questo paesaggio cittadino è un vero capolavoro. Fu creato nel 1981. La disposizione figu

25 Straße in Medenine   1981

eintritt: Bewegung und Verlebendigung jedes Details, Dramatik in der einfachsten Form.
Weißer, gelber, roter Burnus — Variationen eines Themas, in denen von 1982 an, plötzlich ein sehr waches Auge, aus den umhüllenden Gewändern den Betrachter anzuschauen beginnt, als seien Menschen aus dem Schlaf erwacht, um in diese Welt zu schauen. Diese Augen erinnern an elektronische Geräte, die durch visuelle Zeichen Funktionen signa-

rativa e gli elementi architettonici escludono ogni irrigidimento, conferendo movimento e vitalità ad ogni dettaglio, caricando di drammaticità le forme più semplici.
Ecco il *burnus* bianco, giallo o rosso — un tema trattato nelle molteplici variazioni a partire dal 1982. Improvvisamente dai panneggi che avvolgono la figura sbuca un occhio pronto e vivo che guarda lo spettatore. E' come se il suo uomo si fosse destato per mettersi a guardare il mondo. Questi occhi fanno pen-

26 Händler in Marrakesch 1985

27 Verkäuferinnen in Marrakesch 1985

aufgenommen wurde und damit die Funktionstätigkeit eines ganzen Organismus bestätigt wird. Die subjektiven, wohl auch ausdehnbaren Fragen einer ganzen Volksgruppe können keine konkrete Antwort finden. Das Zögern, Fragen, Zweifeln über das Interesse des Europäers, des fixierenden Künstlers, bleibt antwortlos in der Verhüllung.

Die Kraft der künstlerischen Aussage bändigt angesprochene Probleme durch formale Lösungen konsequent. Der oder die Dargestellte wird in einen Rahmen gesetzt, bleibt immer als Person existent. Variationen zu diesem Thema sind in der einmal gefunde-

sare ad apparecchi elettronici che mediante strumenti ottici segnalano funzioni, confermano il funzionamento del congegno e l'inserimento del contatto, segno che tutto l'organismo sta funzionando. I problemi individuali, anche se dilatabili alla dimensione di un intero gruppo etnico, non possono trovare una risposta concreta. Esitazioni, interrogativi, dubbi; al di là dell'interesse dell'europeo, dell'interesse dell'artista che cerca di fissare la realtà di un attimo, resta l'enigmatica riservatezza espressa da quel drappeggio.

Il vigore espressivo dell'artista riesce a dominare

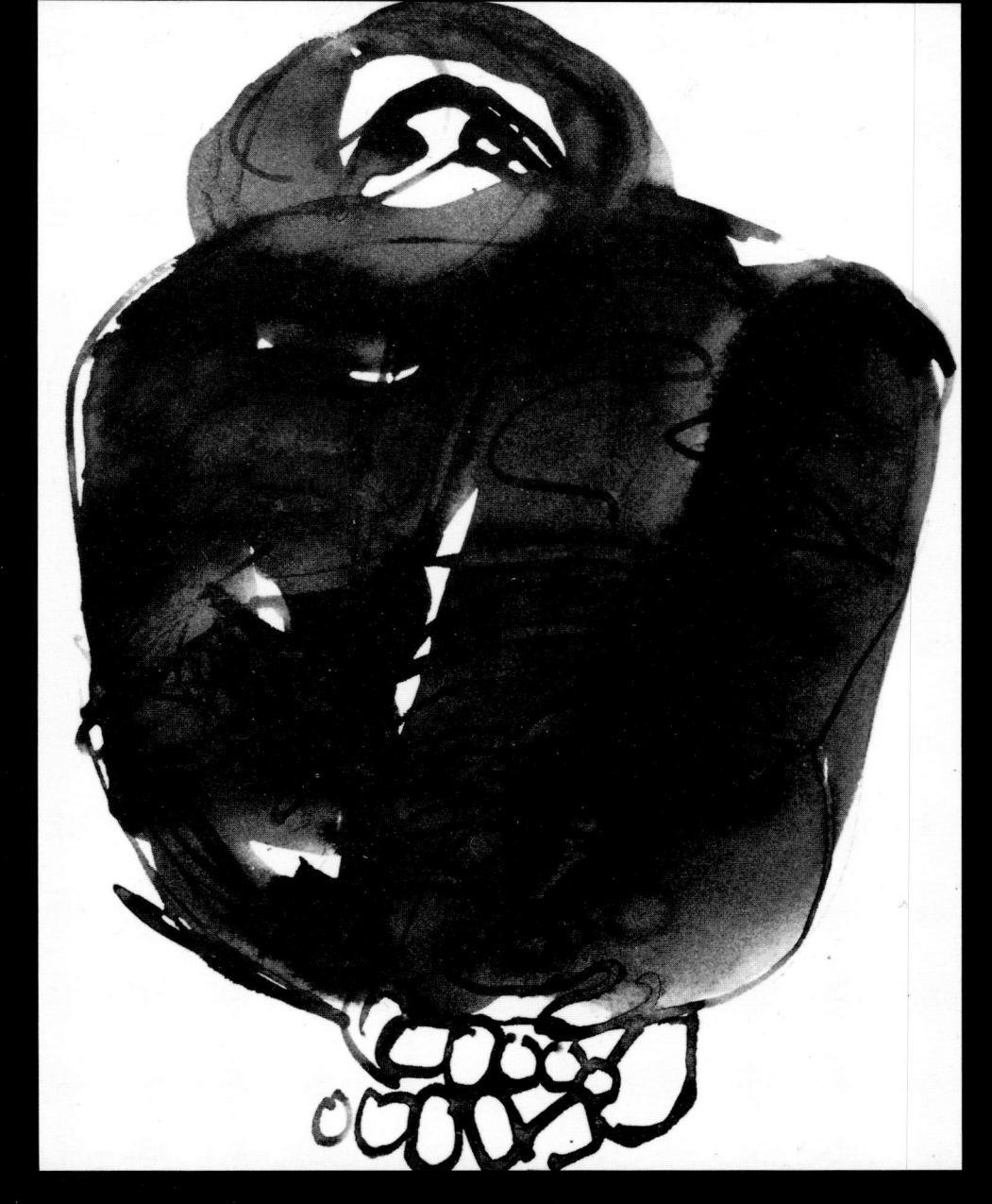

28 Tuareg 1985

nen Formgebung für den Künstler Coppa spezifisch. Die kraftvolle Hand Coppas leistet über das Medium der bildenden Kunst einen die Kontinente Europa und Afrika verbindenden Kontext, der »Brüderlichkeit« bedeuten will.

problemi sollevati risolvendoli sul piano formale. La donna o l'uomo raffigurati sono sempre inseriti in un contesto, restano vivi e veri, restano cioè persone. Una volta trovata la soluzione figurativa formale l'arte di Coppa dà vita a tutte le variazioni del tema.

La vigorosa mano di Coppa, grazie al medium dell'arte figurativa, riesce a creare un contesto che unisce due continenti, l'Europa e l'Africa e ciò va al di là anche del concetto di »fratellanza«.

Das Atelier

Vor mehr als dreißig Jahren kauften Vater Coppa und sein Sohn Luigi ein Grundstück und auf diesem errichteten sie ein kleines Haus. Groß genug, um in ihm leben zu können. Steigt man auf das flache Dach, so sieht man nicht nur den, für den Ort im Lauf der Geschichte der Insel so bedrohlichen Vulkan Epomeo, sondern auch das weite, offene Meer.
Doch etwas später errichtete der Künstler mit eigenen Händen im Garten ein großes, einfach gebautes Atelier. Betritt man es, so sieht es aus wie ein Platz, eine Erinnerung an die Plätze Forios, die ihm, dem Buben groß und gewichtig erschienen, auf denen sich so manches Fest jeglicher Art ereignen konnte. Heute ist er selbst als Architekt beauftragt, diesen Plätzen neue Gestalt zu geben.
In diesem Atelier ist er die bestimmende Mitte, die in sich ruhende Persönlichkeit, deren Augen lebhaft die Dinge um sich beobachten. Obwohl freundlicher Gastgeber — davon künden die vielen Eintragungen von Besuchern aus der ganzen Welt — zieht er sich gerne zurück, um Stille zu haben, an seinem Arbeitsplatz. Ich habe ihn nie malen gesehen, wohl zeichnend, wenn er etwas zu erklären hatte, wenngleich der Geruch der vielen Farbtuben und -tiegel, der selbst gemischten Tinkturen, in Wartestellung ist, auf das für ihn gesondert angefertigte Aquarellpapier gebannt zu werden.
Aquarelle, Zeichnungen, Ölbilder verschiedenster Formate beleben das Atelier. Sie geben Einblick in sein künstlerisches Werk und so mancher Besucher

Lo studio

Piú di trent'anni fa papà Coppa e il figlio Luigi acquistarono un fondo nel quale hanno costruito una piccola casa. E' grande abbastanza per poterci vivere. Se si sale sul tetto piatto la vista si apre sull'immensa distesa del mare aperto e sul monte Epomeo, il vulcano la cui minaccia incombe da sempre sull'isola. Qualche tempo dopo l'artista costruì nel giardino, con le proprie mani, un grande studio, semplicissimo nell'architettura. Entrando sembra di vedere una grande piazza, quasi un ricordo delle piazze di Forio, che al pittore fanciullo sembravano così grandi e importanti, teatro, com'erano delle feste piú svariate. Oggi è chiamato in prima persona, come architetto a dare ad esse una fisionomia nuova.
Egli rappresenta il centro e il principio ordinatore di questo *atelier,* anzi la sua personalità in sé quietamente conchiusa. E i suoi *occhi* osservano vivaci le cose intorno a lui. E' un ospite gentile, come testimoniano gli attestati di visitatori venuti da ogni parte del mondo, anche se si ritira volentieri nel suo studio per godere di un po' di pace. Non l'ho mai visto dipingere. L'ho visto solo disegnare, per lo più quando c'era da spiegare qualcosa, anche se tutto sembra essere sempre pronto per dipingere, come svelano i tanti tubi e vasi dei colori sparsi qua e là, gli odori tutti particolari che emanano dalle tinture da lui stesso preparate o i fogli di carta da acquerello prodotti appositamente per lui.
E poi acquerelli, disegni, quadri ad olio dai formati più svariati in ogni angolo del locale. Ognuno di essi per-

29 Im Atelier in Forio 1985

bedauert, daß seine großformatige Trilogie, die er vor vielen Jahren begonnen hatte, nie mehr eine Vollendung wird finden können. In dieses Atelier bringt der, an dieser Welt und den künstlerischen Ereignissen Europas Interessierte ganz selbstverständlich alles Wissenswerte ein. In den Regalen ist der Zugriff zum enzyklopädischen Wissen gewährleistet und die Kunstkataloge, die er stets auf aktuellen Stand bringt, vermitteln Informationen und Einblick. Bei aller Buntheit eines ersten optischen Eindruckes herrscht hier

mette di farsi un'idea della capacità artistica d Coppa, tanto che più di un visitatore ha espresso i rammarico che la trilogia di grandi dimensioni iniziata molti anni addietro non sia stata ancora finita.
In questo studio l'artista, così profondamente interessato al mondo e agli accadimenti artistici d'Europa raccoglie tutto ciò che può essere significativo. Negl scaffali ci sono le enciclopedie e altre opere di consultazione; i cataloghi, che egli aggiorna in continuazione, forniscono poi informazioni e permettono un

peinliche Ordnung über seine eigenen Werke im Archiv, das ihm Aufschluß gibt, wie sorgsam er das noch Vorhandene zu hüten hat, da er in seiner Jugend um zu überleben viel und billig verkaufen mußte. Blättert man in diesem Archiv, so muß man feststellen, daß bedeutende Sammler Europas Werke von seiner Hand besitzen. In den Depotstellagen stehen seine Ölbilder bereit für Ausstellungen.

Eine perfekte Stereoanlage kann jederzeit den Raum mit klassischer Musik erfüllen, denn Musik gehört zum Leben des Künstlers.

Marianna, seine Tochter, selbst Künstlerin, ist wohl die »Chefin« des Büros. Es überrascht nicht, daß Teresa, die älteste Tochter, eine begabte Pianistin und Sohn Giovanni sich im Nebenatelier zum Kunsthandwerker entfaltet. Anita, die Gattin des Künstlers, ist die Seele des Hauses.

sguardo panoramico su ciò che viene prodotto. Nel variopinto disordine, che sembra accogliere il visitatore a prima vista, regna invece un ordine meticoloso. L'archivio dell'artista consente anche uno sguardo sulla sua produzione passata, di quando doveva vendere i suoi quadri per pochi soldi per poter sopravvivere, quadri che oggi sono in possesso dei grandi collezionisti d'Europa.

Nei depositi infine ancora acquerelli e quadri. Un impianto stereo perfetto può inondare in qualunque momento il locale di musica classica, perchè la musica è parte integrante della vita dell'artista.

Marianna, sua figlia, anch'ella un'artista, potrebbe essere definita la »signora« di questo studio. Non meraviglia a questo punto sapere che Teresa, la figlia piú grande di Coppa, sia una pianista di talento e che il figlio Giovanni, nello studio adiacente, stia diventando un bravissimo artigiano. Anita, la moglie dell' artista, è l'anima della casa.

(Traduzione di Giovanni Chiarini)

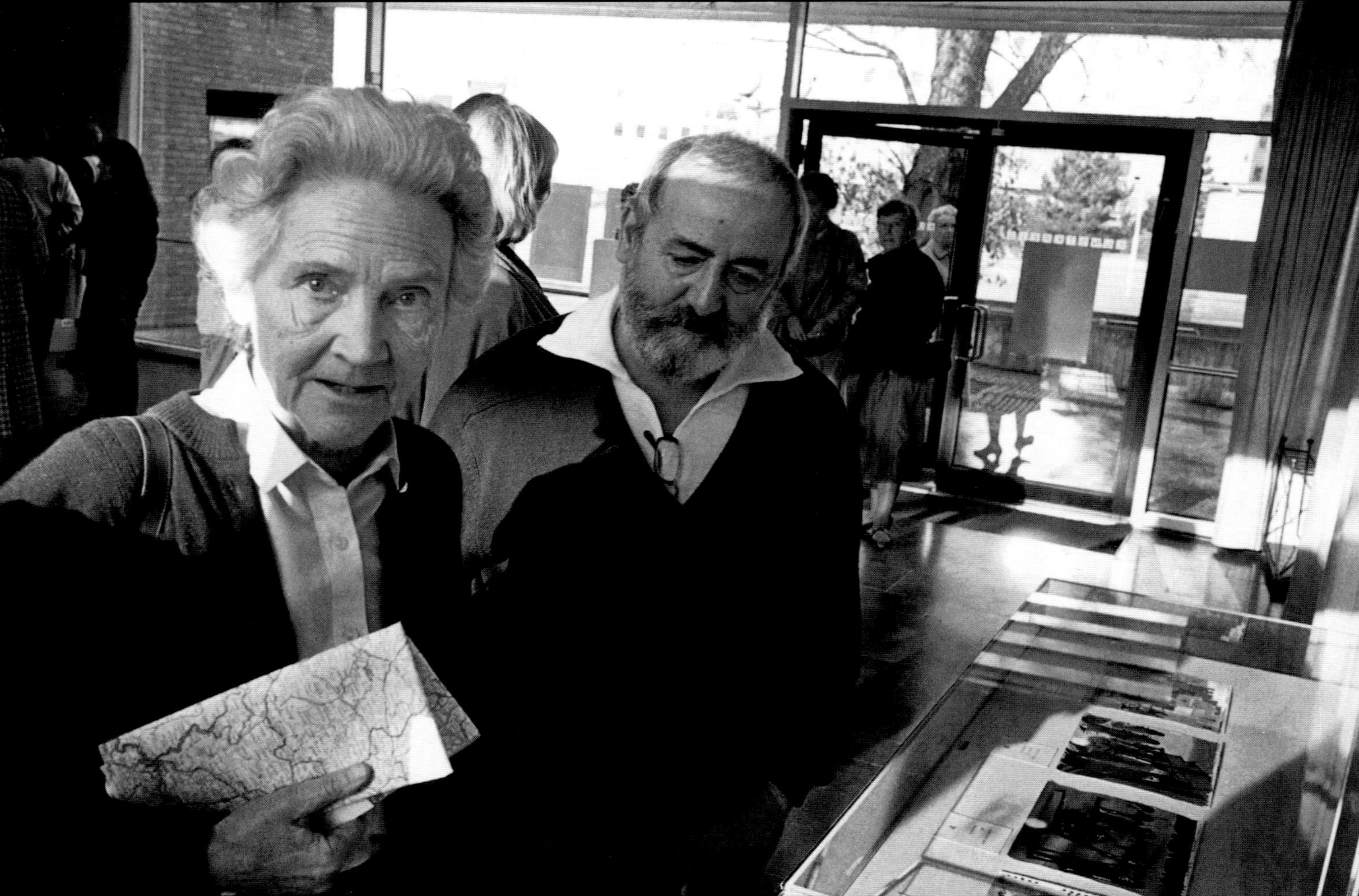

Luigi Coppa in Forio d'Ischia
Marion Gräfin Dönhoff, 1983

Der erste Eindruck: ein ganz mediterranes Ambiente. Man geht durch einen kleinen Vorgarten, in dem ein paar Zitronenbäume stehen, Tomaten und Bohnen wachsen, und betritt ein großes, ebenerdiges, weinumranktes Atelier. Der Meister ist zunächst gar nicht zu entdecken, so vollgestopft ist der Raum: drei Staffeleien, viele Schränke mit Handwerkszeug aller Art, auf einem langen Tisch sind Aquarelle hoch aufgestapelt, drei andere Tische überhäuft mit Farben, Teekannen, Whisky-Flaschen. Bilder lehnen an den Wänden, liegen auf dem Boden. So mögen die Werkstätten der französischen Impressionisten ausgesehen haben; und der Urheber dieses Chaos erinnert auch ein wenig an sie.

Ich kenne Luigi Coppa, von seinen Freunden Gino genannt —, seit 20 Jahren. Immer hat er wie ein Besessener gearbeitet, gezeichnet, entworfen, verworfen, seine eigenen Farben hergestellt — ein Blau so leuchtend, daß einem die Augen übergehen. Manchmal findet man auf ein und demselben Blatt neben Aquarell- auch Temperafarbe, beispielsweise wenn er einen Schatten stärker betonen will. Oder es wird eine Linie mit der Rohrfeder gezogen. Mit Rohrfedern aus Bambus, der vor der Tür wächst und den er sich in verschiedener Stärke zurechtschnitzt; innen hinein hat er einen kleinen Schwamm praktiziert, der die Tusche hält. Die Arbeit damit ist jedes Mal ein aufregendes Geschäft, denn nichts wischt so einen Strich wieder weg, der mit sicherer Hand, ohne abzusetzen, durchgezogen werden muß.

Luigi Coppa a Forio d'Ischia
Marion Gräfin Dönhoff, 1983

La prima impressione: un ambiente totalmente mediterraneo. Si passa per un piccolo giardino antistante l'edificio nel quale si ergono un paio di piante di limoni e vengono coltivati pomodori e fagioli, prima di entrare in un grande *atelier* a piano terra, sui cui muri si avvinghiano i tralci di una vite. Sulle prime non è possibile vedere il maestro, tanto l'ambiente è stipato di cose: tre cavalletti, molti armadi pieni di arnesi di ogni specie, sopra un lungo tavolo sono accatastati mucchi di acquerelli; altri tre tavoli sono ricolmi di colori, di teiere, di bottiglie di whisky e quadri dappertutto, alle pareti, per terra. Questo dovrebbe essere l'aspetto che avevano gli studi degli Impressionisti francesi. E infatti il creatore di questo caos li ricorda un po'.

Conosco Luigi Coppa — dagli amici chiamato affettuosamente Gino — da vent'anni. Sempre ha lavorato come se fosse dominato ossessivamente da una forza, ha disegnato, ha fatto schizzi, ha scartato, ha fabbricato da sé i colori per i suoi quadri — quel blu così luminoso da far venire le lacrime agli occhi. Qualche volta si trovano sullo stesso foglio l'acquerello accanto ai colori a tempera, come accade per esempio, quando vuole accentuare più decisamente un'ombra. Oppure traccia una linea con la penna di canna. Sí con penne fatte di canne di bambù, che crescono lí, davanti alla porta e che egli si intaglia in diversi spessori a seconda delle esigenze. Nell'incavo colloca una piccola spugna per tenere l'inchiostro di China. Il lavoro con un oggetto di questo

Aber seit seine Mutter alle Zeichnungen des Fünfjährigen zerrissen hat, — denn sie wollte, er solle wie viele Ischitaner zur See fahren und Kapitän werden —, hat Gino nie aufgehört, just dieser einen Aufgabe zu leben: Auge und Hand zu schulen. Selten hat er Zeit, »Nein, heute kann ich unmöglich« —, immer ist er absorbiert von irgendeinem malerischen Problem: Wie kann man das Wesen von Licht und Schatten optimal darstellen, wie die Materie einer Mauer unverwechselbar wiedergeben, wie die spontane Bewegung von Menschen einfangen?

Mehr als alles andere beschäftigt ihn Afrika. Das arabische Afrika mit seiner kargen Landschaft und seinen ernsten Menschen. Was ihn daran fasziniert, ist nicht das Fremde, sondern im Gegenteil das Vertraute: »So ähnlich haben auch wir gelebt, in diesem Dorf von Fischern und Weinbauern, ehe der Tourismus über uns hereinbrach.« Drei pralle Skizzenbücher sind voll mit Impressionen aus Marokko und Algerien von der letzten Reise im vorigen Jahr.

Renato Guttuso, der Altmeister unter den Malern Italiens, ist mehrfach in Ginos Atelier gewesen, zuletzt vor ein paar Monaten. Er hat auch diesmal wieder mit rückhaltloser Bewunderung die Fortschritte des Neunundvierzigjährigen betrachtet. Das sind dann, neben den seltenen Reisen, die Höhepunkte in Ginos sonst gleichmäßig dahinfließendem Leben. Er strahlt, wenn er daran denkt.

genere è ogni volta un'esperienza eccitante, poiche nulla riesce poi a rimuovere il tratto disegnato in questo modo, che deve venire perciò tracciato con mano sicura, senza interruzioni.

La madre, il cui desiderio era che il figlio, come molti ischitani, andasse per mare e diventasse un giorno capitano, gli strappava sistematicamente tutti i disegni. Gino aveva allora quindici anni. Ecco, fin da quel tempo l'artista ha vissuto con questo scopo preciso: addestrare l'occhio e la mano.

Raramente egli ha tempo — »No, oggi assolutamente non posso!« — E' eternamente assorbito da qualche problema di natura pittorica: come si può raffigurare in maniera ottimale l'essenza della luce e dell'ombra? Come si puó rendere inconfondibilmente la materia di un muro? Come si può catturare il movimento spontaneo degli uomini?

Ma più di ogni altra cosa è l'Africa che lo occupa. L'Africa araba con i suoi paesaggi poveri e la serietà delle sue genti. Ciò che lo affascina laggiù non è l'estraneo, l'esotico, anzi — al contrario è il familiare: »Anche noi abbiamo vissuto in maniera simile, proprio qui, in questo paese di pescatori e di vignaiuoli, prima che il turismo irrompesse sulle nostre teste«.

Tre cartelle rigonfie di schizzi contengono le tante impressioni raccolte nell'ultimo viaggio, l'anno scorso, in Algeria e in Marocco.

Renato Guttuso, il maestro decano fra i pittori italiani, si è recato più volte nello studio di Gino — la sua visita più recente risale a due anni fa circa. Anche in questa occasione ha osservato con interesse i progressi dell'artista quarantanovenne esprimendo la sua incondizionata ammirazione. Sono questi in fondo — assieme ai rari viaggi — i momenti culminanti di una vita che altrimenti scorre con regolarità. E' raggiante quando ci pensa.

(Traduzione di Giovanni Chiarini)

Farbtafeln   Tavole a colori

L. Coppa

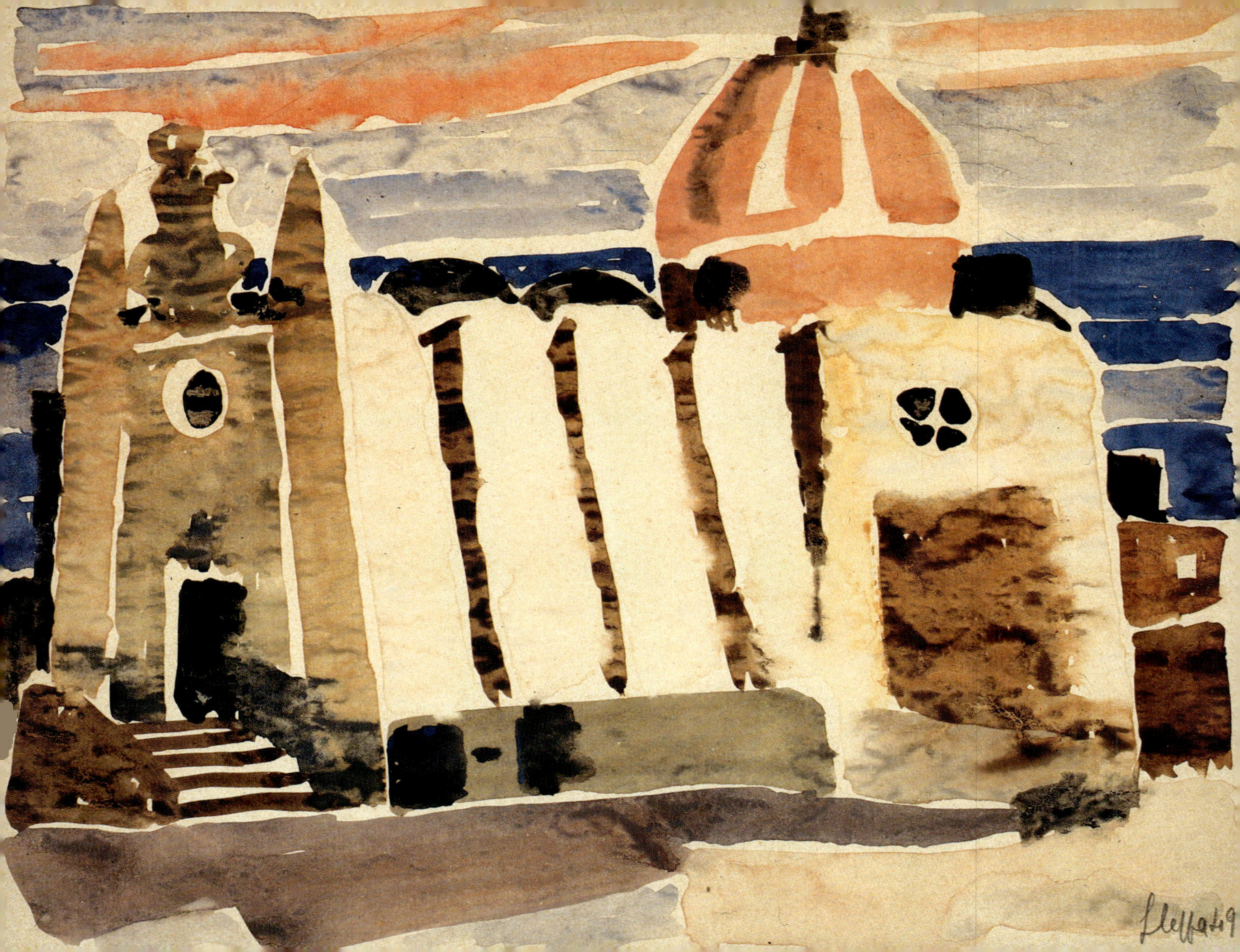

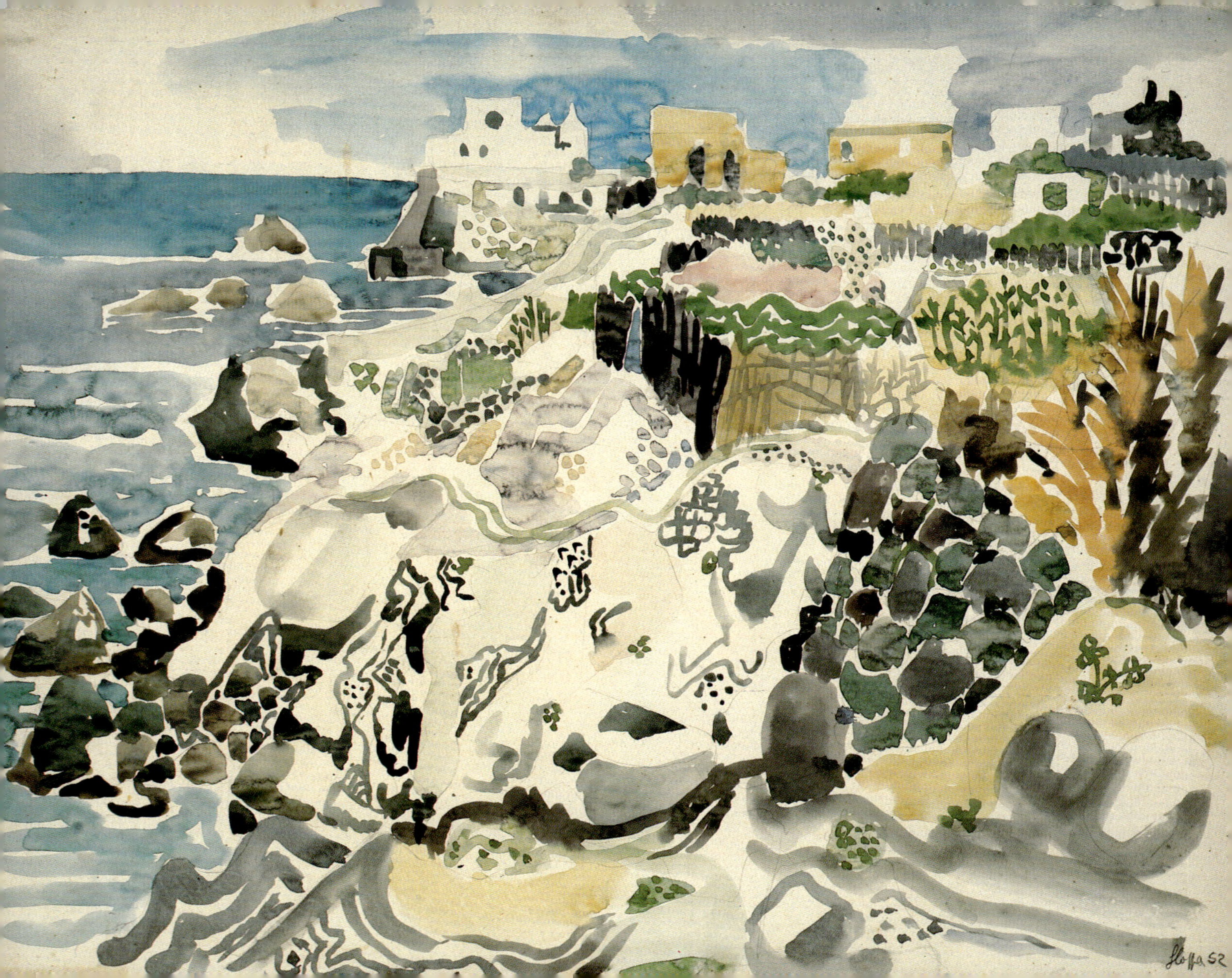
Floffa 52

34
Porträt
Vito Mattera, 1952

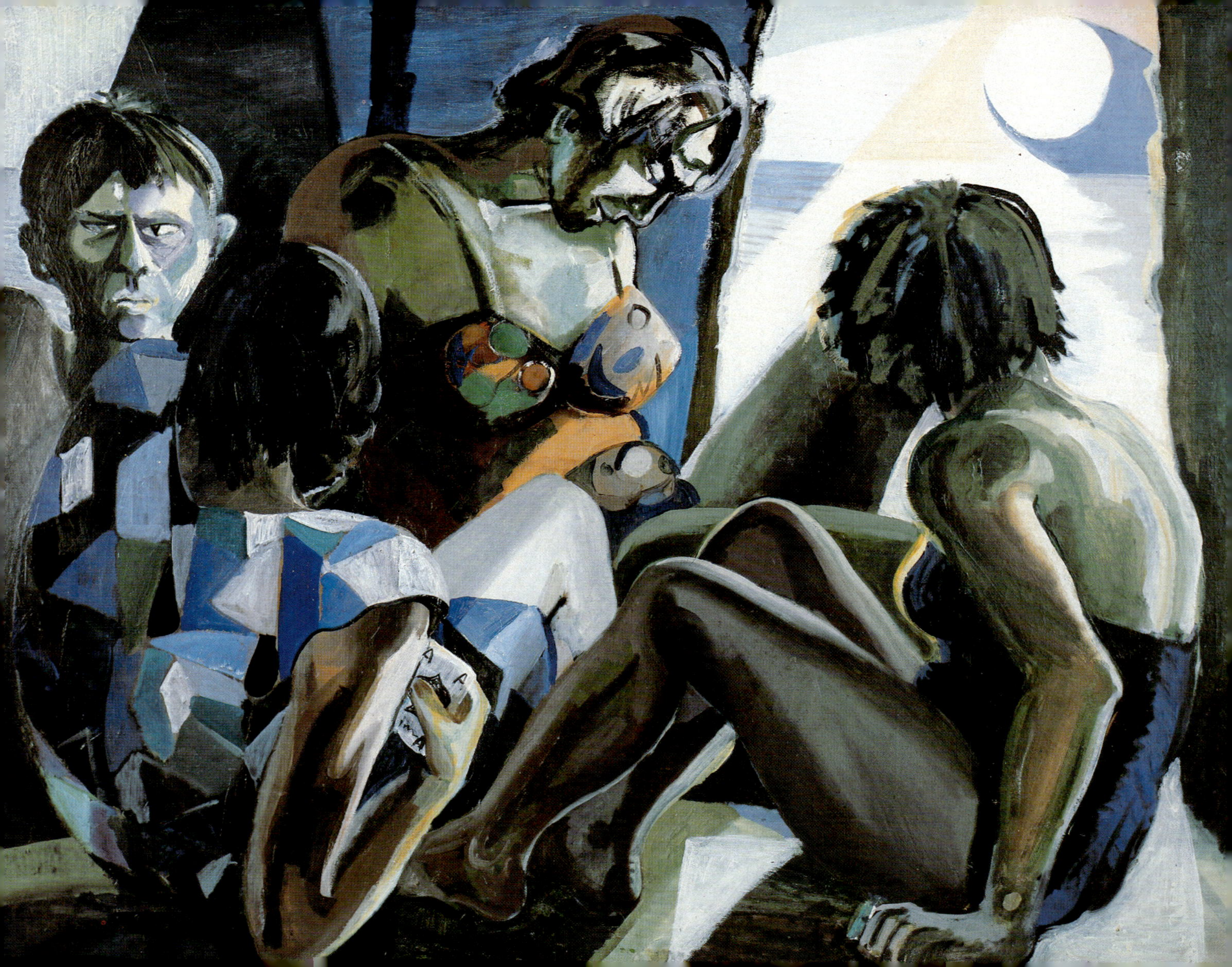

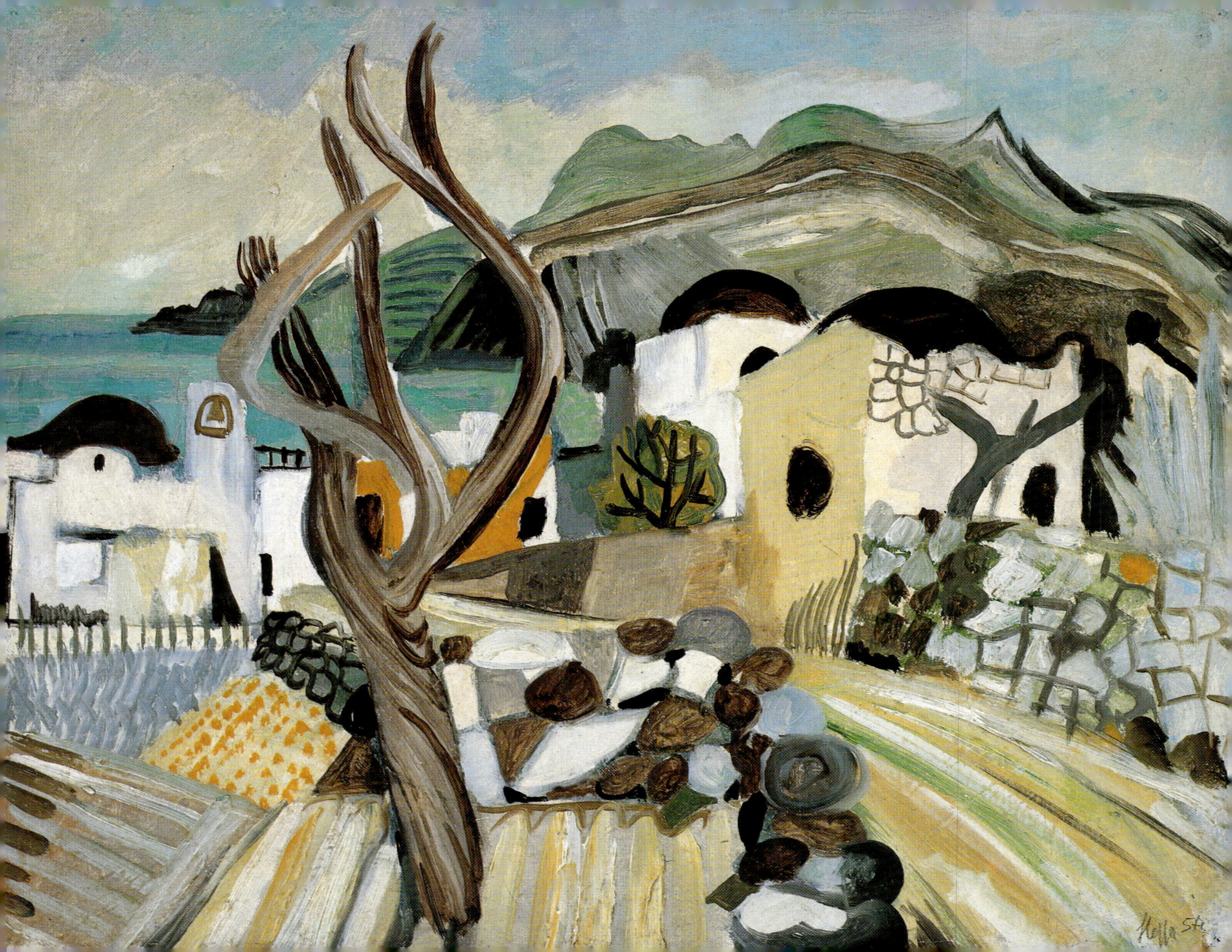

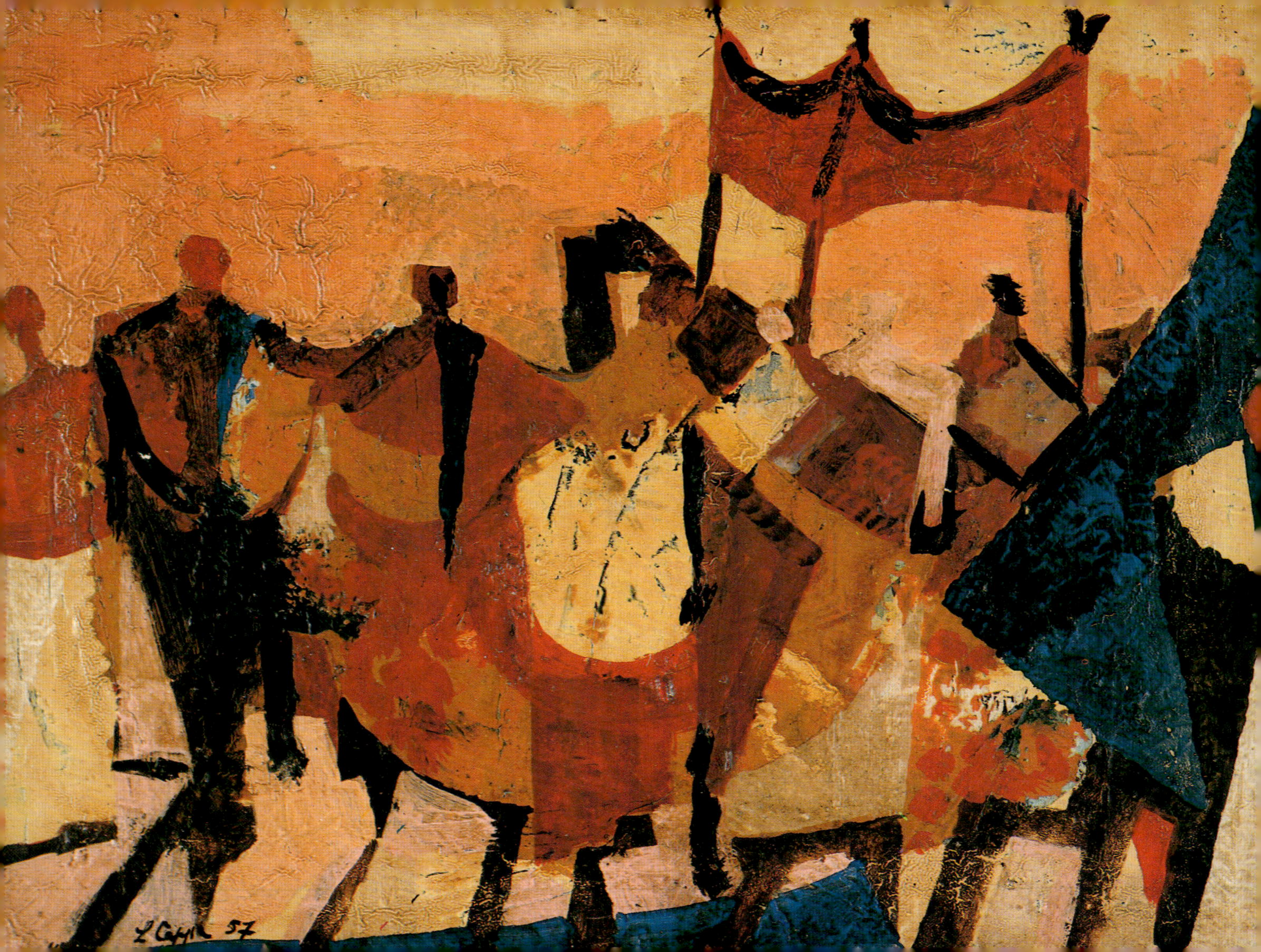

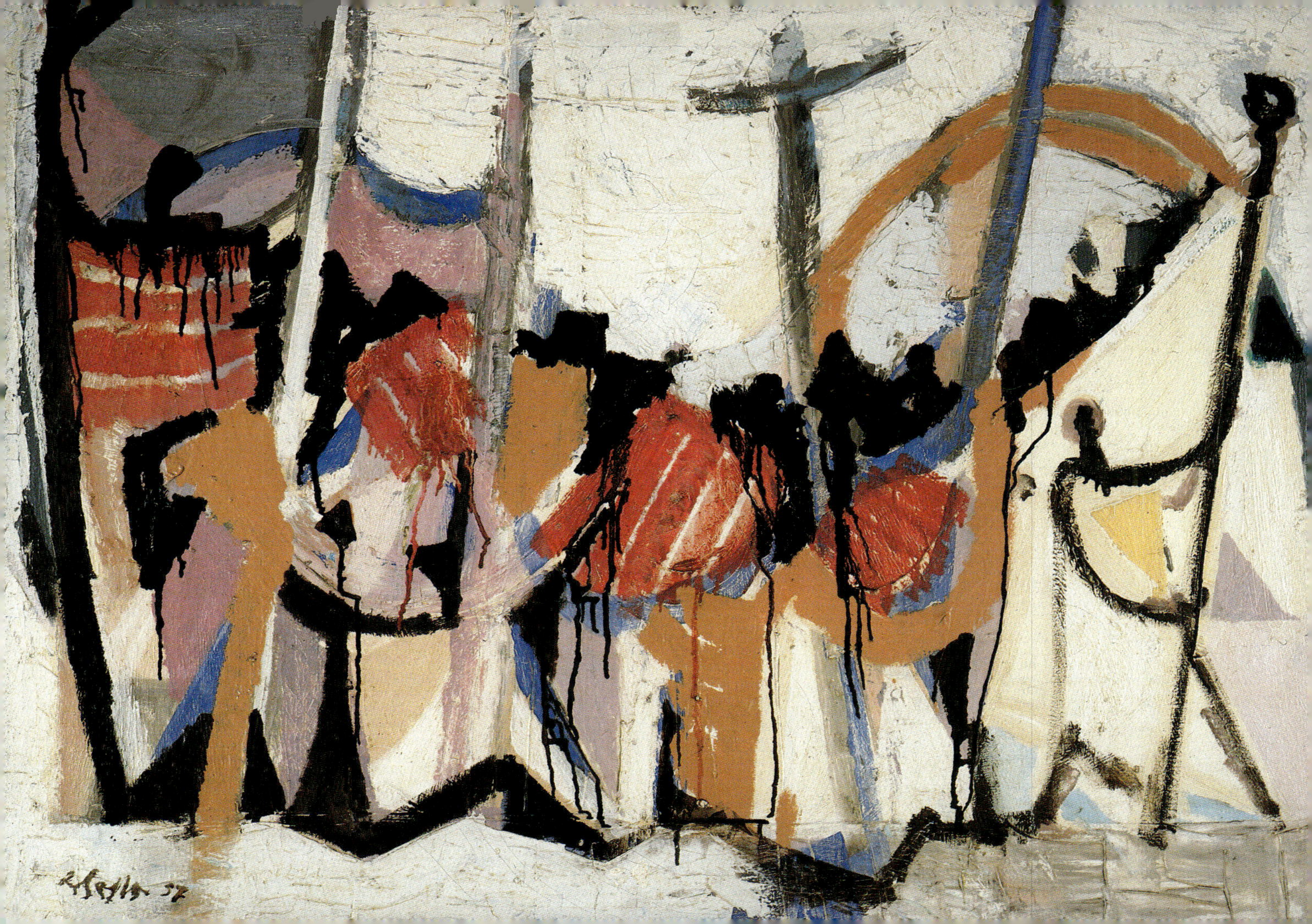

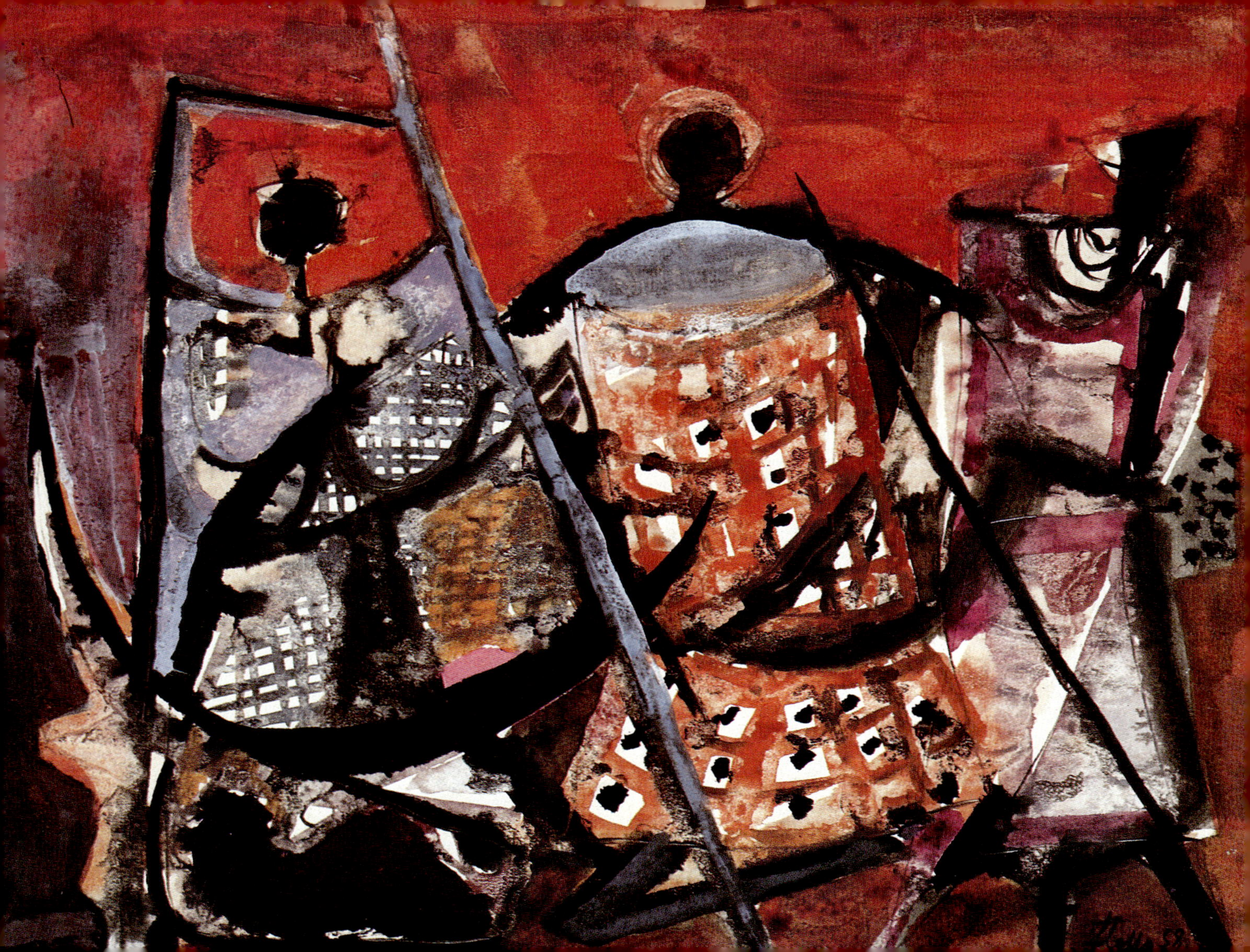

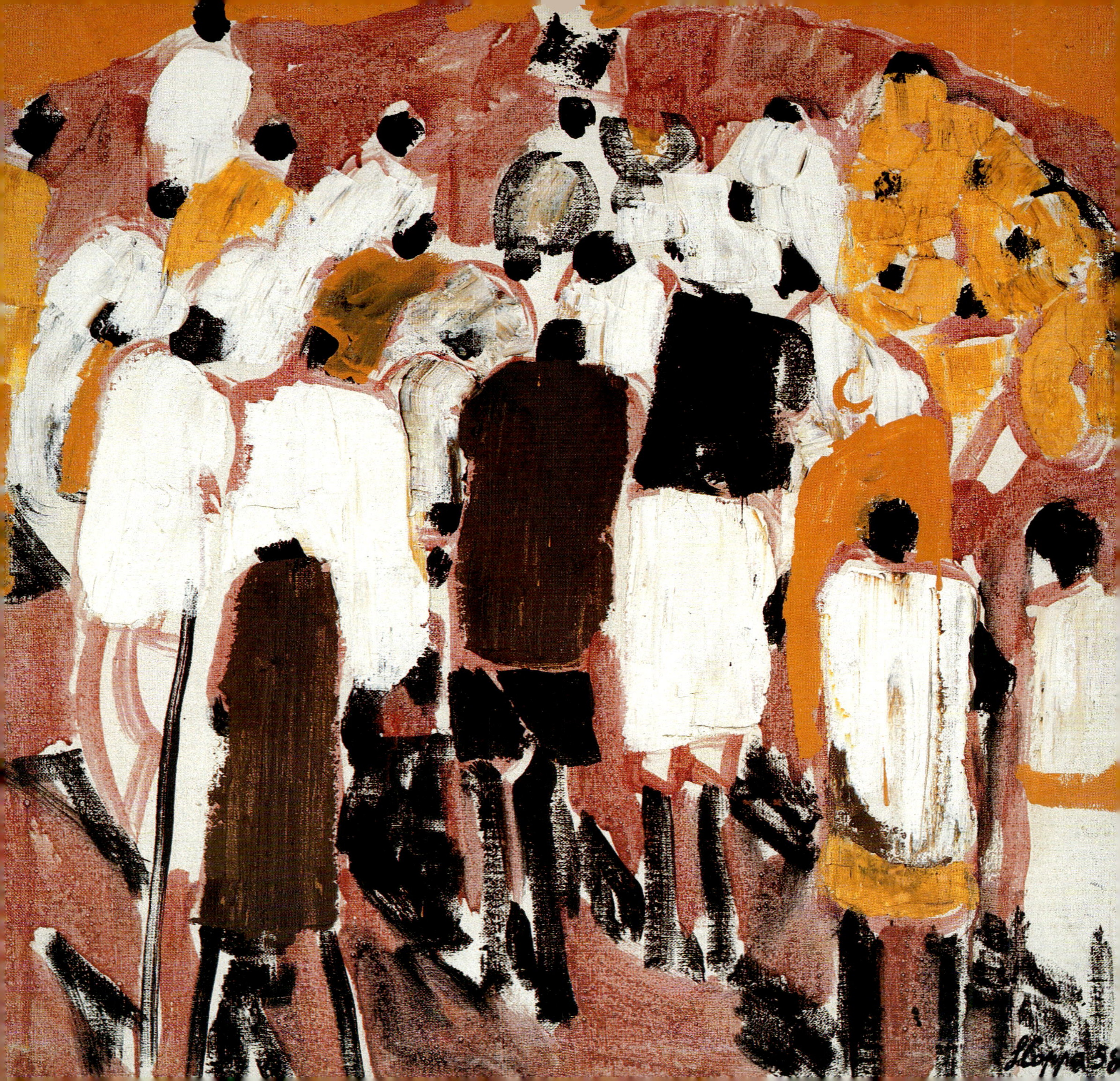

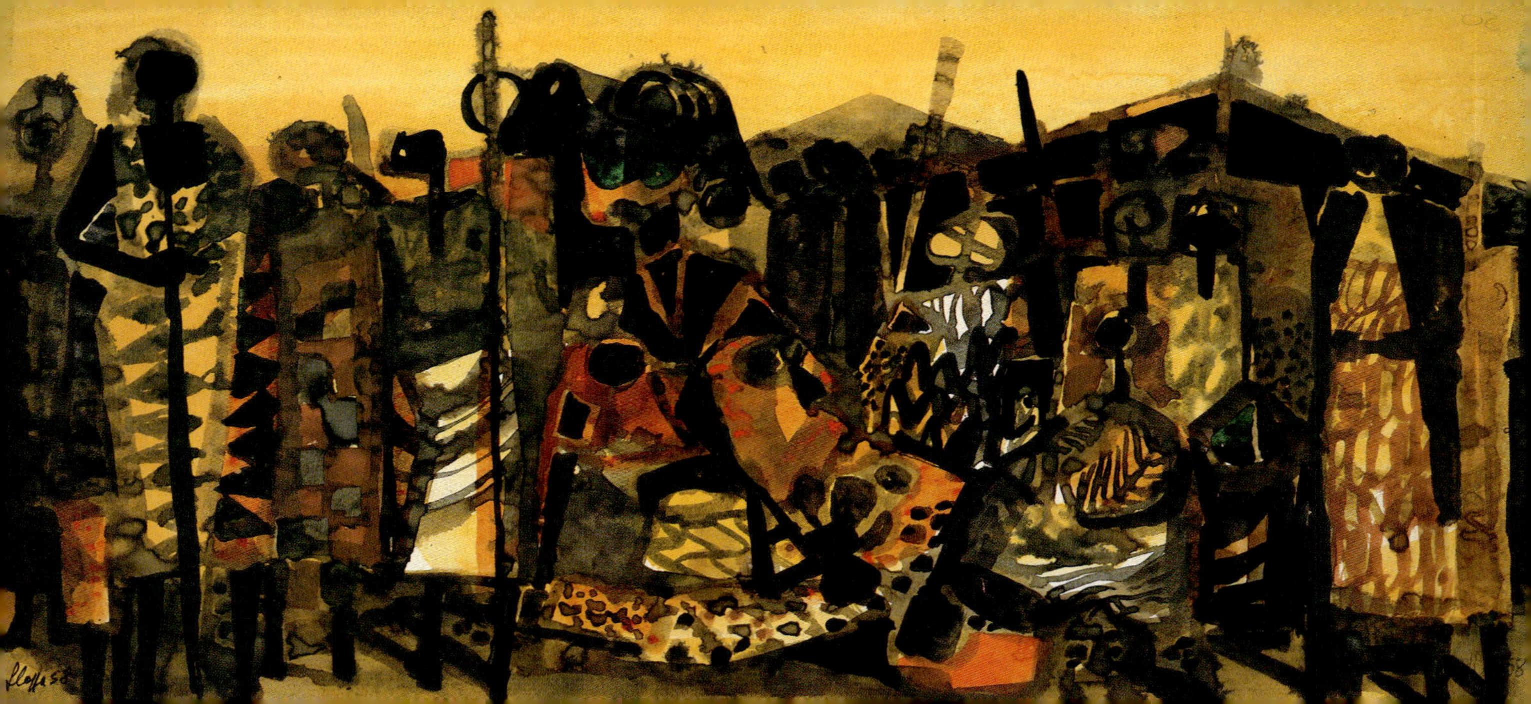

12 Fischer am Edward-See (Kongo)   1961

43 Askari (Uganda)   1962

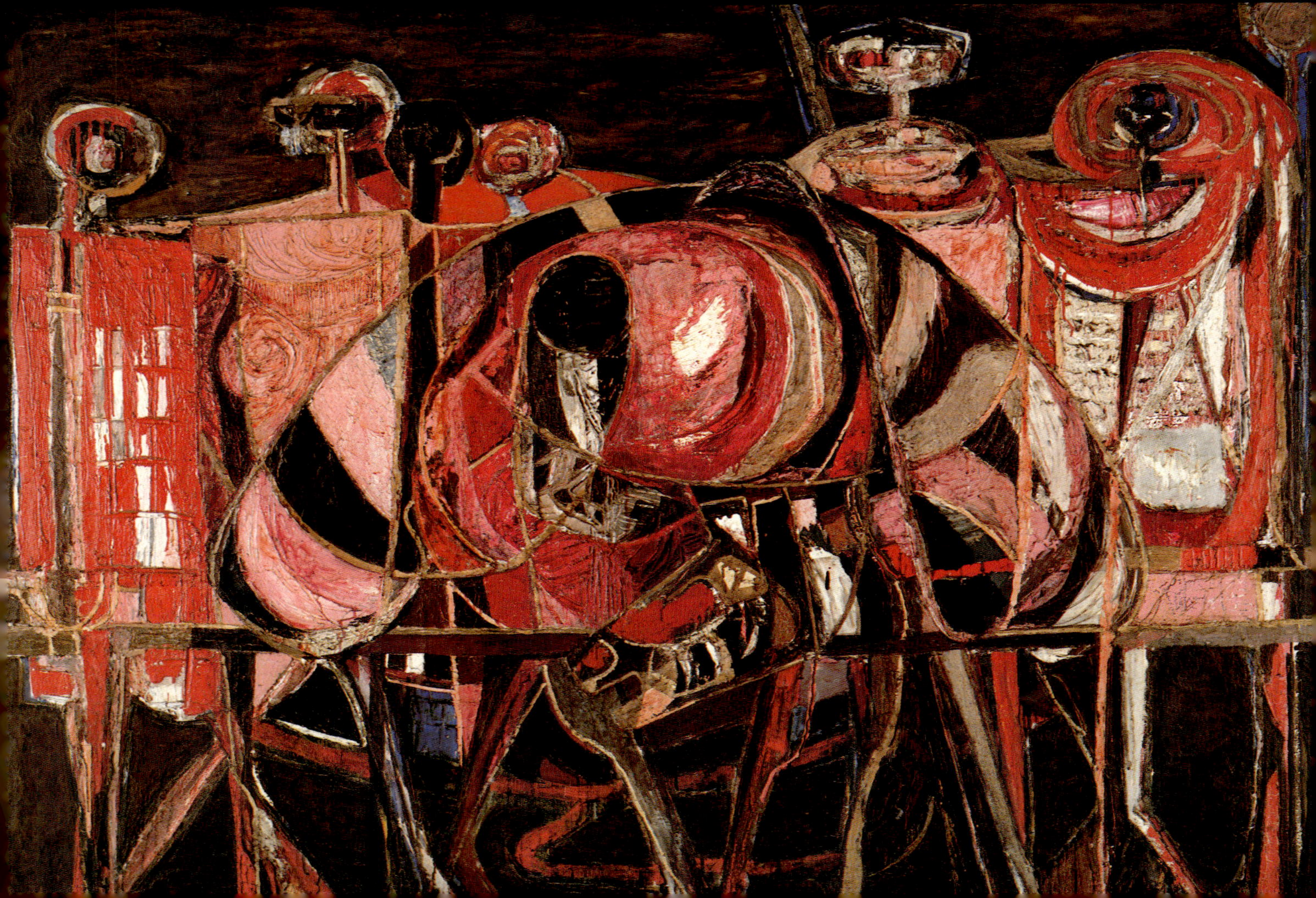

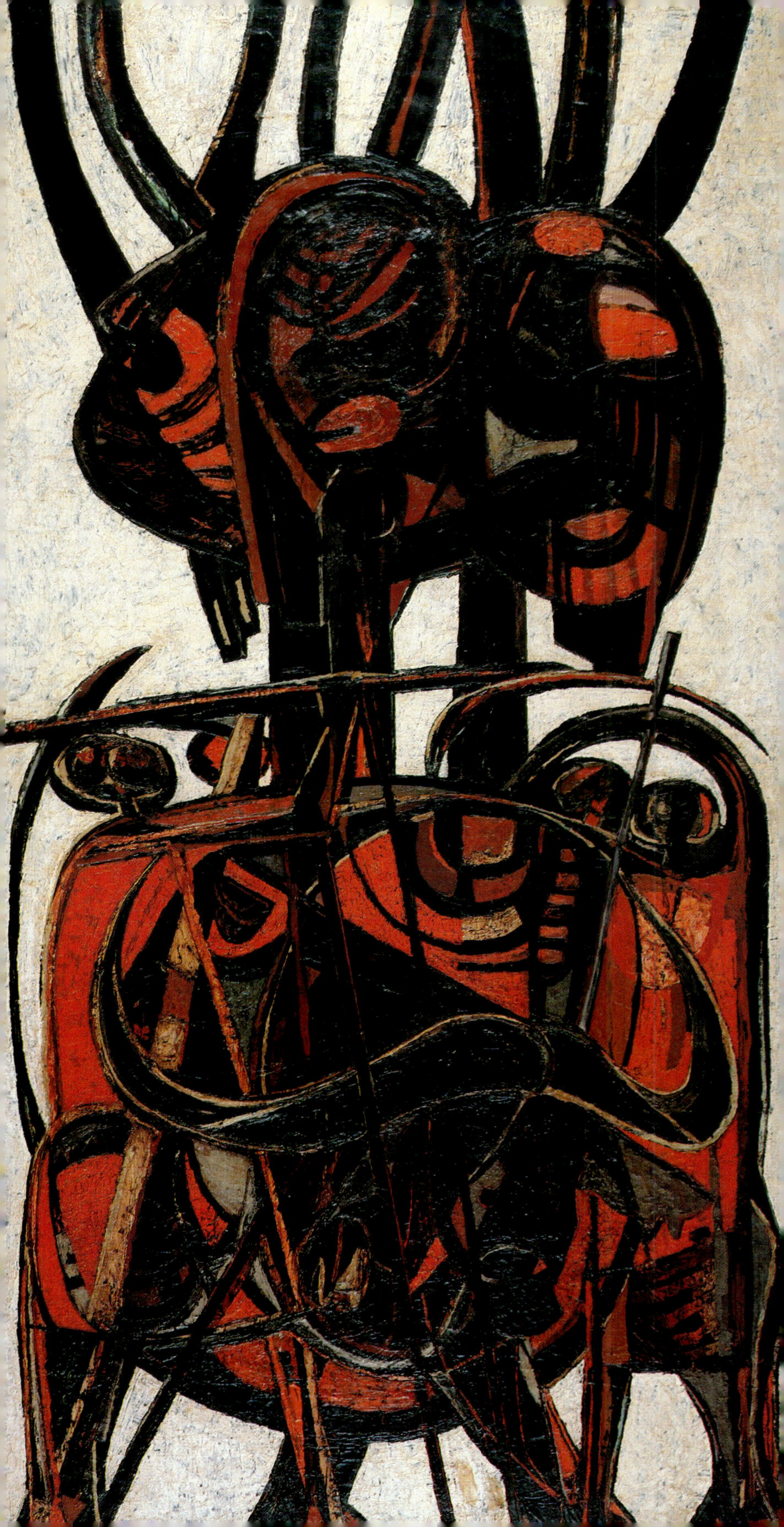

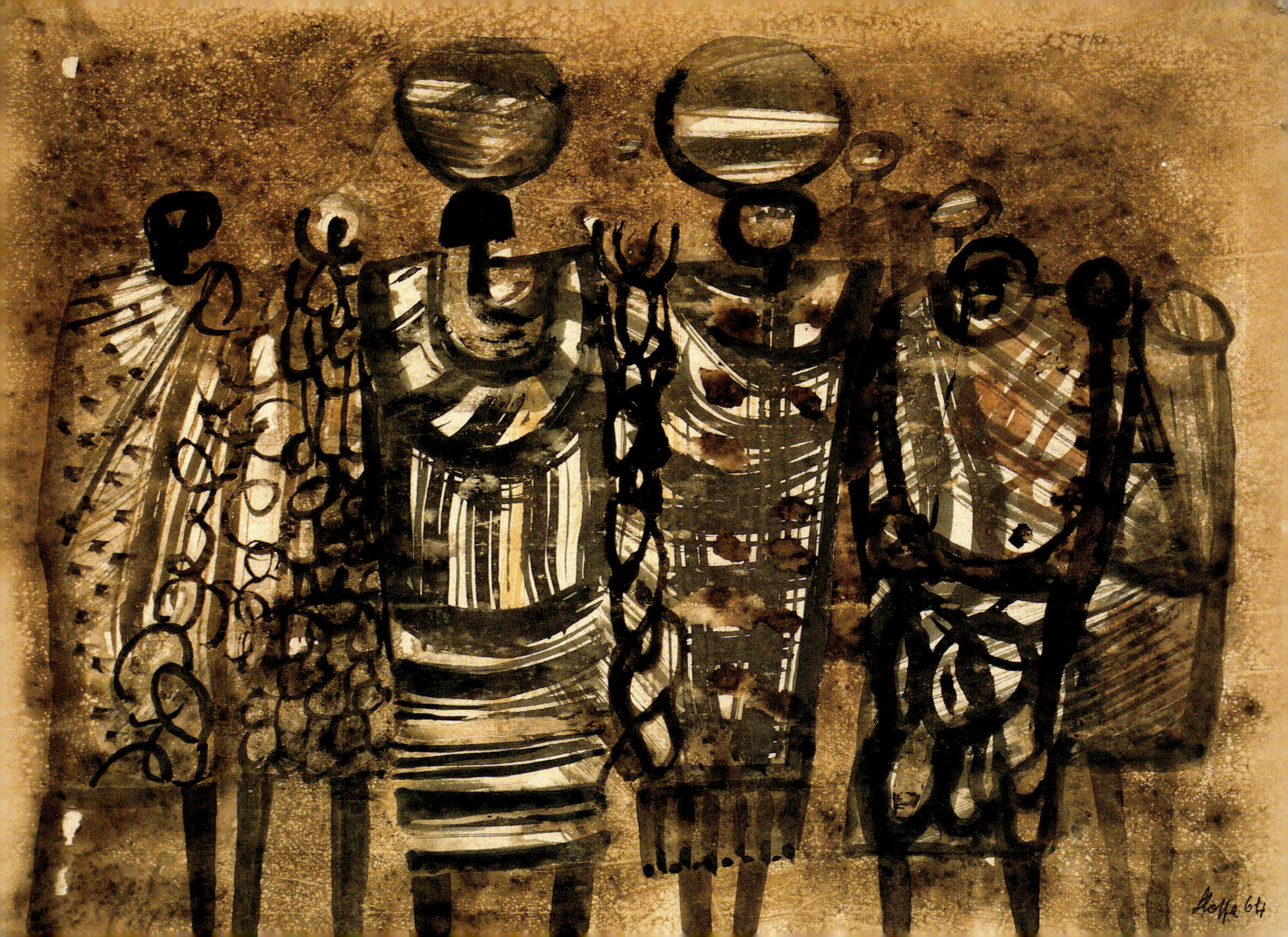

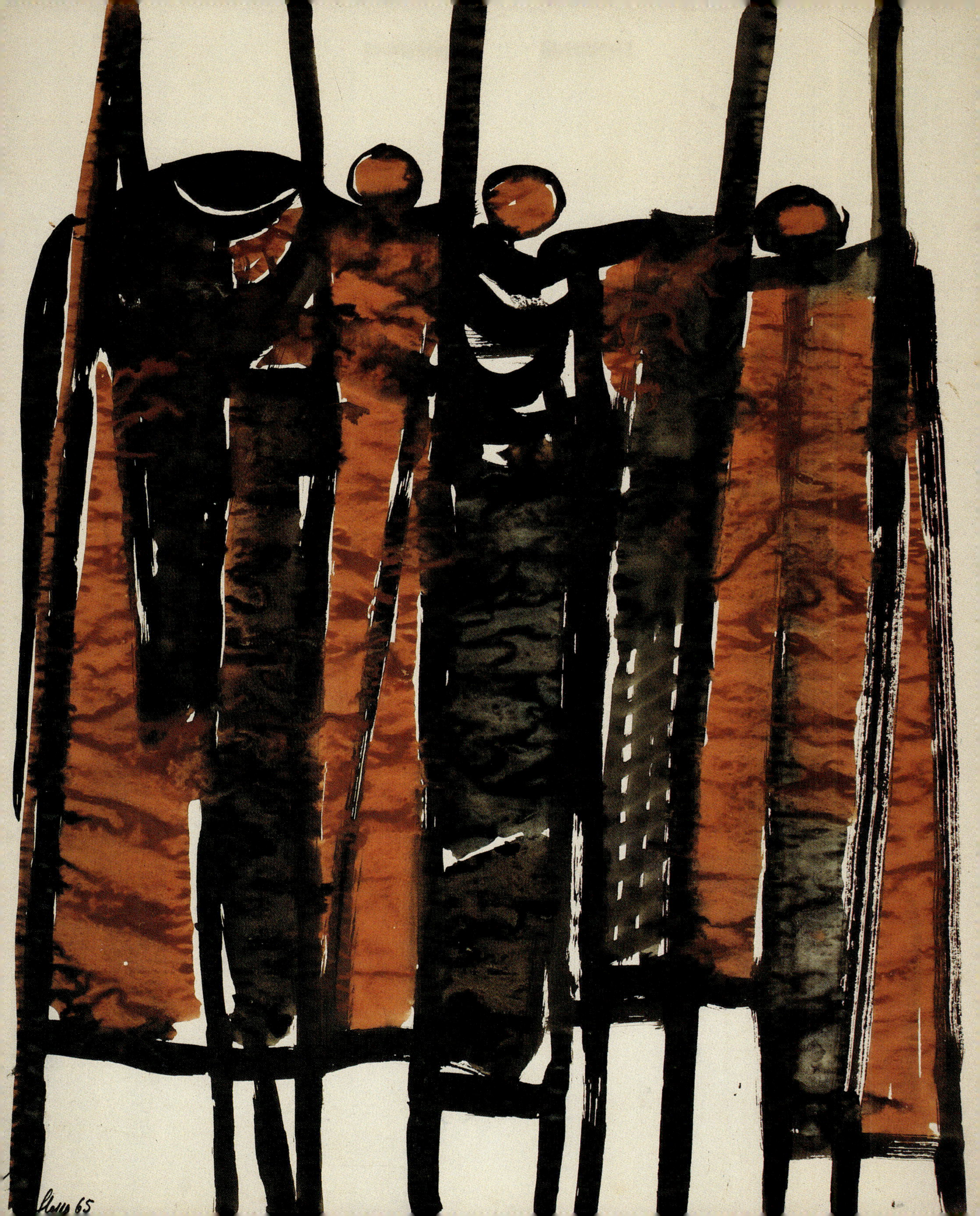

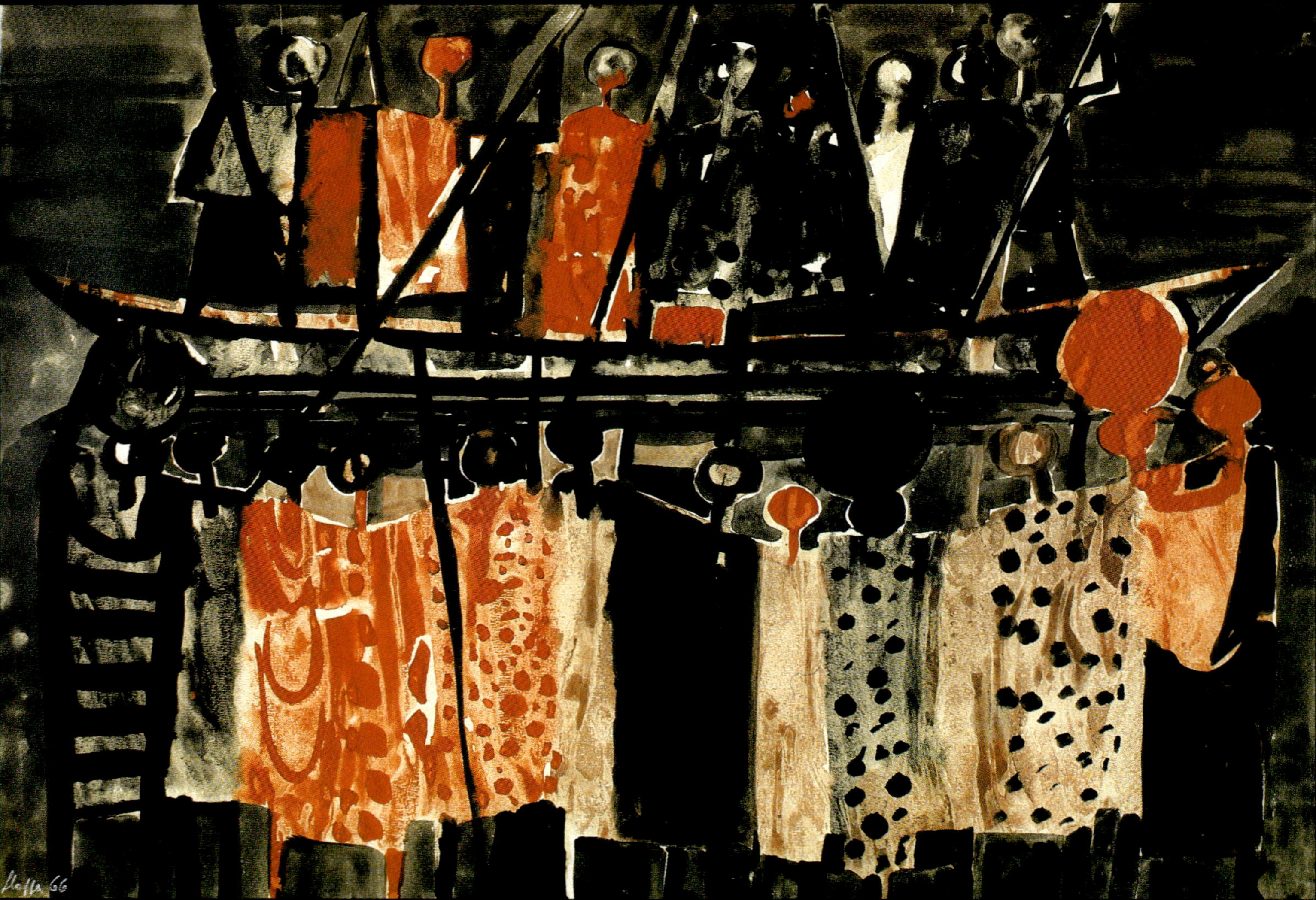

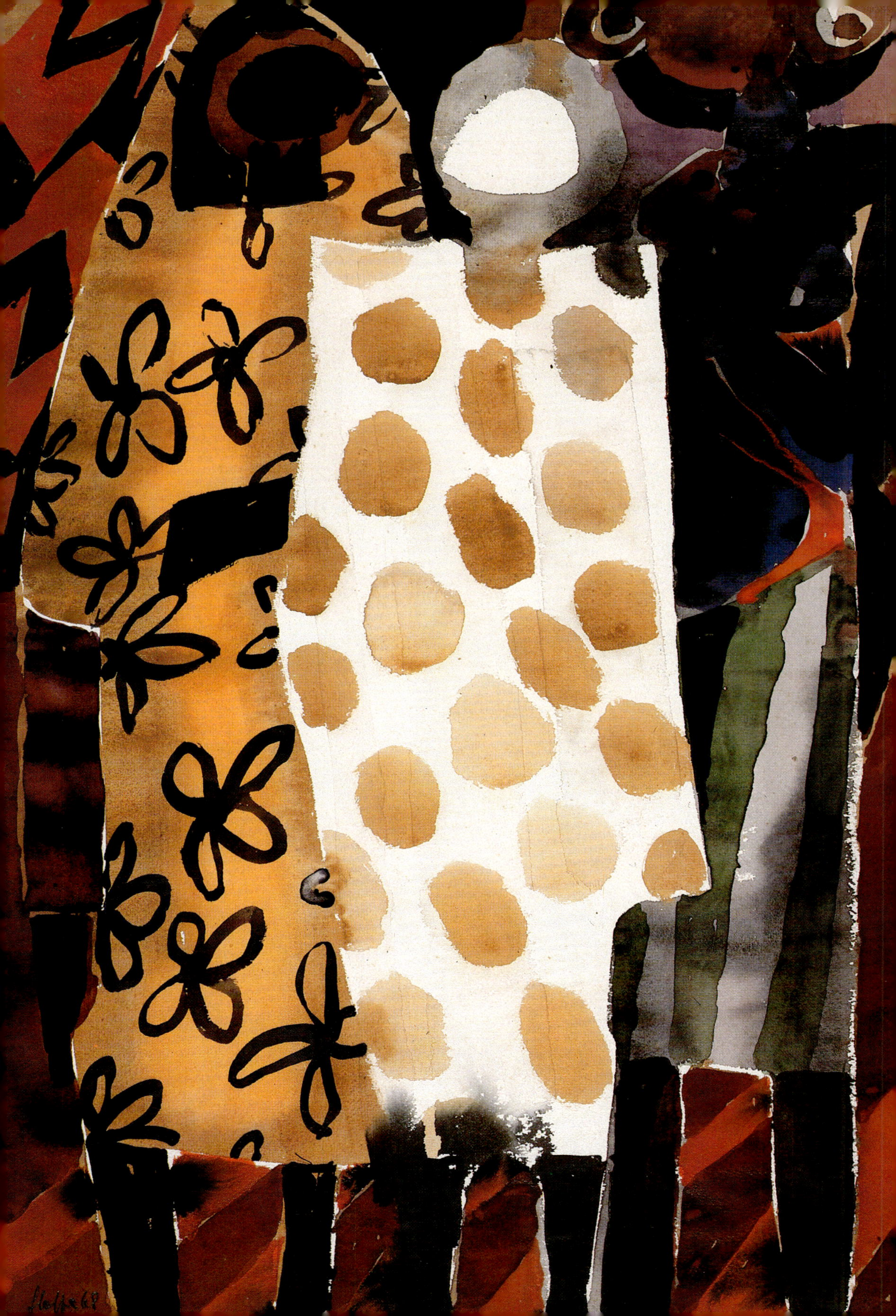

50
Baumwollträgerin
(Ruanda) 1968

51
Nomaden 1970 ▶
52
Mädchen mit Puppe
1970 ▶▶
53
Kind mit Puppe
1970 ▶▶

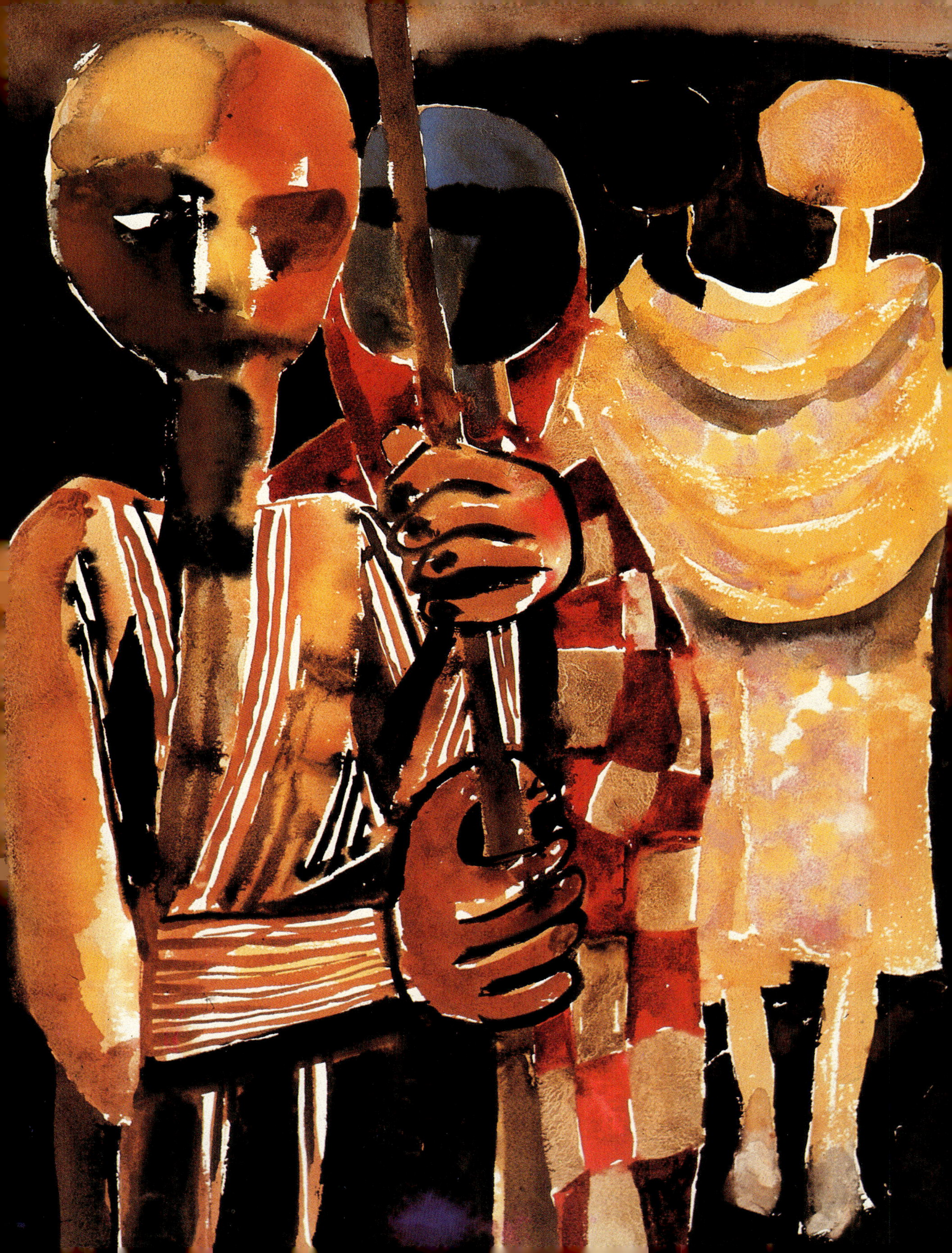

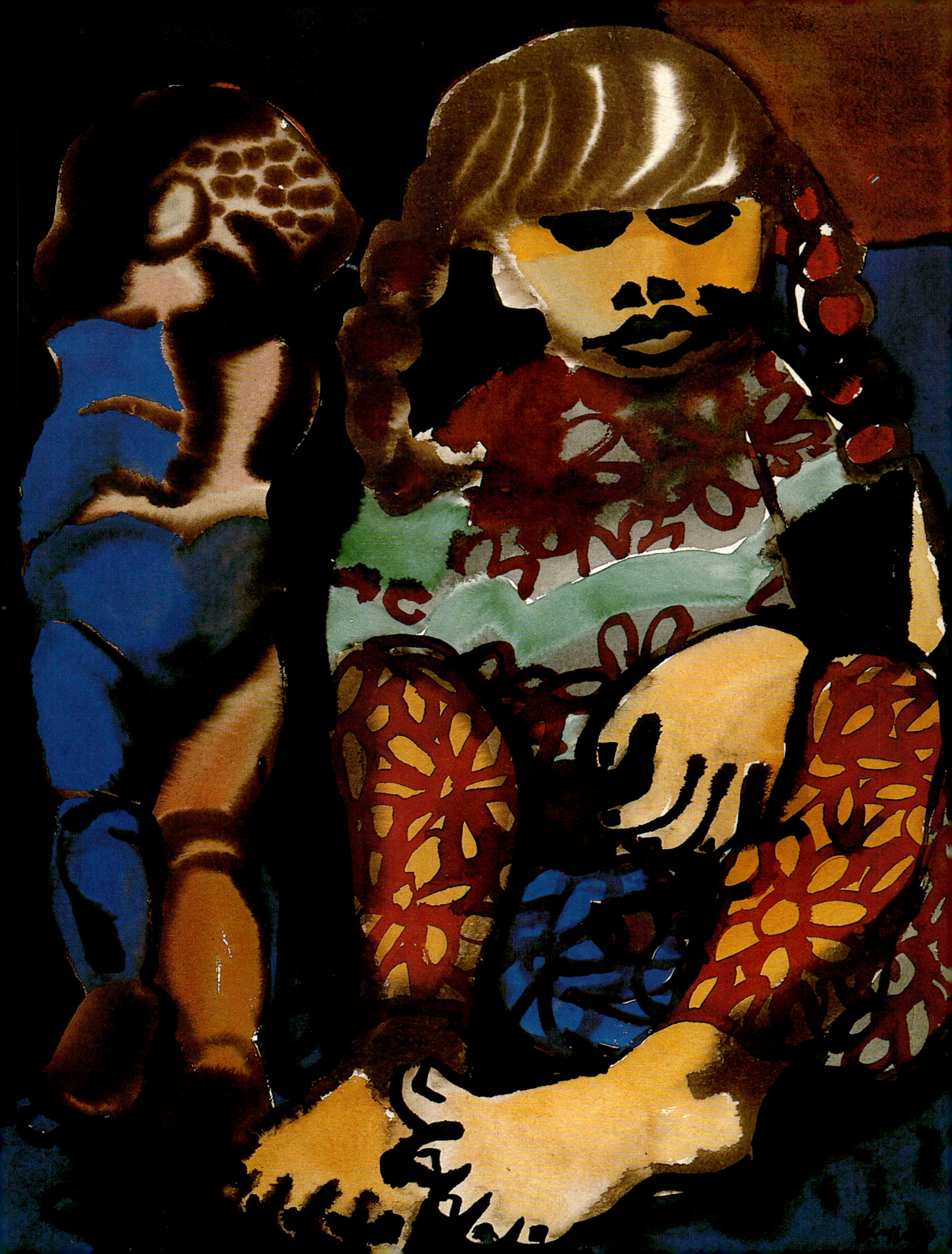

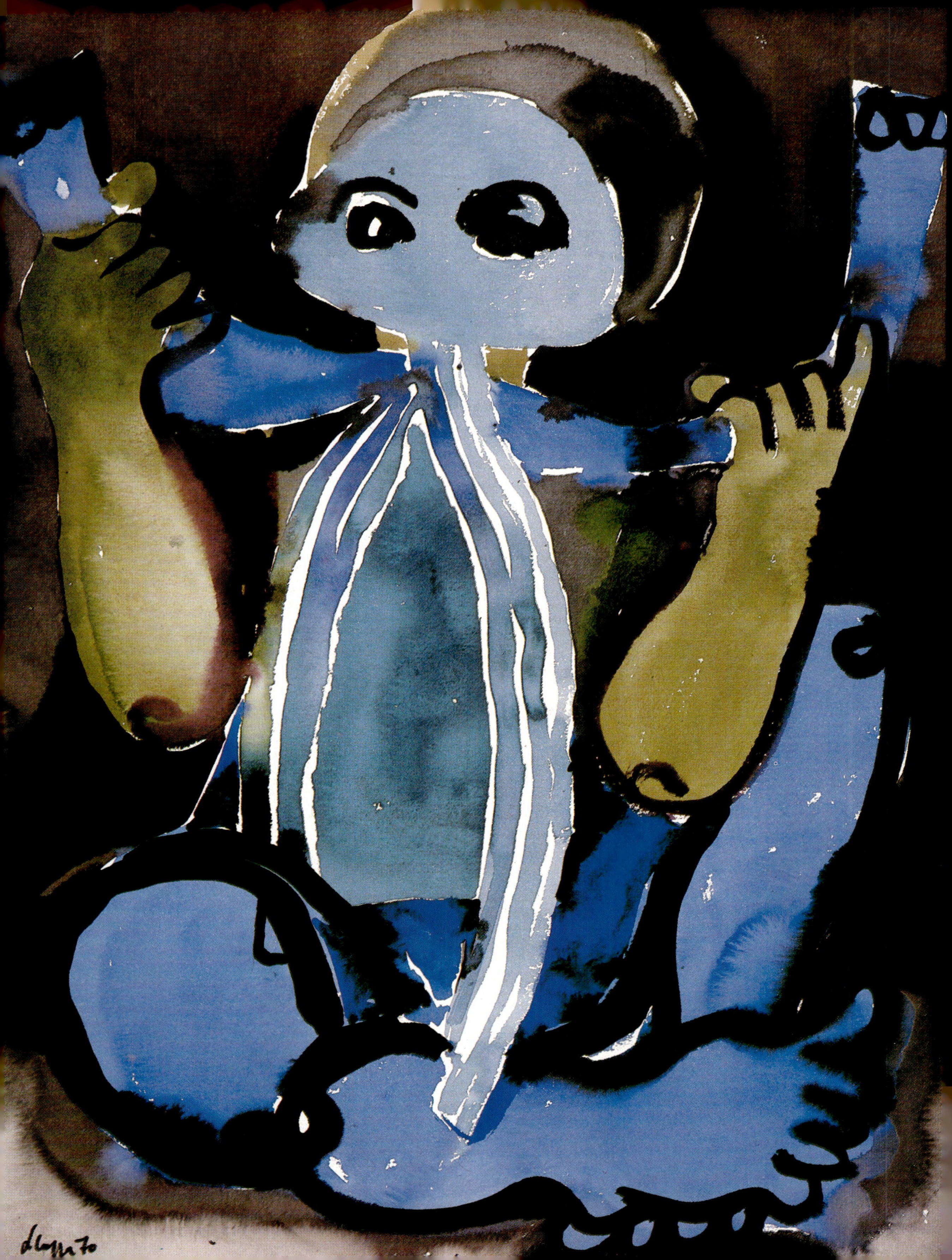

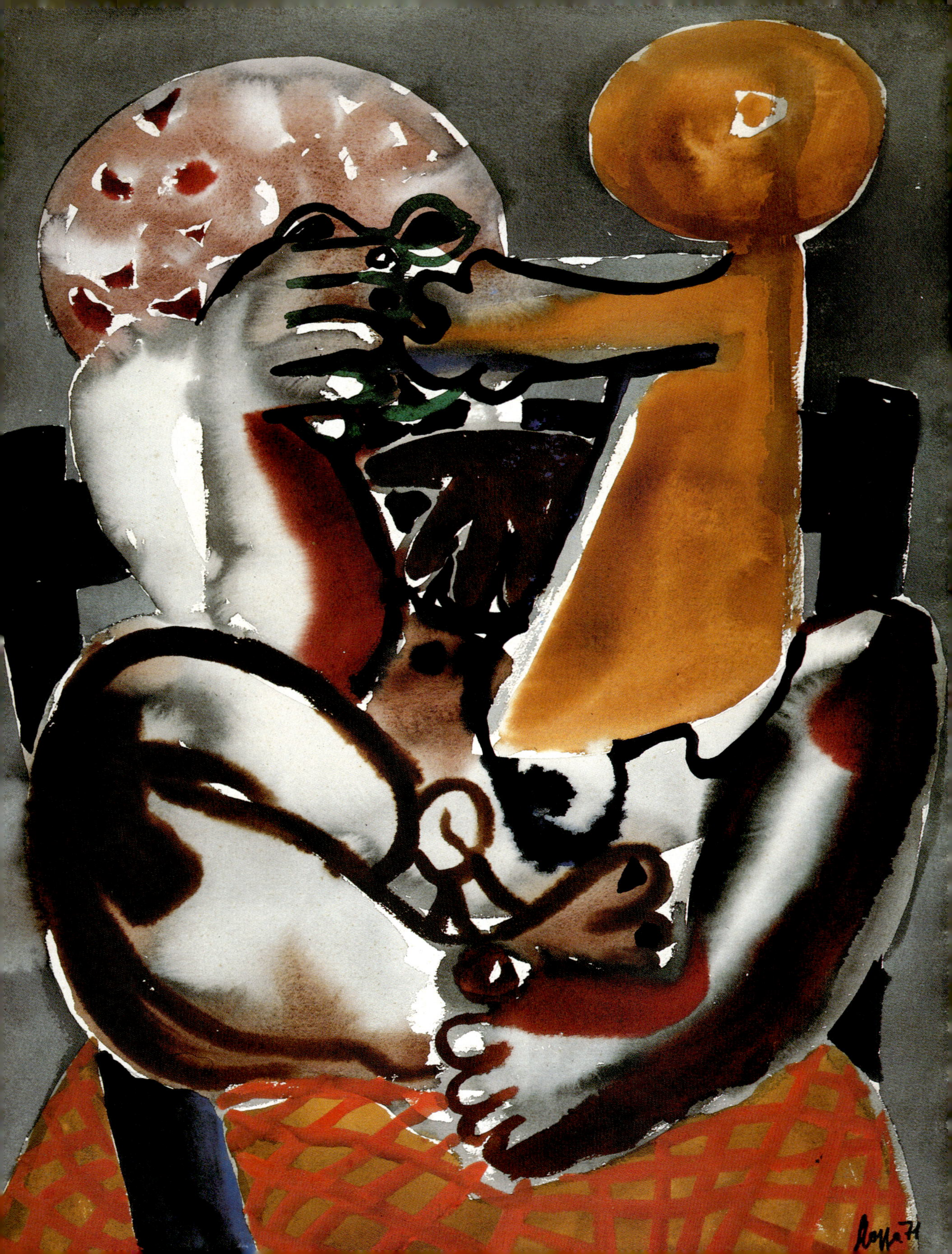

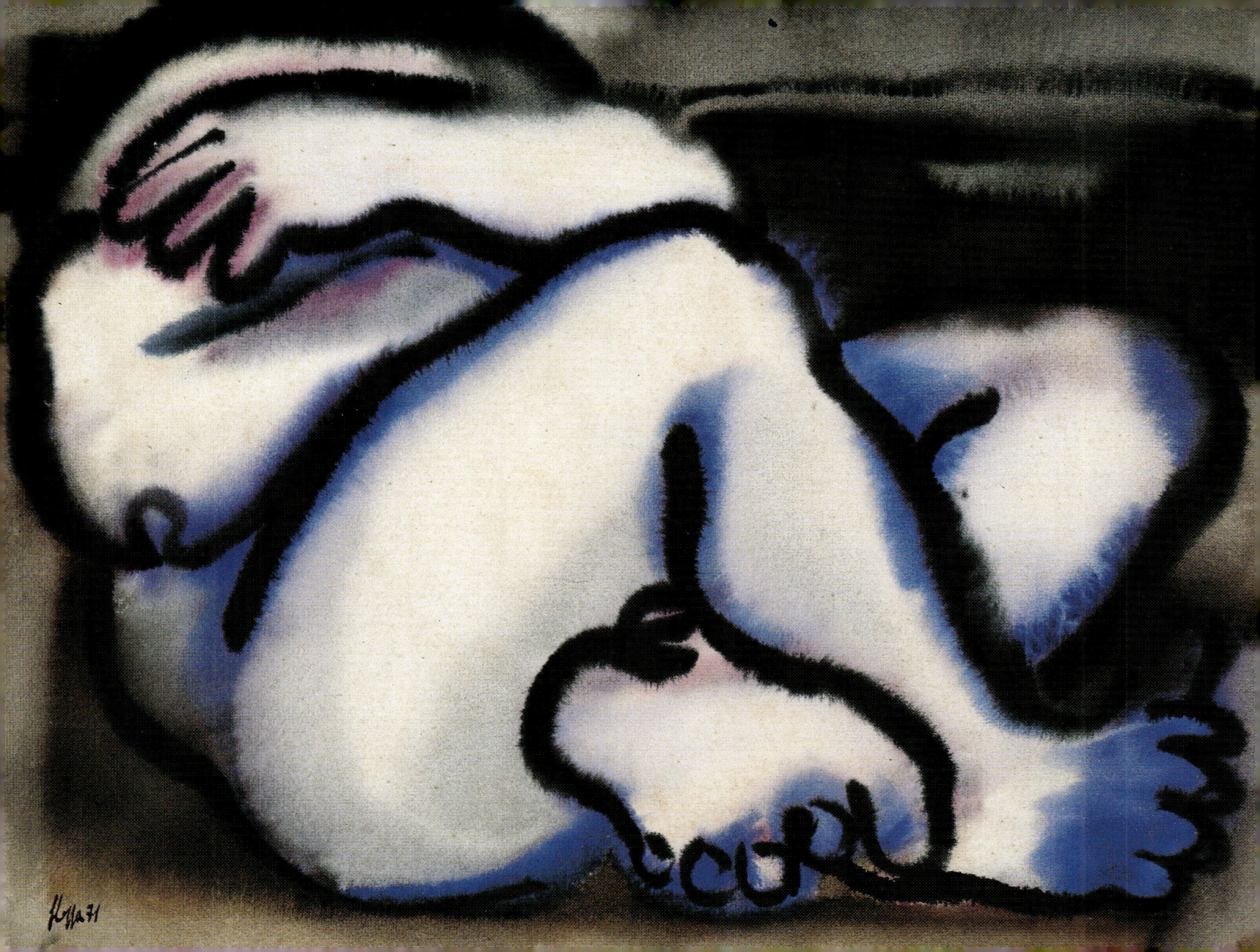

56 Kind mit Puppe, 1972

57 Liebende, 1973

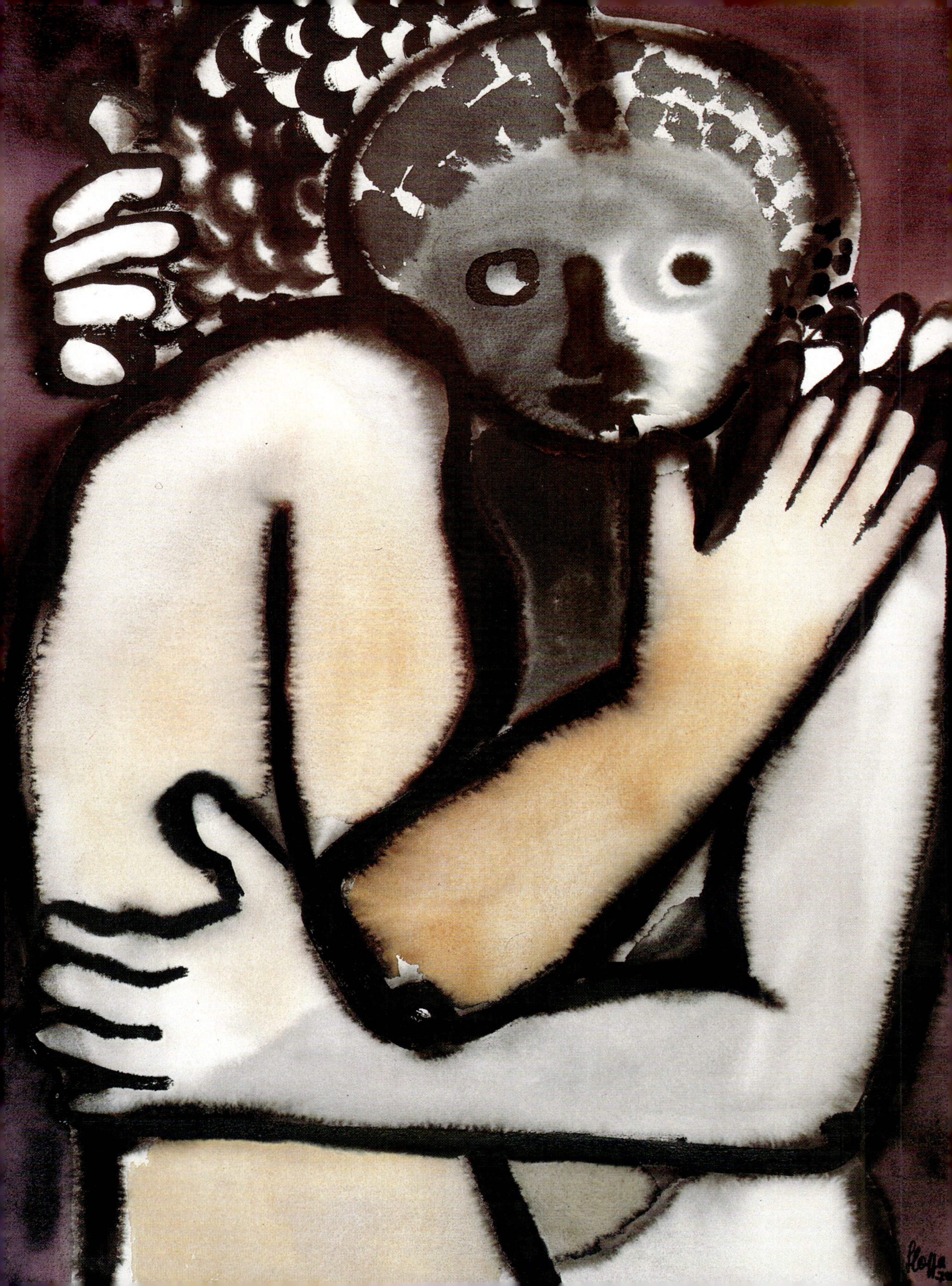

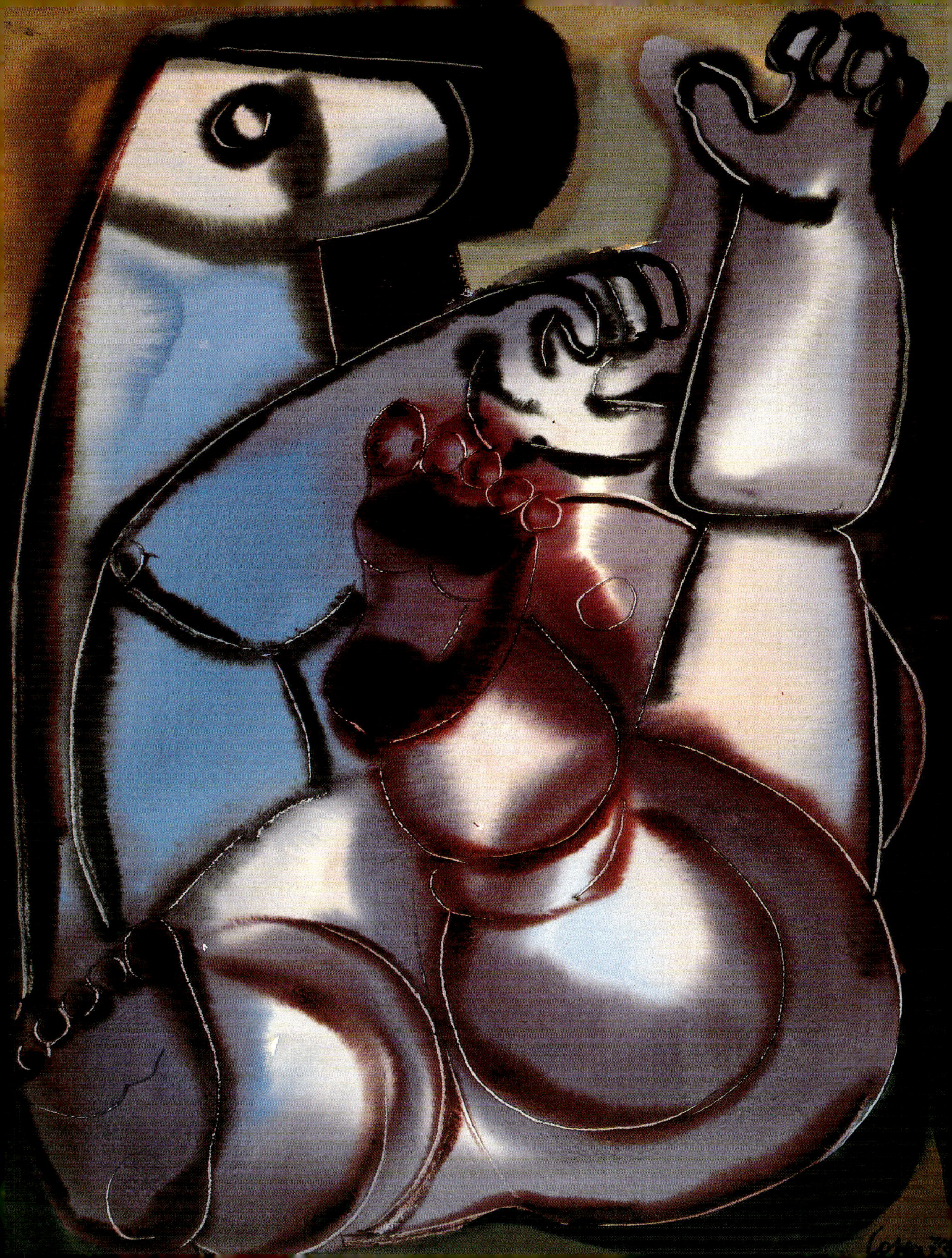

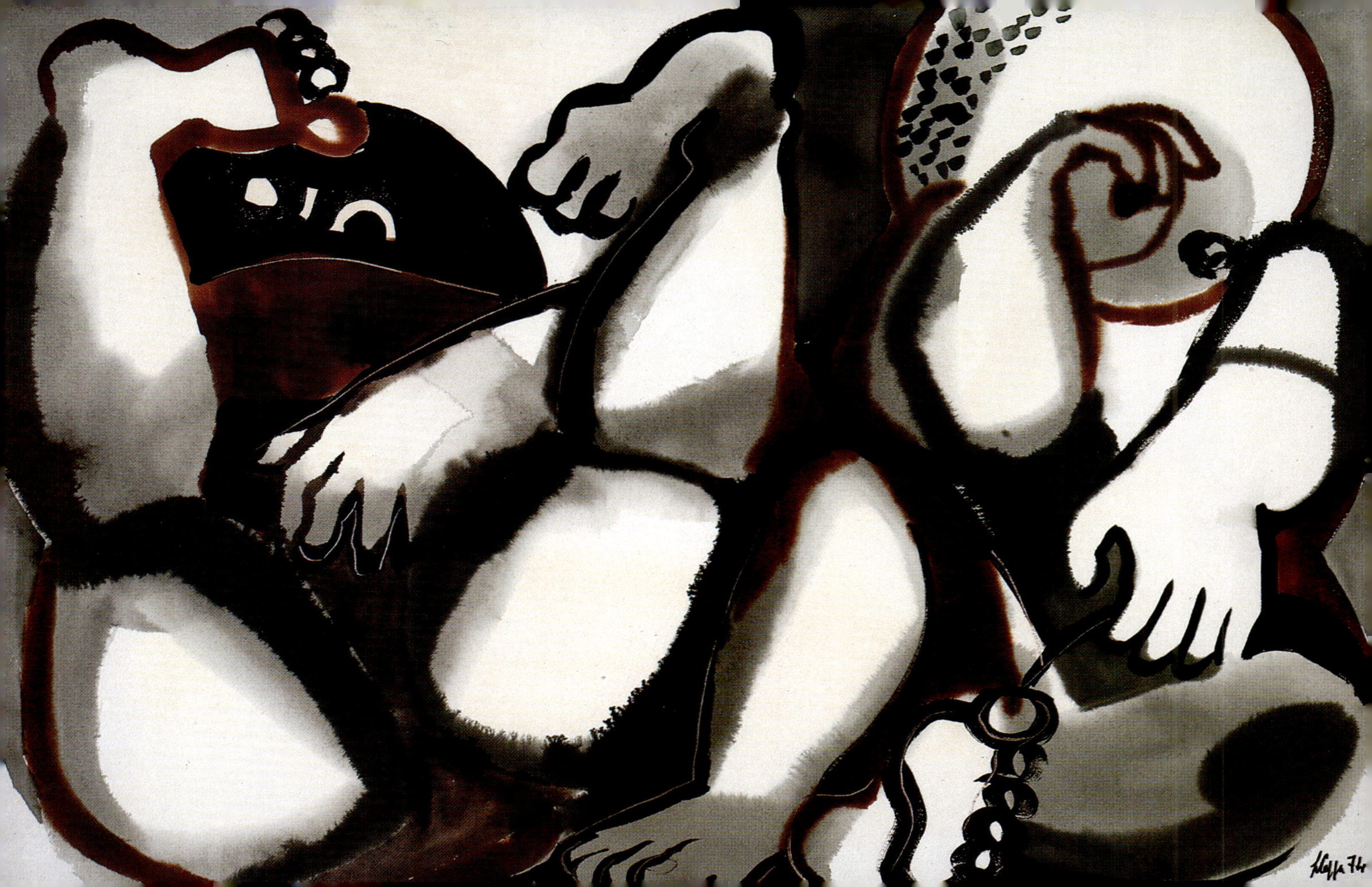

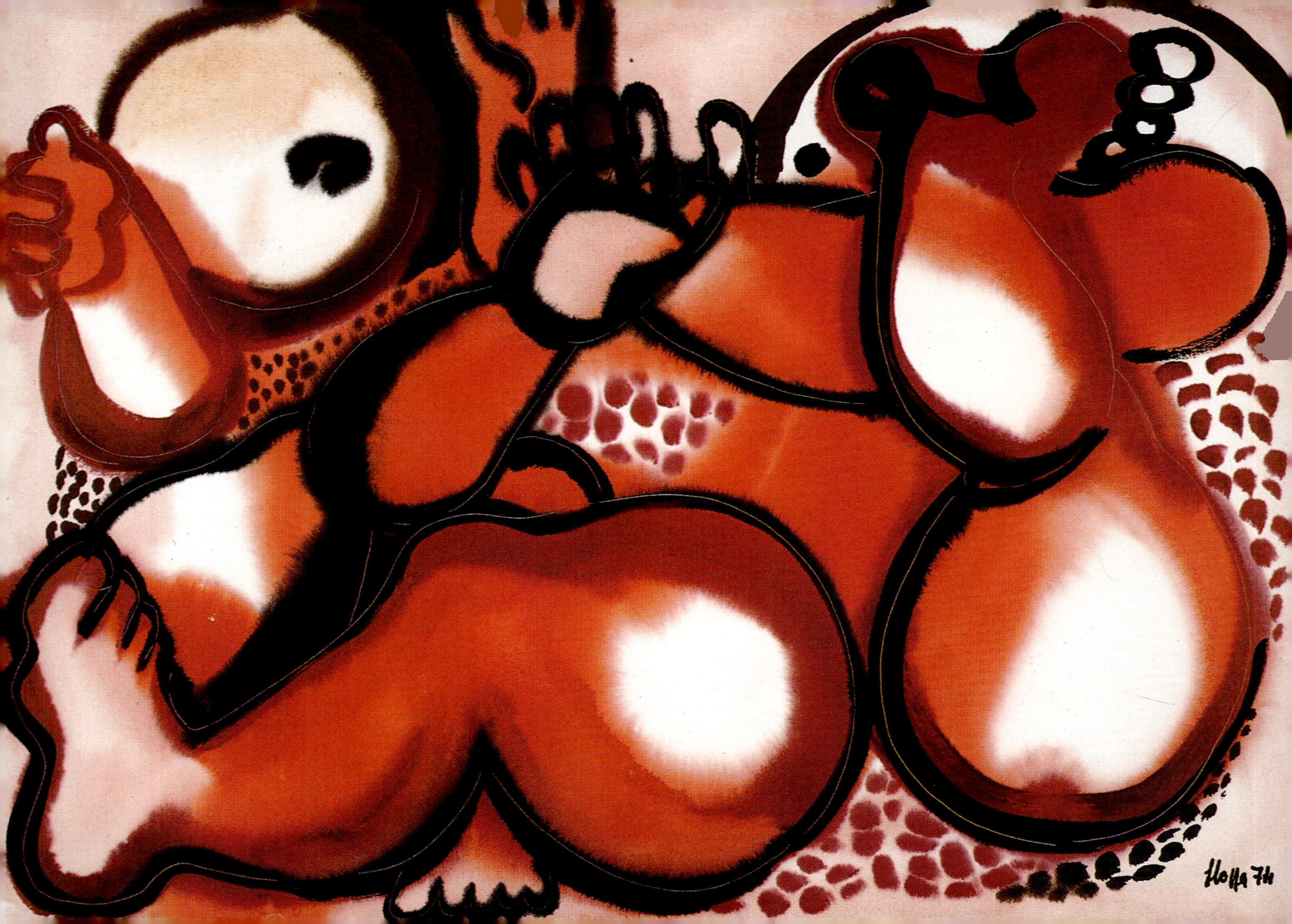

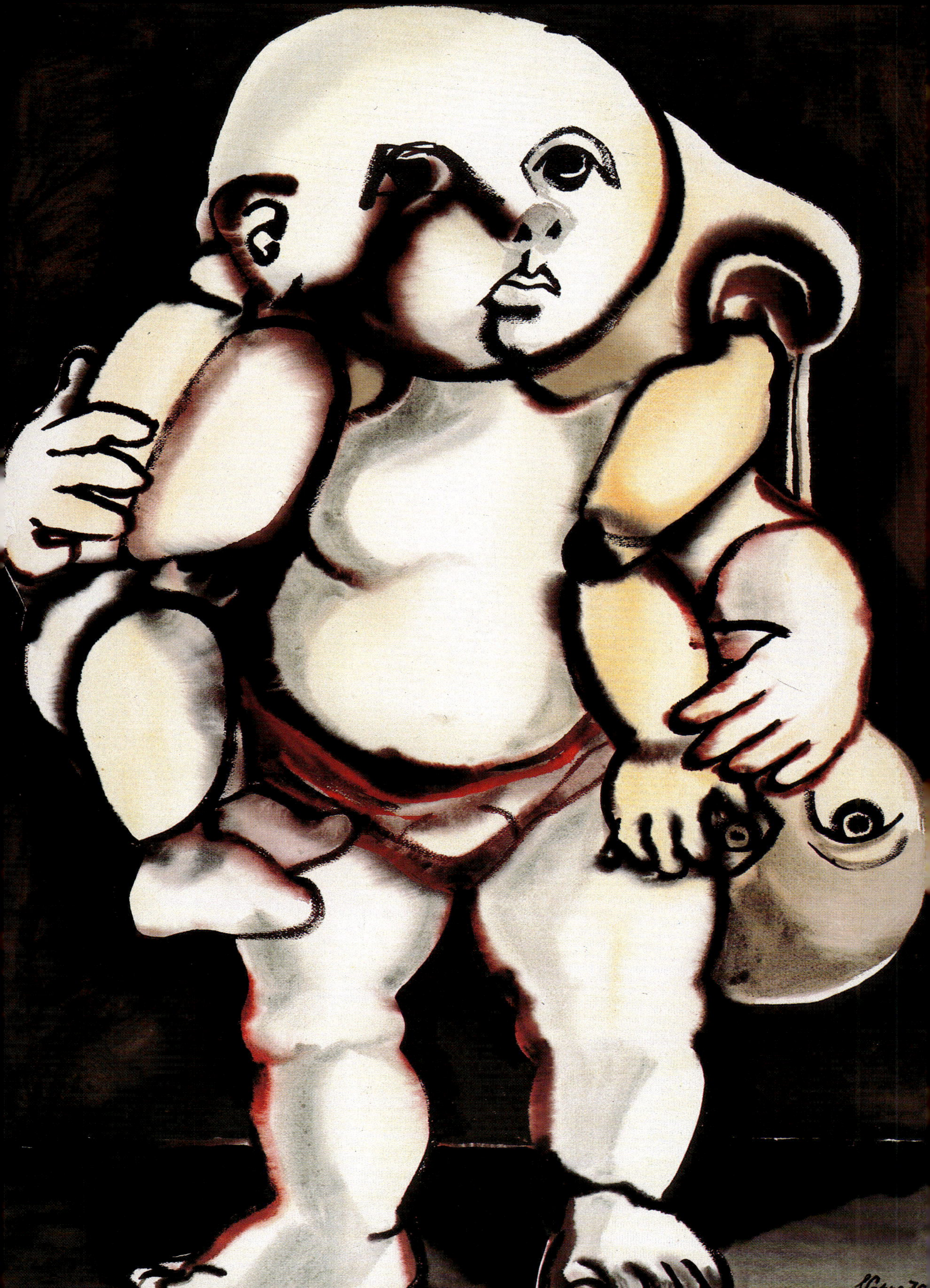

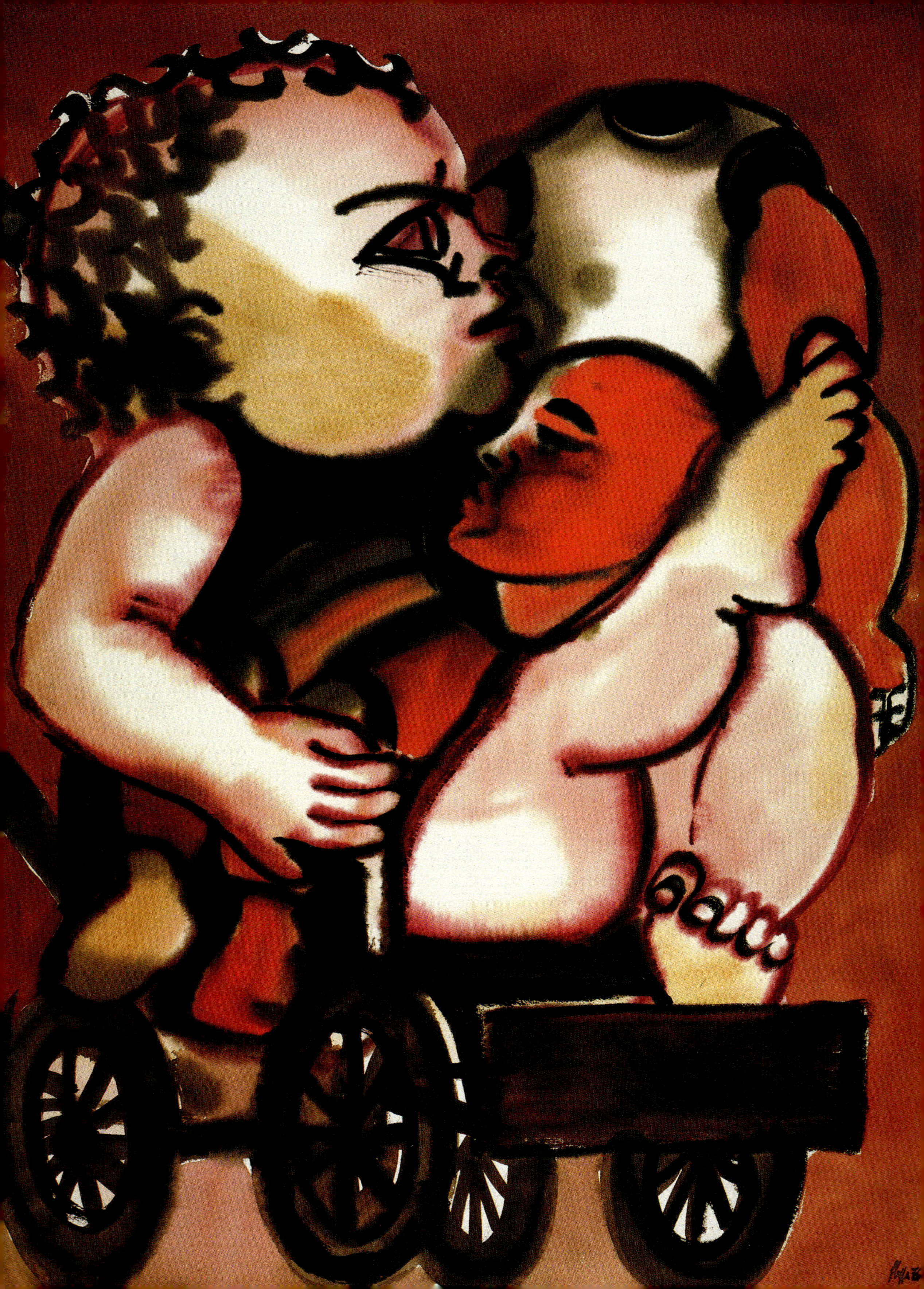

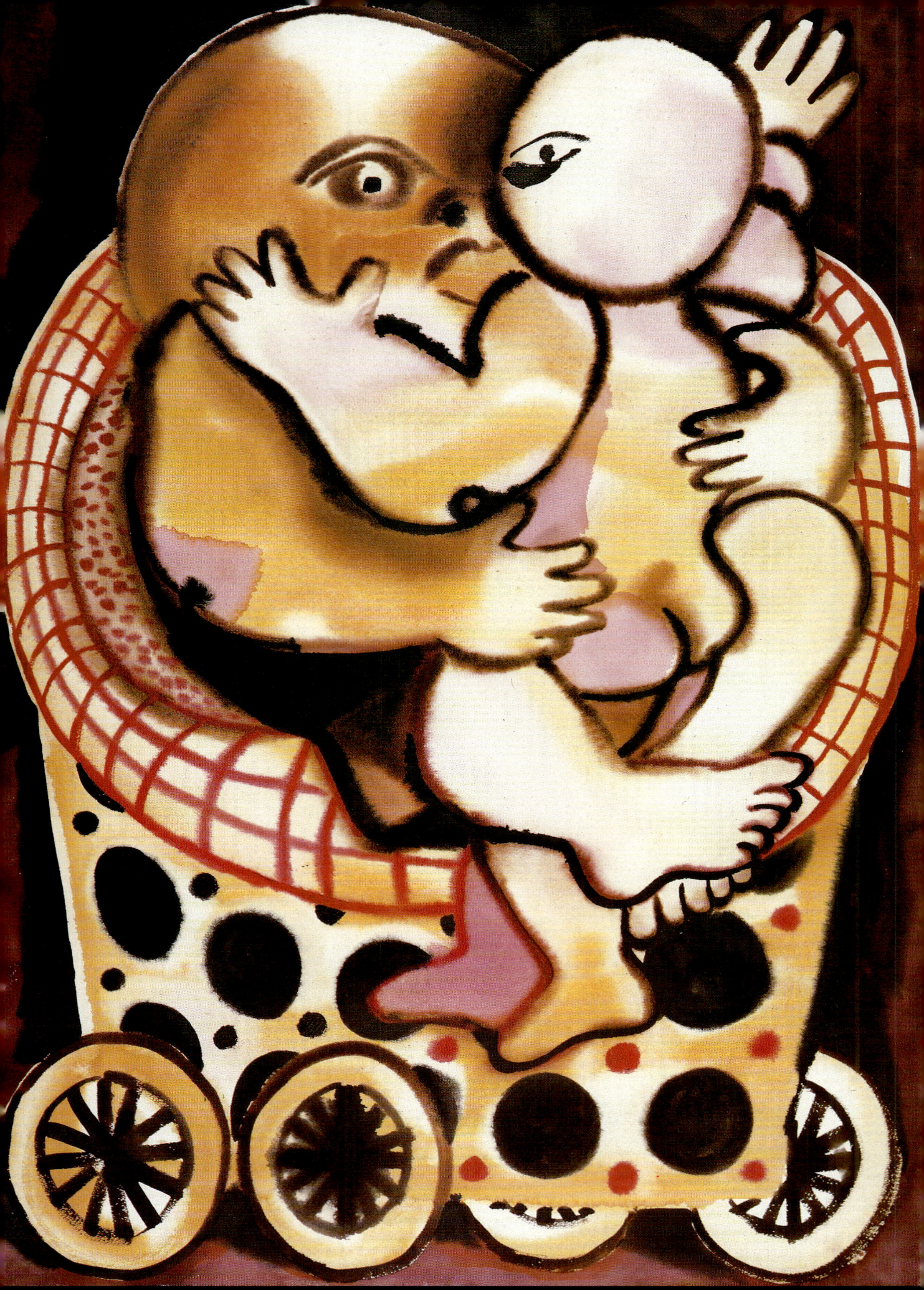

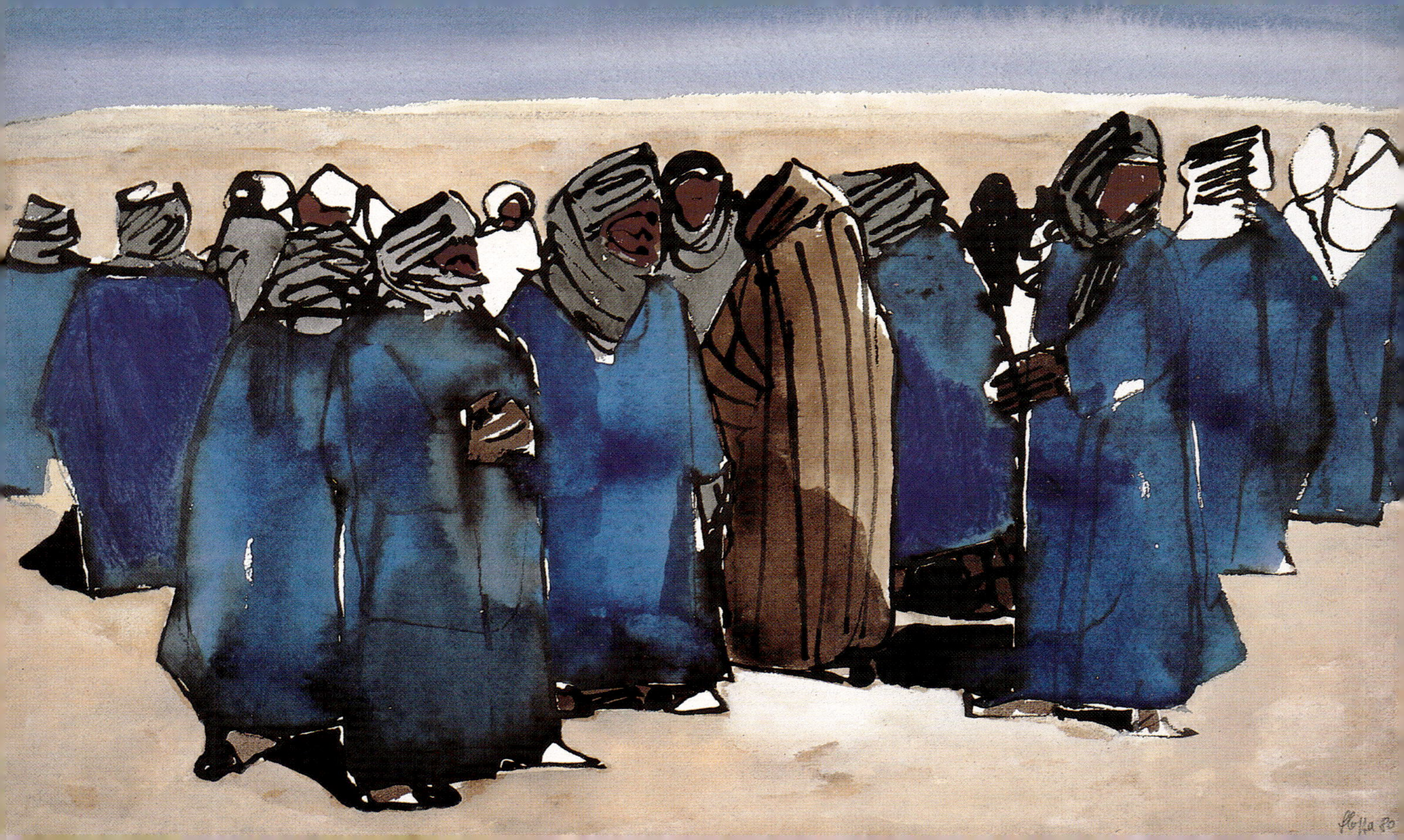

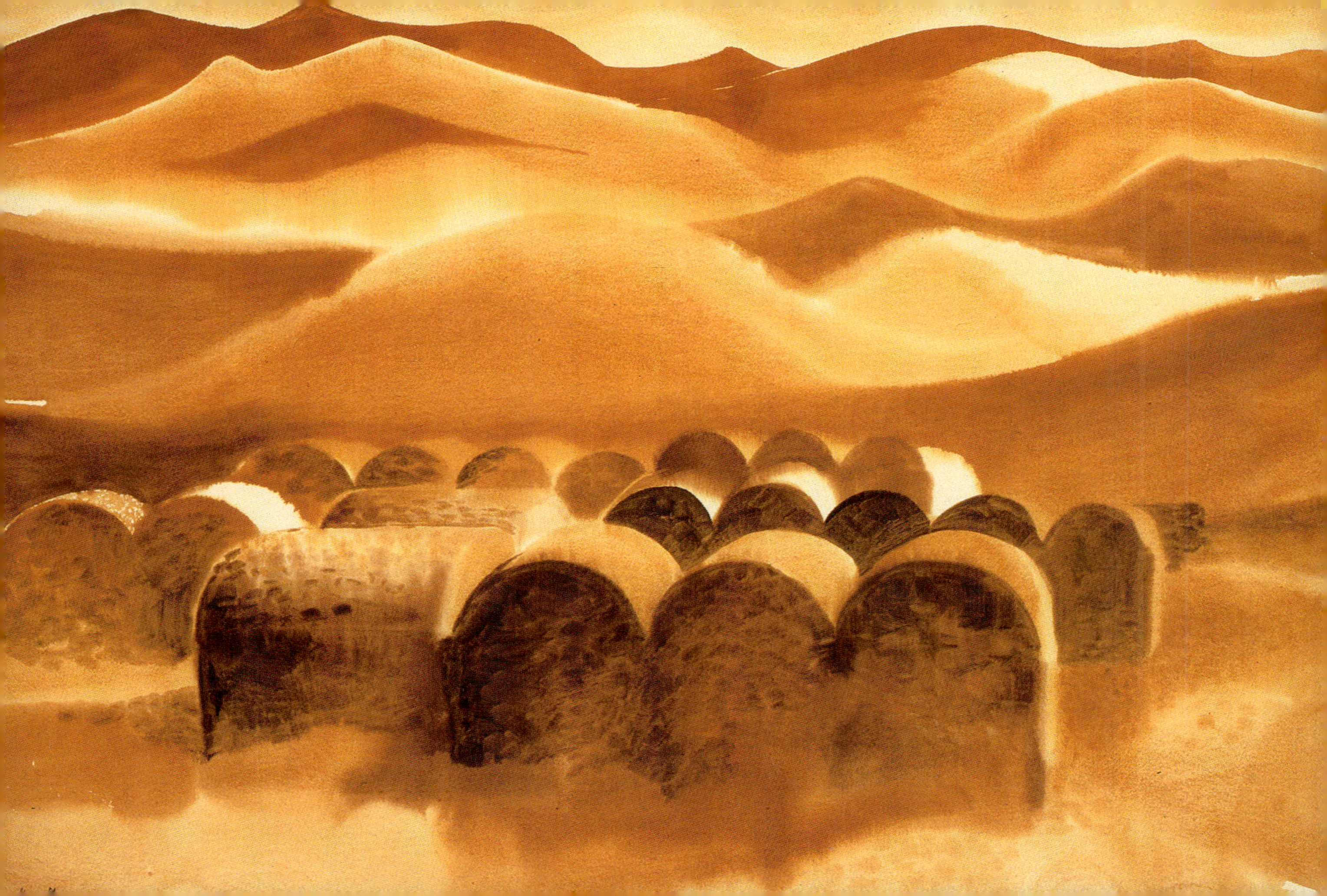

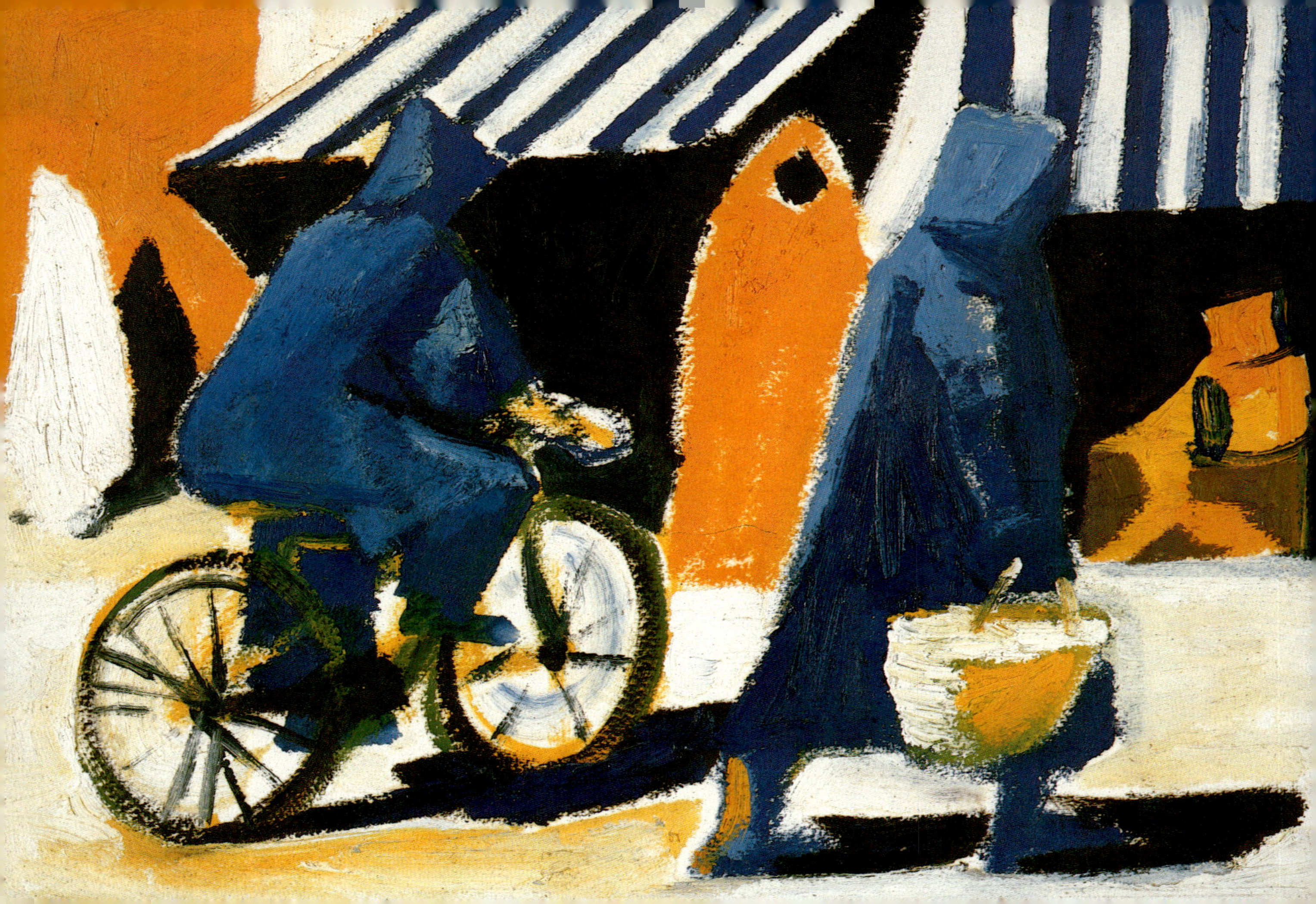

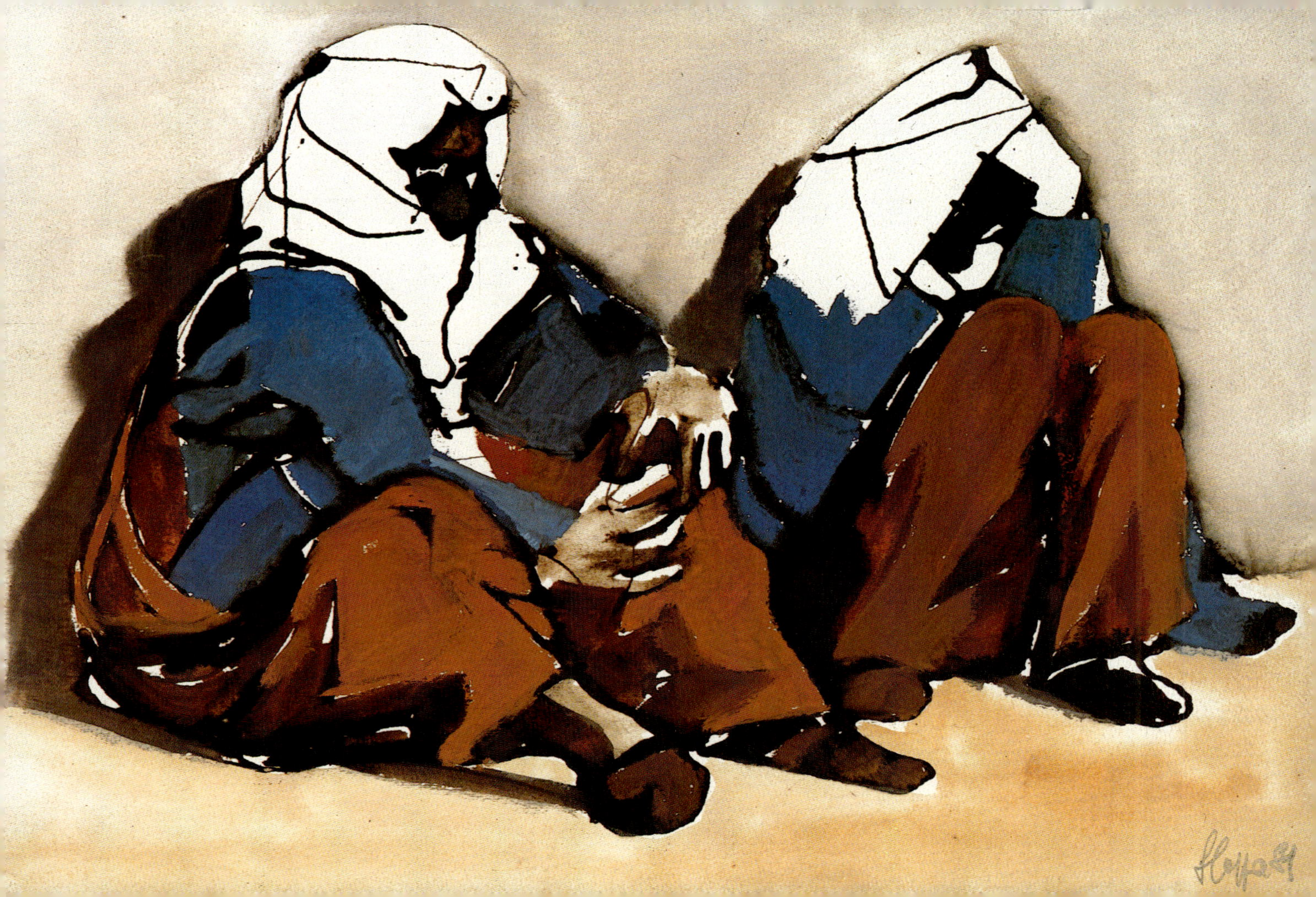

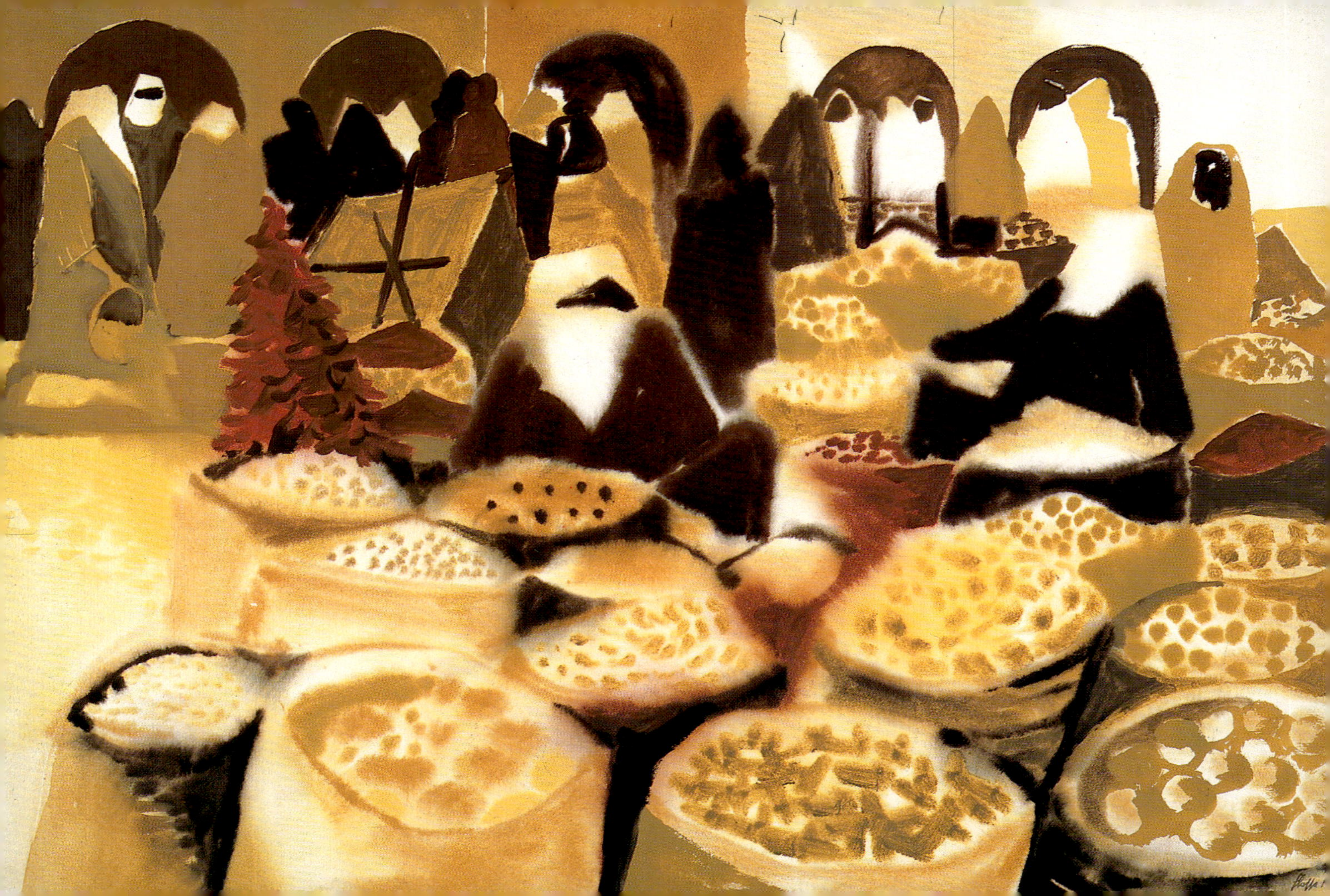

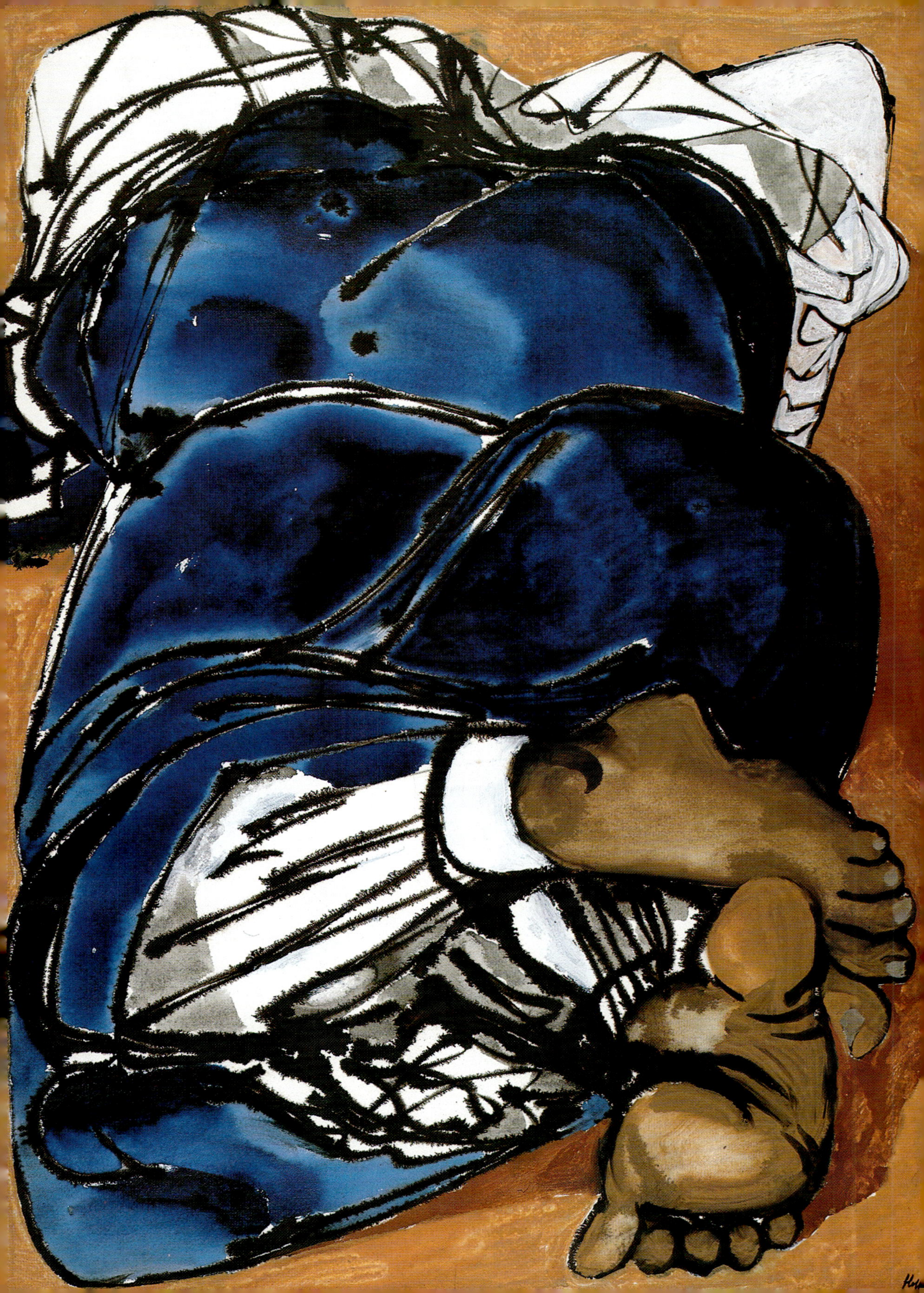

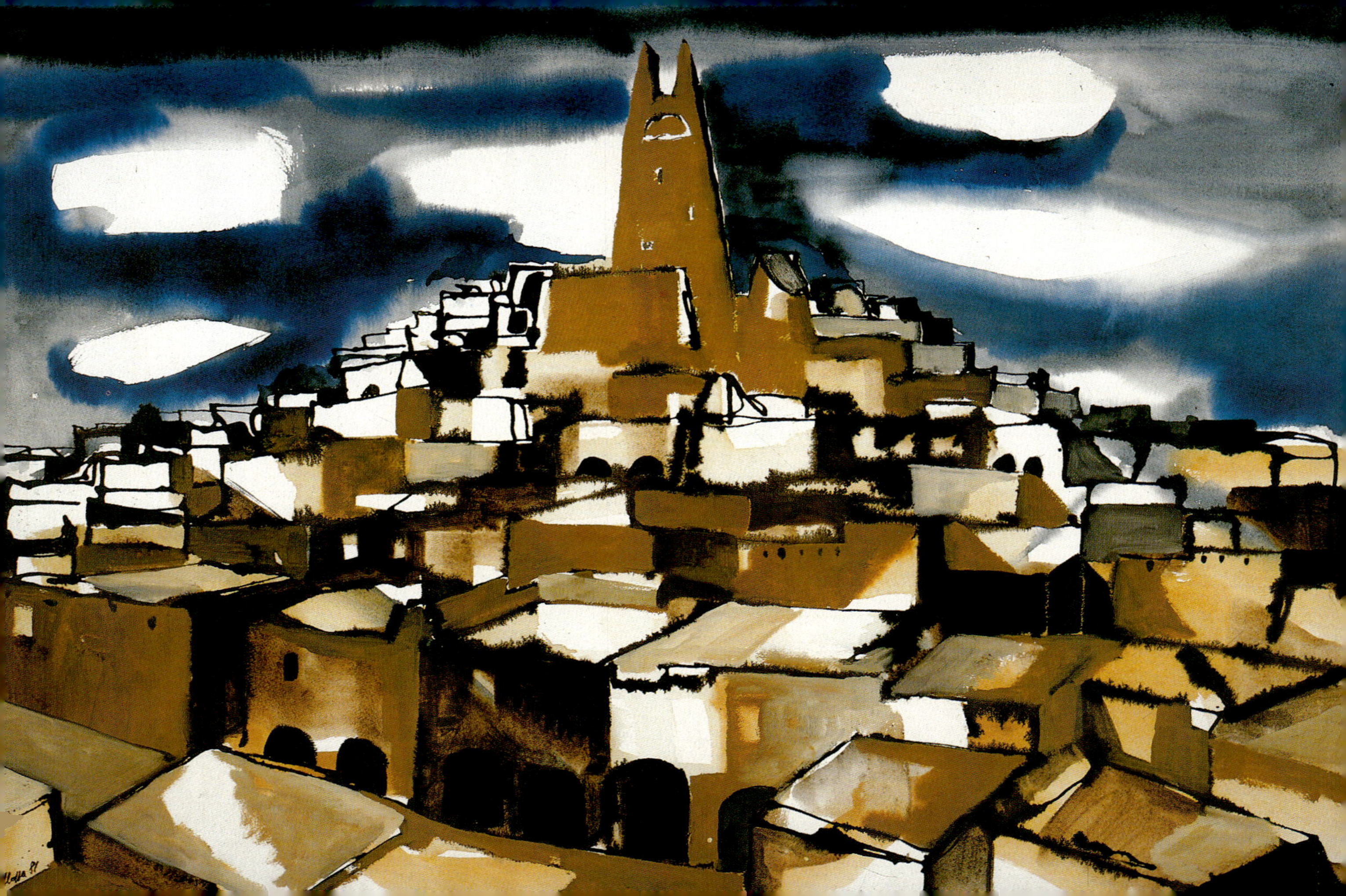

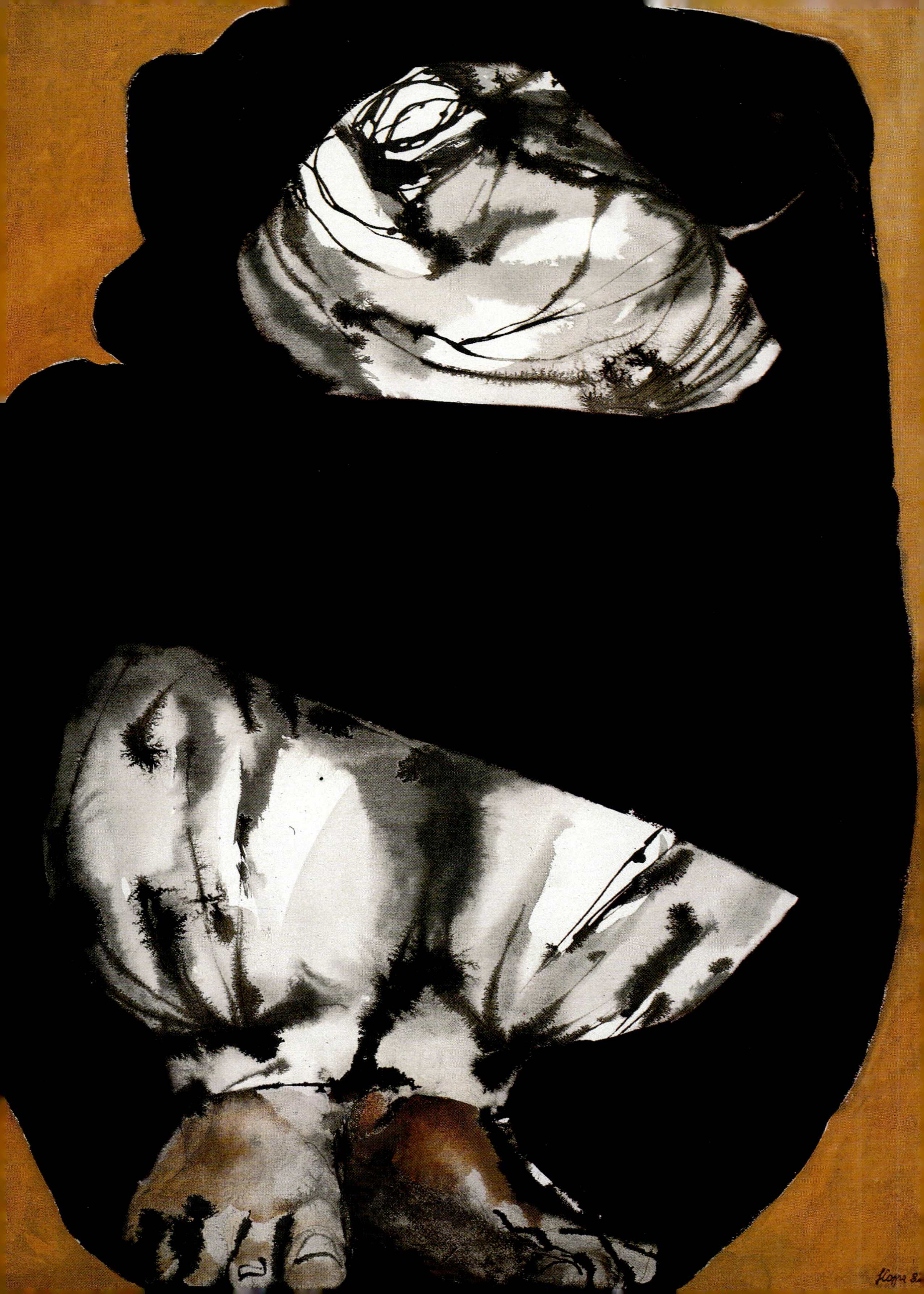

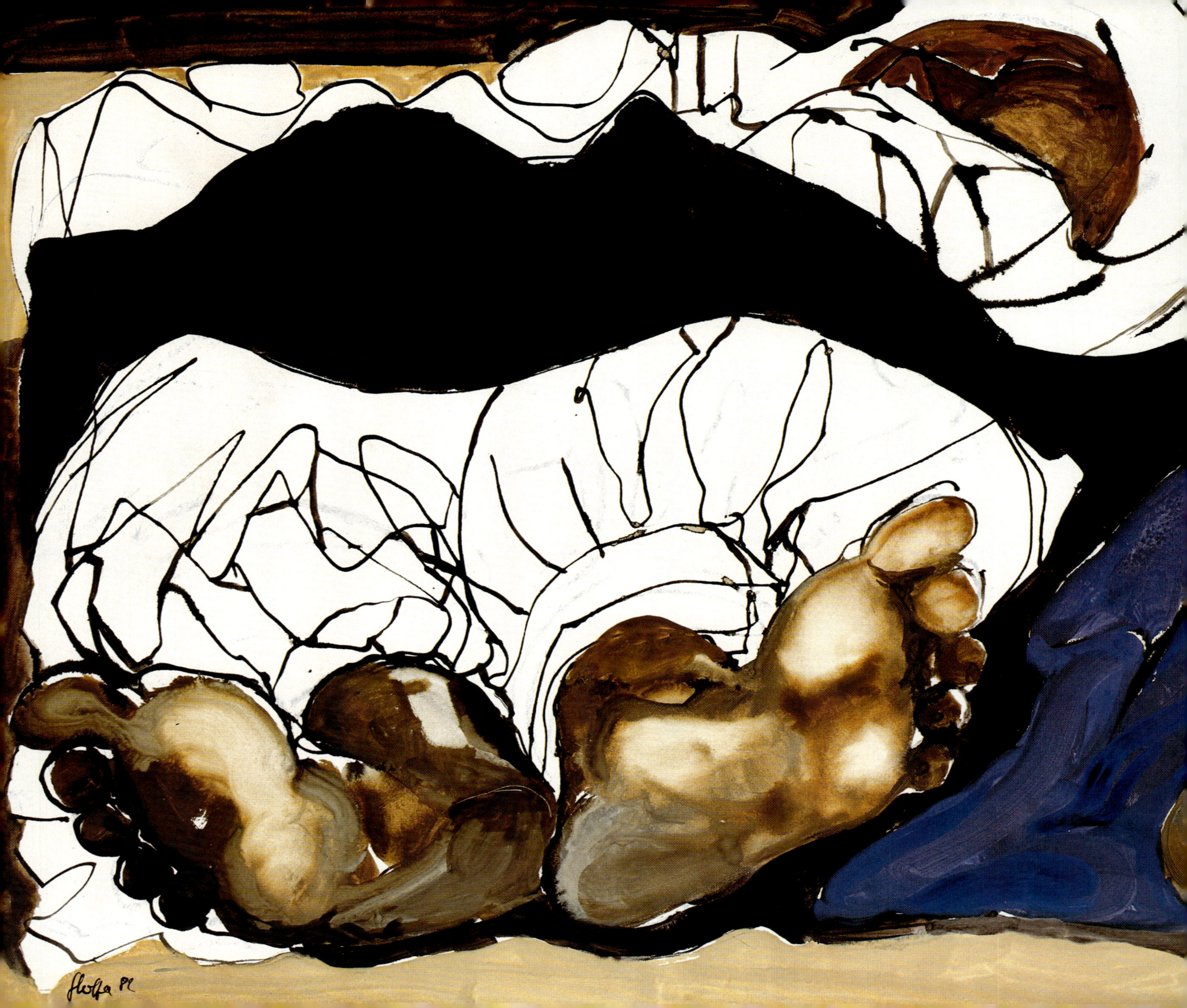

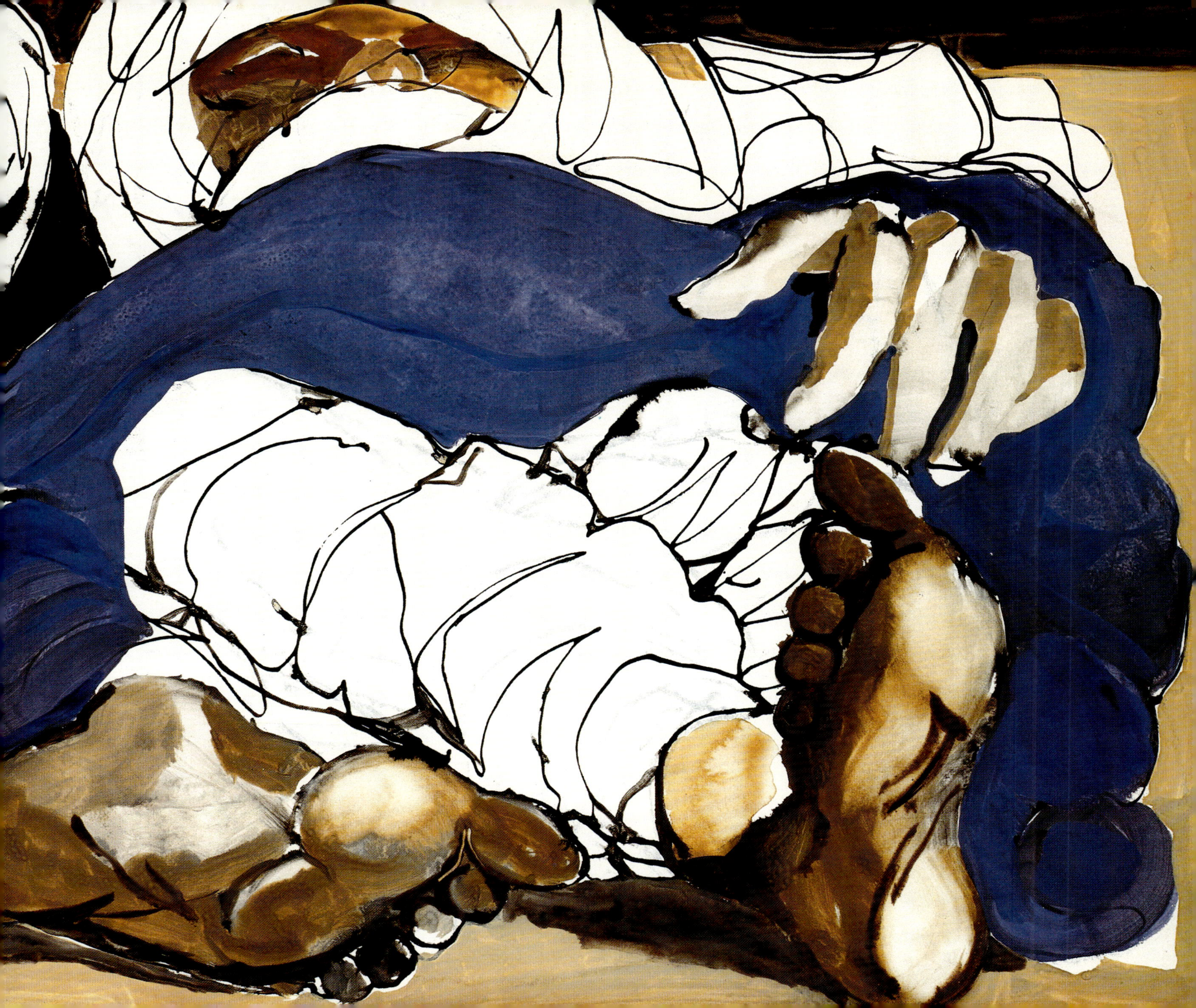

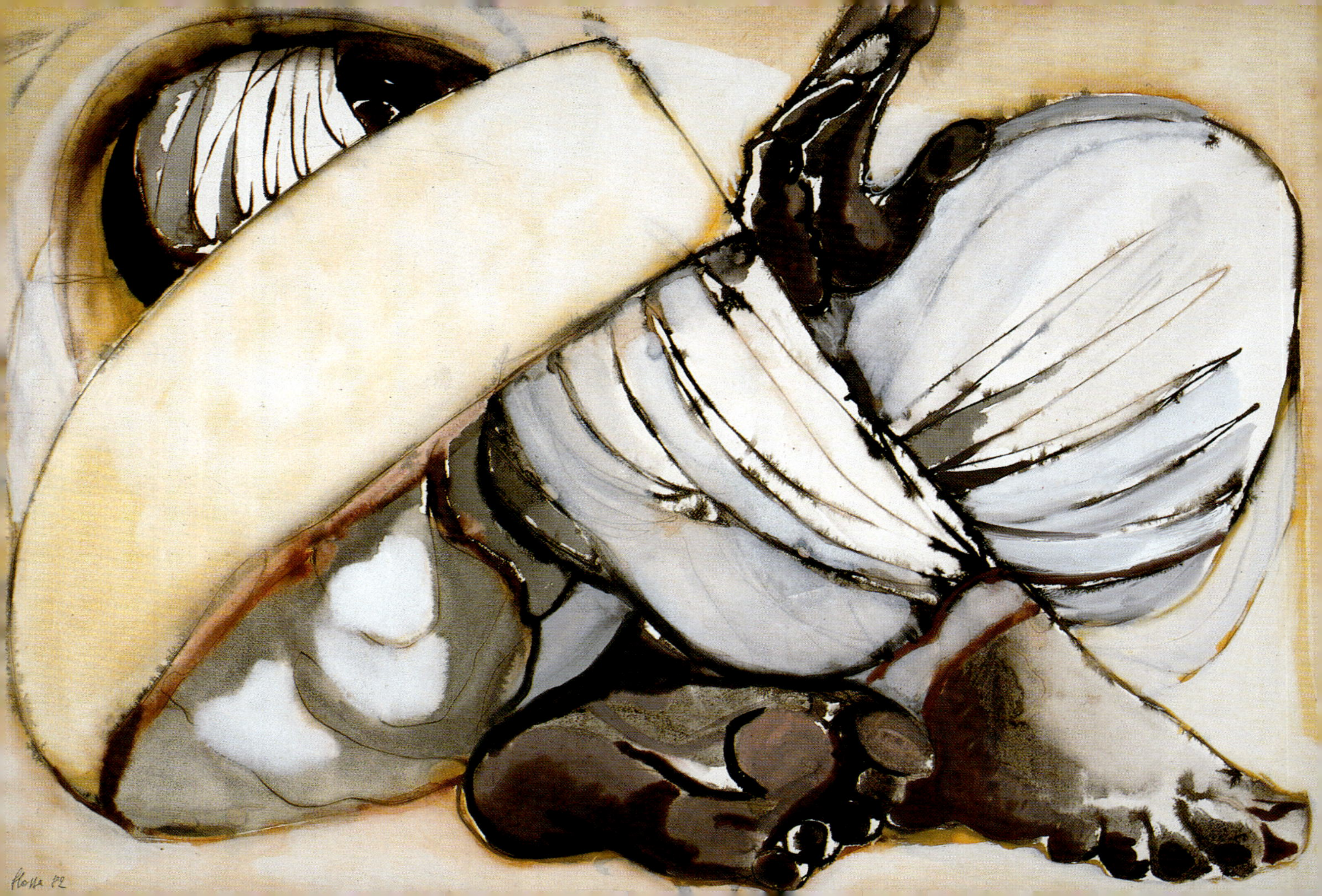

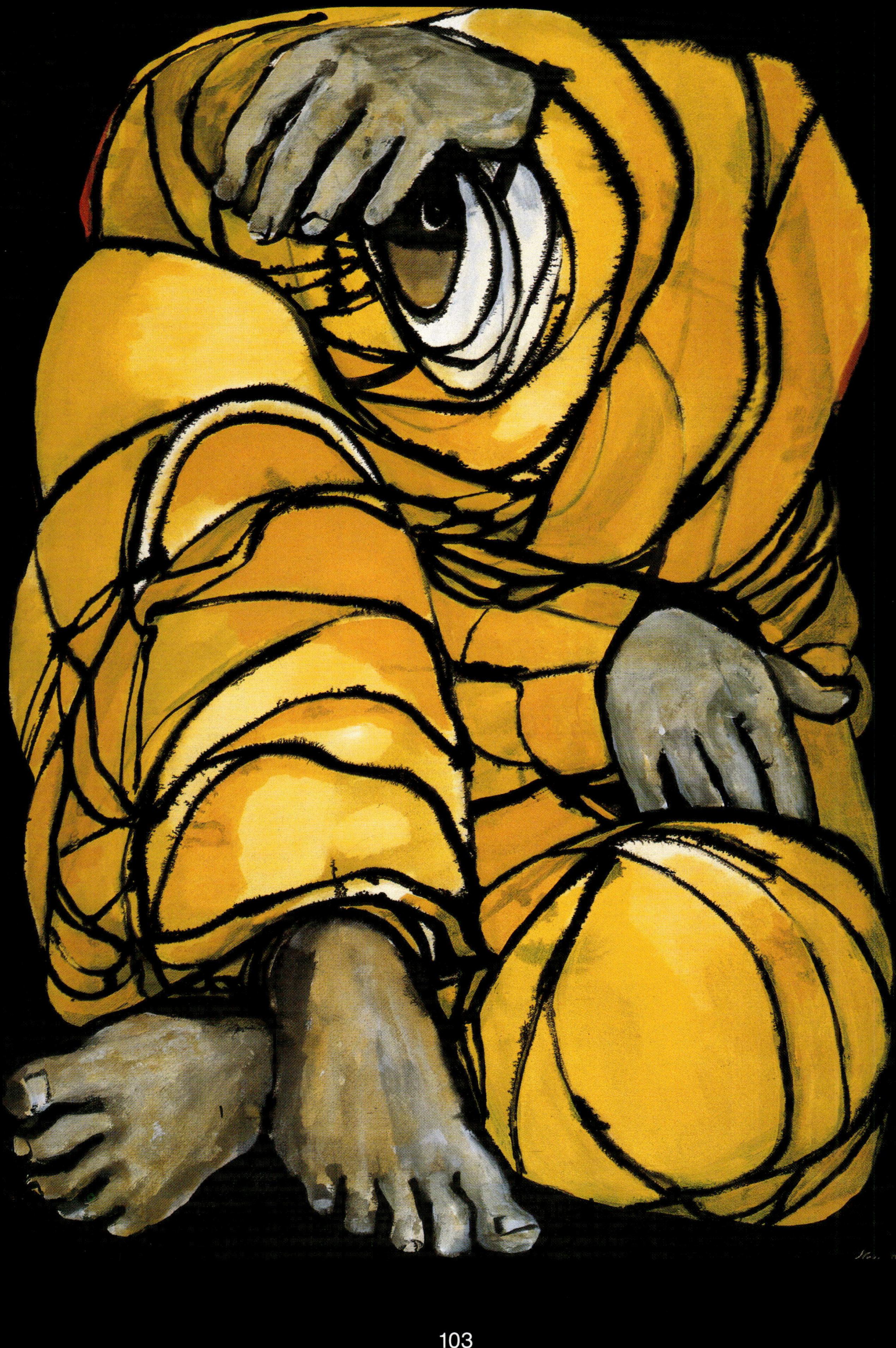

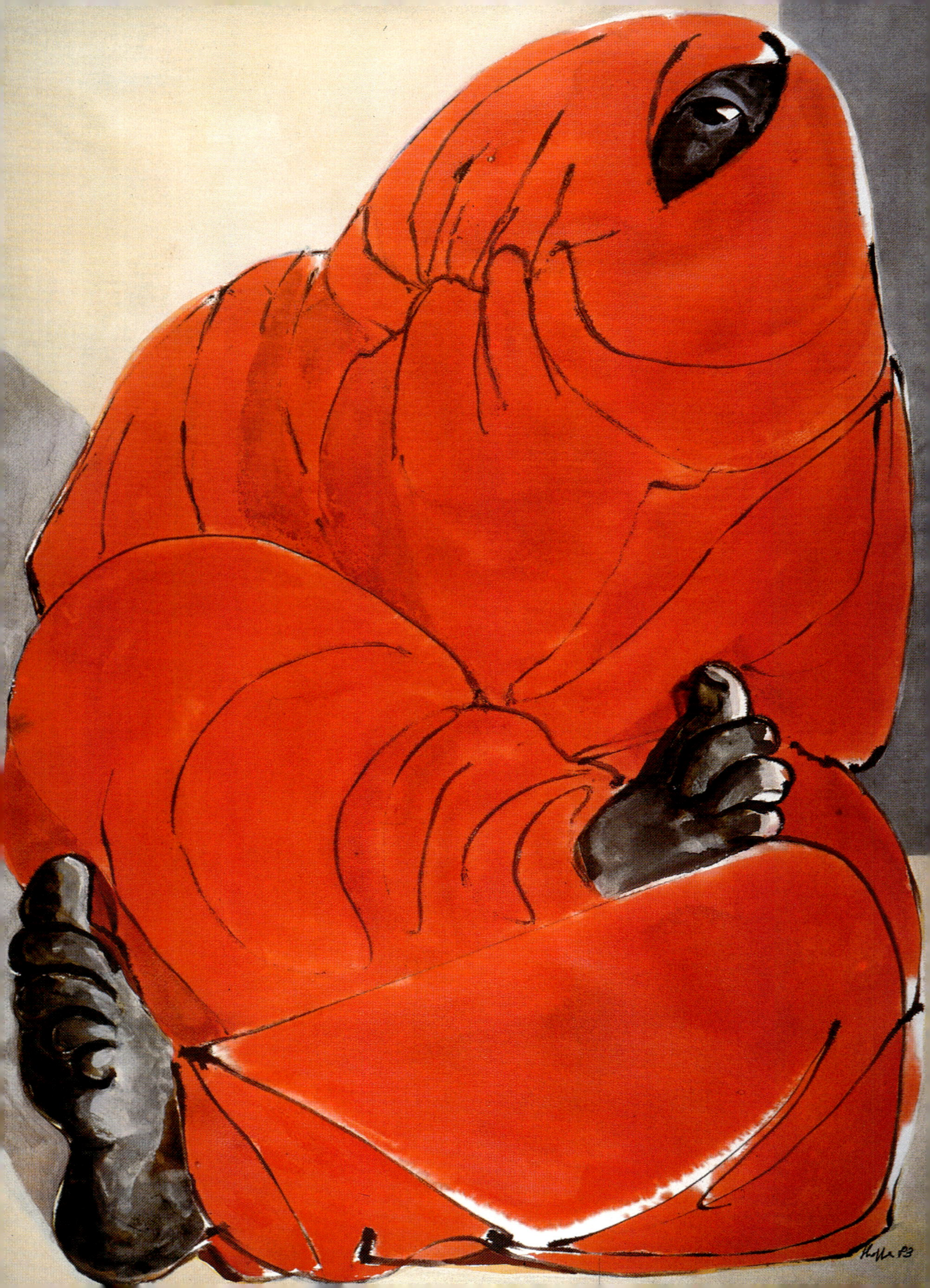

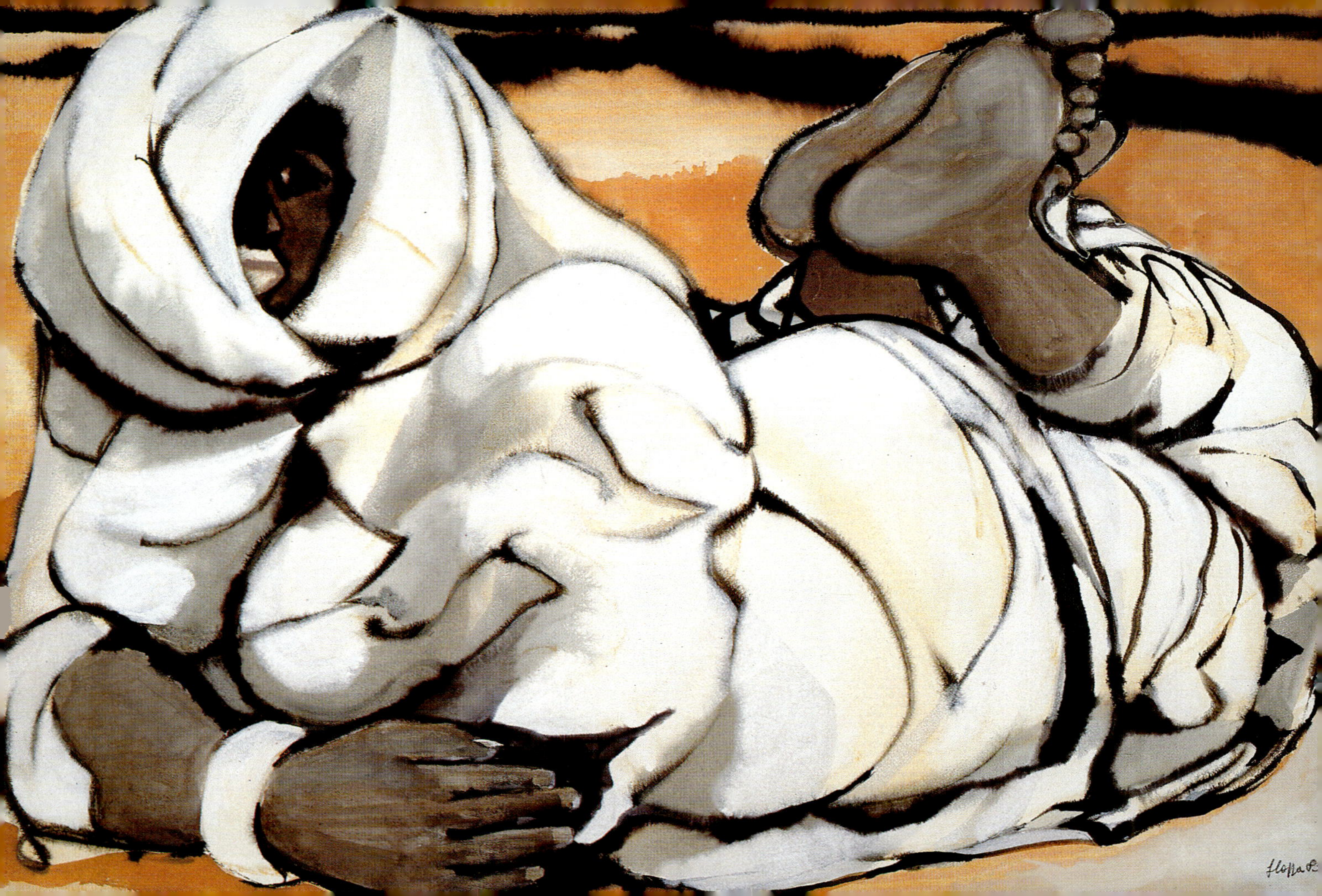

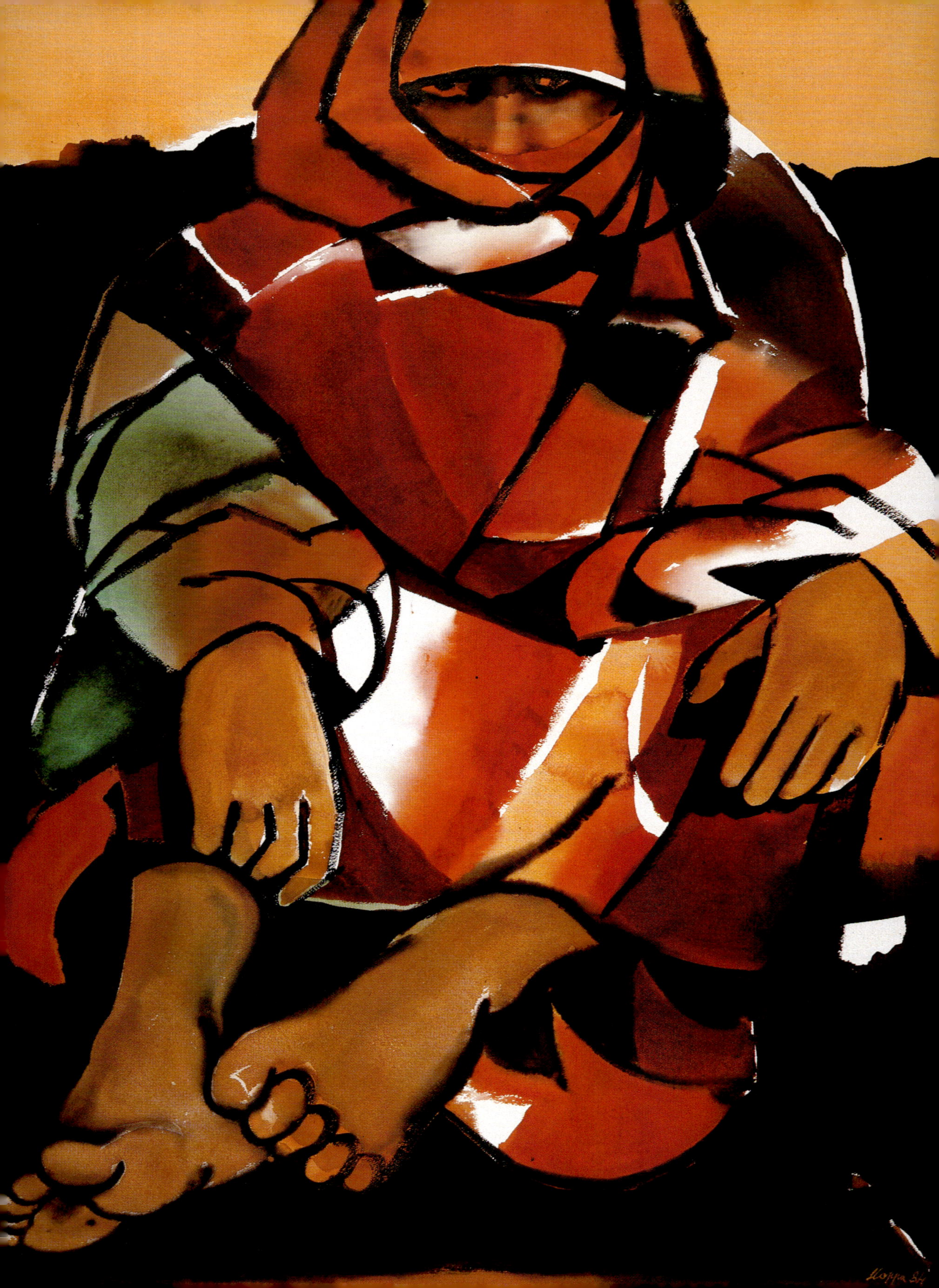

78 Menschen von M'zab 1984

77 Nomade 1984
79 Frau in Grün 1984 ▶
80 Nomadenkind 1984 ▶▶

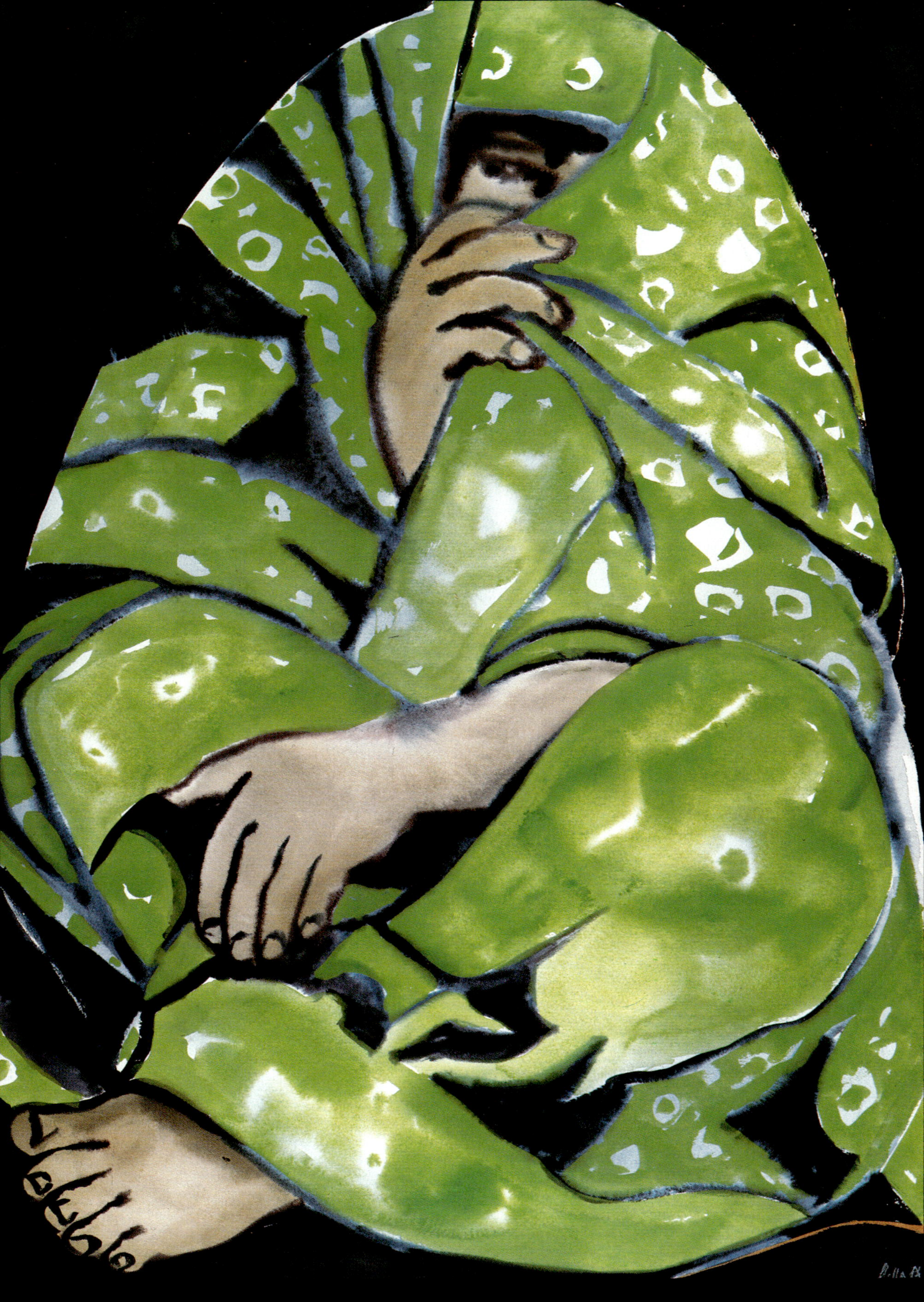

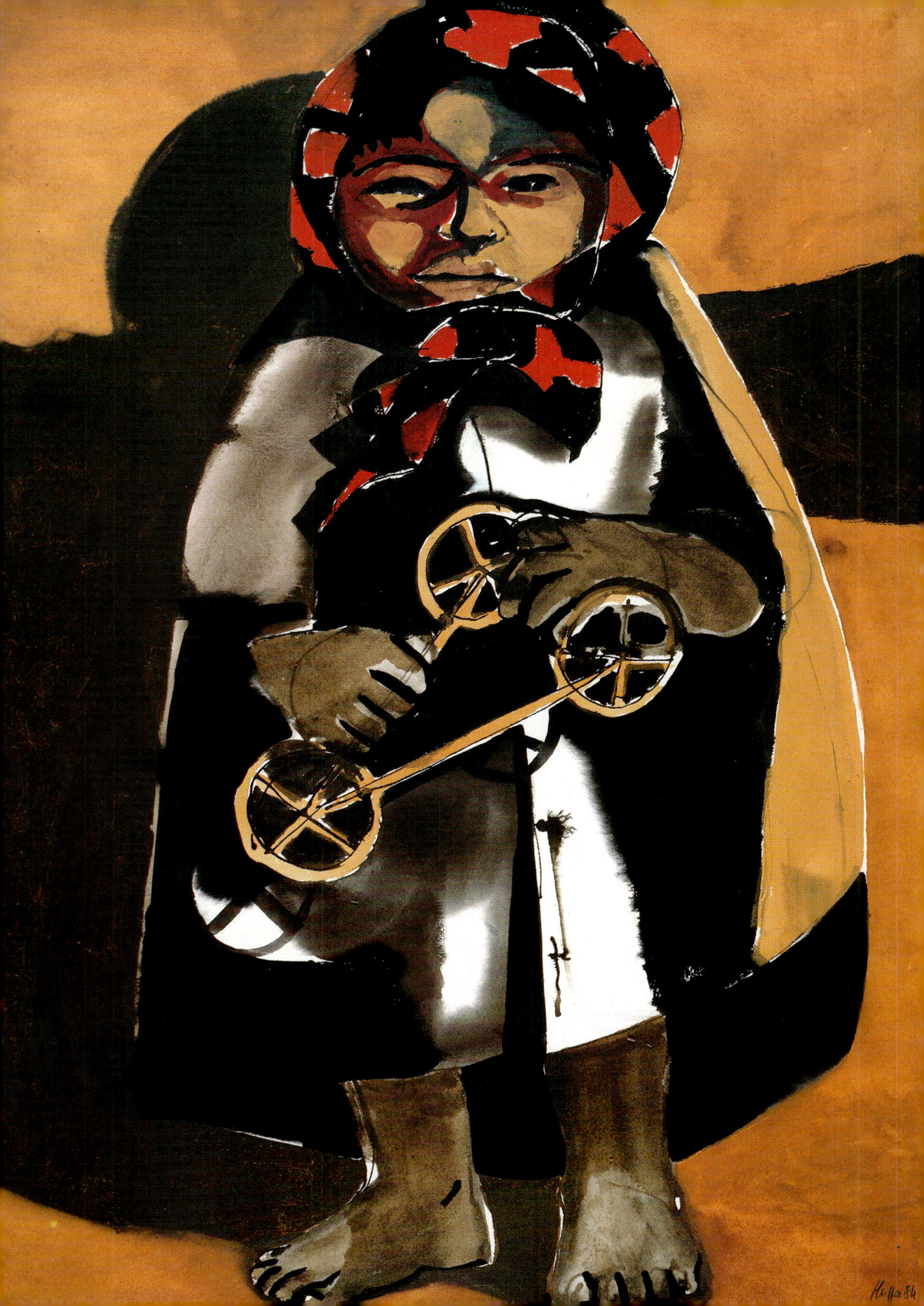

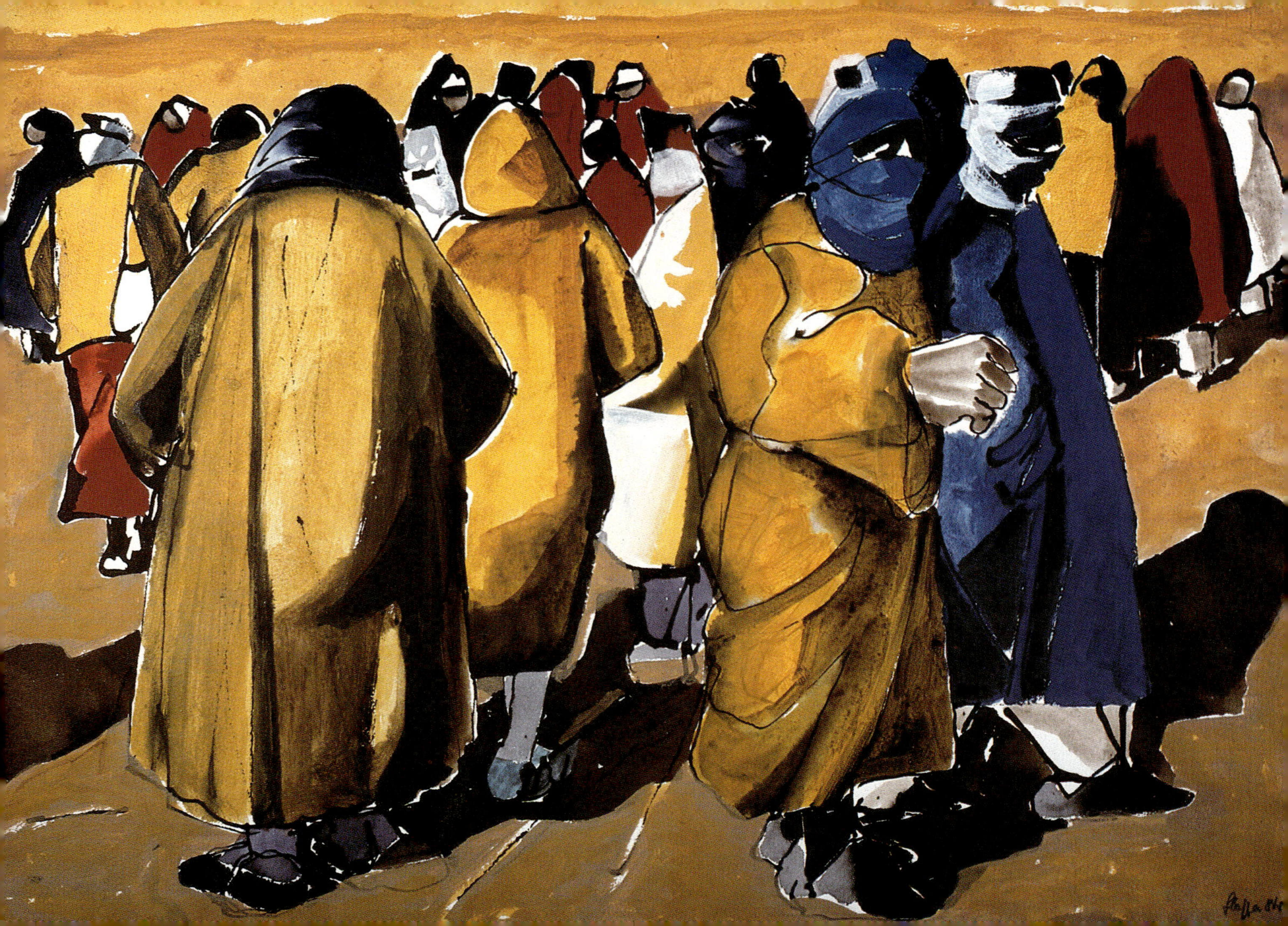

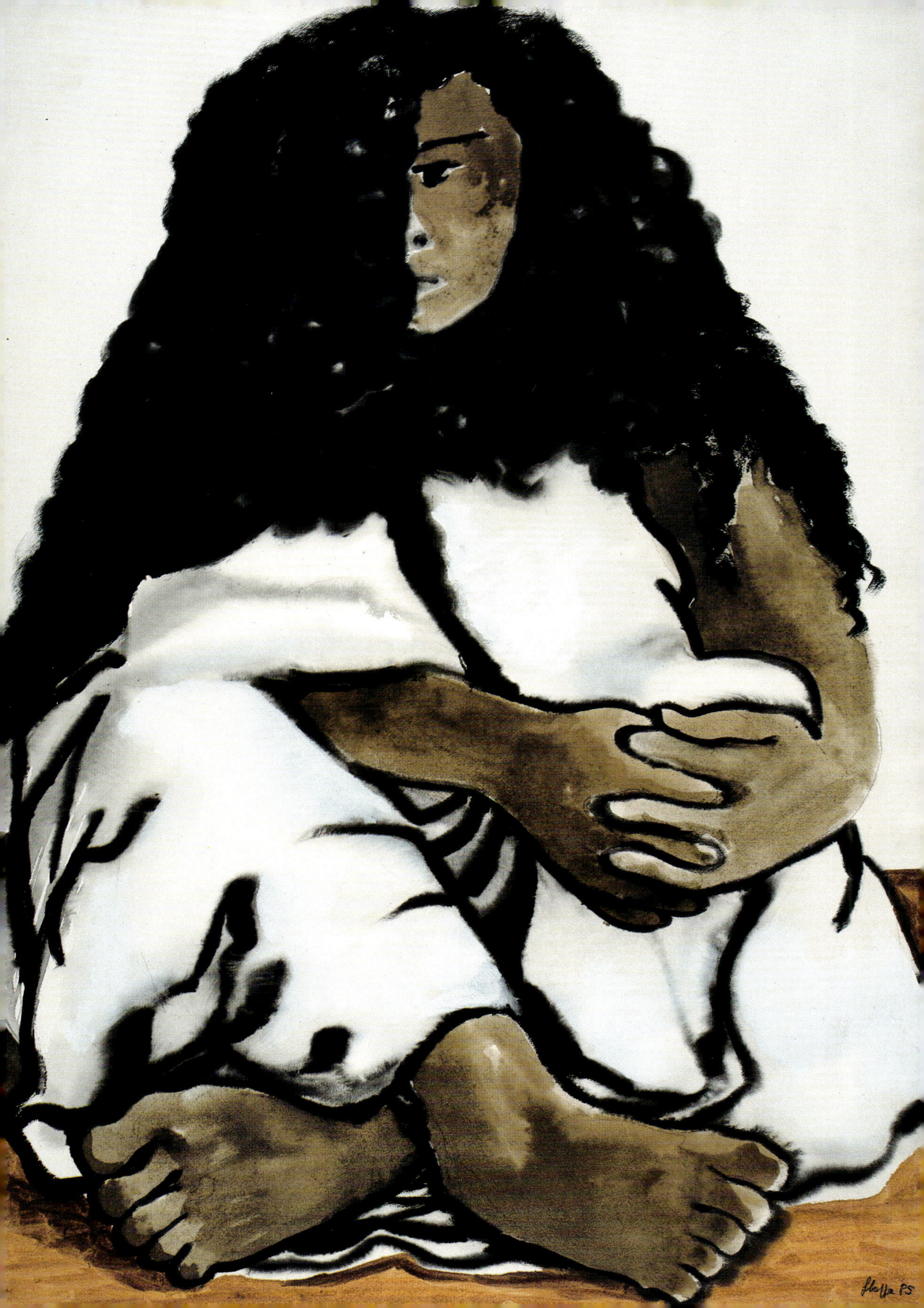

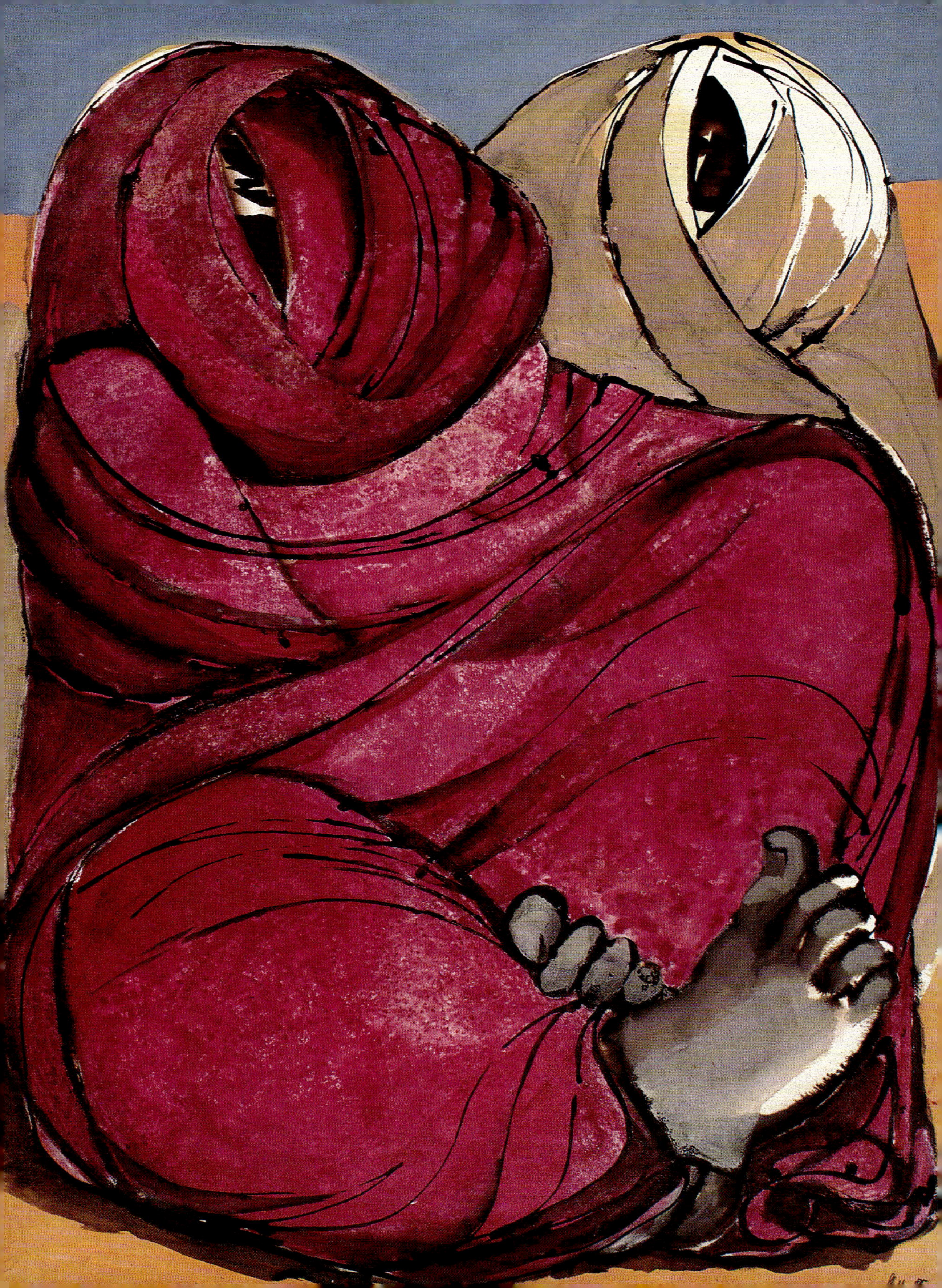

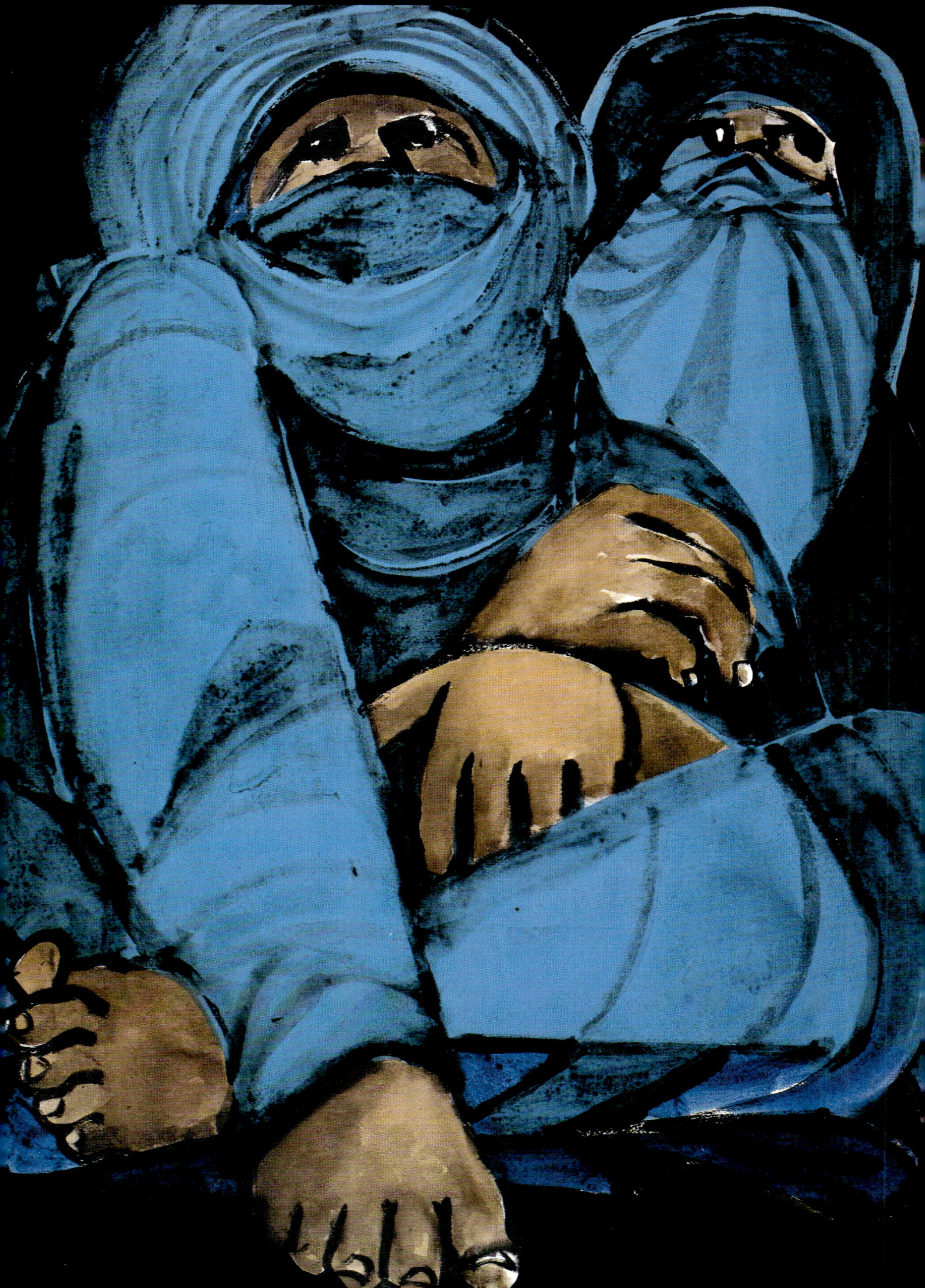

Biographie   Biografia

85 Luigi Coppa 1986

1934	— Am 4. Jänner in Forio d'Ischia geboren.	1934	— Nasce a Forio d'Ischia il 4 gennaio.
1938/43	— Die Isolierung, die wirtschaftliche Not, die Kriegsjahre erschweren seine Kindheit, darüber hinaus fehlt die leitende Hand seines Vaters, der in Eritrea in Gefangenschaft geraten ist.	1938/43	— L'isolamento ambientale, le ristrettezze economiche, gli anni della guerra rendono difficile la sua infanzia, privata tra l'altro della guida del padre rimasto prigioniero in Eritrea.
1944	— Er lernt den forianischen Maler Francesco Paolo Mendella kennen, dessen Werke ihn so sehr faszinieren, daß er beschließt, Maler zu werden.	1944	— Conosce il pittore foriano Francesco Paolo Mendella le cui opere lo affascinano e decide di diventare pittore.
1945	— Nach den ersten Schuljahren arbeitet er als Lehrling in verschiedenen Werkstätten. Er beginnt zu malen, mit Farben, die er selbst vom Verputz der Häuser abkratzt, oder aus Pflanzen und Tieren gewinnt.	1945	— Compiuti i primi studi, lavora come apprendista in diverse botteghe. Comincia a dipingere con colori ricavati dagli intonaci delle case, da piante ed animali.
1947	— Das erste Treffen mit dem aus der Gefangenschaft zurückgekehrten Vater. Die väterlichen Erzählungen von den Wundern Afrikas prägen sich für immer in sein Gedächtnis ein.	1947	— Primo incontro col padre rientrato dalla prigionia africana. I racconti paterni delle meraviglie d'Africa si stamperanno per sempre nella sua mente.
1948	— Er verfertigt ein Porträt des Kardinals Luigi Lavitrano und macht es ihm anläßlich seiner »Goldenen Messe« zum Geschenk.	1948	— Esegue il ritratto del Cardinale Luigi Lavitrano e gliene fa dono in occasione della sua Messa d'Oro.
1949/50	— Er erhält beim »Concorso Regionale di Disegno per le Scuole Medie« einen Preis, schließt Freundschaft mit dem Maler Luigi De Angelis und dem Bildhauer Aniellantonio Mascolo.	1949/50	— Viene premiato al »Concorso Regionale di Disegno per le Scuole Medie«. Si lega d'amicizia col pittore Luigi De Angelis e lo scultore Aniellantonio Mascolo.
1950/52	— Inskription am Istituto d'Arte in Neapel, wo er sein Studium 1954 mit dem 1. Preis abschließt. In Forio lernt er Werner Gilles, Jan Rys, Leonardo Cremonini, W. H. Hauden, Chester Kallman, Lélo Fiaux u. a. kennen.	1950/52	— Si iscrive all'Istituto d'Arte di Napoli dove si diplomerà col primo premio nel 1954. A Forio conosce Werner Gilles, Jan Rys, Leonardo Cremonini, W. H. Hauden, Chester Kallman, Lélo Fiaux ed altri.
1953/54	— Bei einer Reihe von Ausstellungen, unter anderem im Circolo Artistico di Napoli wird er von den Kritikern Paolo Ricci, Alfonso Garofalo und Carlo Barbieri lobend erwähnt. Er schließt Freundschaft mit dem Maler Gabriele Mattera und mit anderen Künstlern der Insel.	1953/54	— In occasione di una serie di mostre tra le quali quella al Circolo Artistico di Napoli viene elogiato dai critici Paolo Ricci, Alfonso Garofalo e Carlo Barbieri. Si lega d'amicizia con il pittore Gabriele Mattera e con altri artisti isolani.
1955/56	— Studienreisen nach Orvieto, Arezzo, Florenz, Verona, Venedig und Padua. Er stellt bei der VII. Quadriennale d'Arte in Rom aus.	1955/56	— Viaggi di studio a Orvieto, Arezzo, Firenze, Verona, Venezia e Padova. Espone alla VII Quadriennale d'Arte di Roma.
1957	— Erste Reise nach Deutschland als Gast von Hanna Bekker vom Rath in Hofheim am Taunus. Er schließt Freundschaft mit der Bildhauerin Emy Roeder und besucht die Malerin Ida Kerkovius. Im	1957	— Primo viaggio in Germania ospite di Hanna Bekker vom Rath a Hofheim am Taunus. Si lega d'amicizia con la scultrice Emy Roeder e fa visita alla pittrice Ida Kerkovius. In ottobre parte per

	Oktober reist er nach Istanbul zu einer Ausstellung, die das Centro Studi Italiano für ihn organisiert hat. Am 19. Dezember reist er nach Kampala (Uganda) ab, um seinen Vater zu treffen.		Istanbul, per una mostra organizzatagli dal Centro Studi Italiano. Il 19 dicembre parte per Kampala (Uganda) per incontrare il padre.
1958	— Nach Forio zurückgekehrt, entwickelt er einen ersten Zyklus von Ölbildern, in welchen er seine Eindrücke aus Schwarzafrika wiedergibt. Er freundet sich mit François Bondy, François Fejtö, Carlo und Mara Muscetta, Marianne Duvoisin, Edoardo Malagoli, Graziella Pagliano, Hans Werner Henze und vielen anderen Künstlern und Intellektuellen an, die sich in der »Bar Internazionale« bei Maria treffen.	1958	— Ritornato a Forio realizza un primo ciclo di olii ispirati all'Africa »nera«. Si lega d'amicizia con François Bondy, François Fejtö, Carlo e Mara Muscetta, Marianne Duvoisin, Edoardo Malagoli, Graziella Pagliano, Hans Werner Henze e molti altri artisti ed intellettuali che frequentano il »Bar Internazionale« di Maria.
1959	— Er verbringt einige Monate in Paris, als Gast von François Bondy und lernt die Maler Lebenstein, Stancic und Maeda kennen.	1959	— Soggiorna alcuni mesi a Parigi, ospite di François Bondy, dove conosce i pittori Lebenstein, Stancic e Maeda.
1960	— Er reist nach Österreich, wo er Gast von Erich und Erika Kastner ist, und in die Schweiz. Im Herbst heiratet er in Forio Anita Verde. Aus der Verbindung entstehen drei Kinder: Teresa, Marianna und Giovanni.	1960	— Viaggio in Austria dove è ospite di Erika e Erich Kastner, e in Svizzera. In autunno sposa a Forio Anita Verde. Dall'unione nasceranno tre figli: Teresa, Marianna e Giovanni.
1961/64	— Er malt in großformatigen Ölbildern »Jagdszenen« und »Afrikanische Märkte«. Er reist zu großen Ausstellungen nach Rom und Venedig. Sein Bekanntenkreis erweitert sich um Jan Thompson, Karolyn Keizer, Sir William Walton, Terence Rattigan, Robin Maugham, James Stern, Anthony Holland, Marion Gräfin Dönhoff u.a.	1961/64	— Dipinge su grandi formati, ad olio, scene di »Caccia« e »Mercati africani«. Si reca a Roma e a Venezia in occasione di grandi mostre. Conosce e frequenta Jan Thompson, Karolyn Keizer, Sir William Walton, Terence Rattigan, Robin Maugham, James Stern, Anthony Holland, Marion Gräfin Dönhoff ed altri.
1965	— Beginn eines Zyklus mit den Themen »Bambini«, »Giocattoli« und »Amanti«, die ihn 10 Jahre lang beschäftigen.	1965	— Ha inizio un ciclo su »Bambini«, »Giocattoli« e »Amanti« che lo impegnerà per dieci anni.
1966	— Reise nach Paris mit Hanna Bekker vom Rath anläßlich der Ausstellung »Hommage a Pablo Picasso«. Er lernt Ossip Zadkine kennen und schließt sich dem Maler José Palmeiro freundschaftlich an.	1966	— Viaggio a Parigi con Hanna Bekker vom Rath in occasione della mostra »Hommage a Pablo Picasso«. Conosce Ossip Zadkine rinnova l'amicizia col pittore José Palmeiro.
1967/70	— Studienreisen nach Rom, wo er sich mehrmals mit Hanna Bekker vom Rath trifft und als Gast seines Freundes Karl Ronkel nach Tirol, wo er Landschaftsbilder Markbachjoch, sowie nach Zürich zur Ausstellung »Die Kunst von Schwarzafrika« und nach München, zu einer Ausstellung in der Galerie Seifert-Binder, die, als beste Ausstellung	1967/70	— Viaggi di studio a Roma dove si incontra varie volte con Hanna Bekker vom Rath, in Tirolo, ospite dell'amico Karl Ronkel, dove dipinge paesaggi del Markbachjoch, a Zurigo per vedere la mostra »Die Kunst von Schwarzafrika«, a Monaco di Baviera per una mostra alla Galerie Seifert-Binder che viene segna- lata con la Rosa TZ come migliore

	der Woche mit der TZ Rose ausgezeichnet wird, weiters nach Colmar, Venedig und Paestum.
1971/72	Reisen nach Süditalien und nach Polen.
1973	Im Februar stirbt in Forio sein Vater.
1974/75	Reisen nach Deutschland und Frankreich. In Forio schließt er Freundschaft mit Renato Guttuso, Libero De Libero, Paolo Ricci, Libero Bigiaretti, Gerhard Polt, Willy Maywald und Natalino Sapegno.
1976	Er reist zum ersten Mal nach Marokko und beginnt die maghrebinische Welt zu erkunden, deren Eindrücke auch heute noch sein Schaffen inspirieren.
1977/81	Studien- und Arbeitsreisen führen ihn außer nach Griechenland, Spanien, Tunesien und Algerien auch nach Frankreich und Deutschland. Zu diesem Zeitpunkt verwirklicht er ein übergroßes Gemälde, das ihn bei der Elefantenjagd anregte. Freundschaft mit dem Maler Willy Oltmanns.
1981/88	Wiederholte Reisen nach Tunesien, Algerien und Marokko, die in einer intensiven Schaffensperiode Ausdruck finden. Aus diesen Jahren stammen die großformatigen Aquarelle mit Motiven von Landschaften, Märkten und den Frauen des Maghreb. Es folgen Ausstellungen in verschiedenen europäischen Städten, darunter ist vor allem die große Ausstellung »Images du Maghreb« in der »Vieille Charité« in Marseille zu erwähnen.
1989	Reise nach Algerien, aufgrund einer Einladung des Centre Culturels Français und Ausstellungen in Annaba, Constantine, Oran, Tlemcen und Algier.

Luigi Coppa lebt und arbeitet in Forio (auf der Insel Ischia).

	mostra della settimana, a Colmar, Venezia e Paestum.
1971/72	Viaggio in Italia del Sud ed in Polonia.
1973	In febbraio muore a Forio il padre Giovanni.
1974/75	Viaggio in Germania e Francia. A Forio si lega d'amicizia con Renato Guttuso, Libero De Libero, Paolo Ricci, Libero Bigiaretti, Gerhard Polt, Willy Maywald e Natalino Sapegno.
1976	Si reca per la prima volta in Marocco. Inizia la ricognizione del mondo del Maghreb le cui esperienze alimentano ancora oggi la sua produzione.
1977/81	Viaggi di studio e di lavoro in Francia e Germania oltre che in Grecia, Spagna, Tunisia ed Algeria. Realizza l'enorme tela ispirata alla caccia all'elefante. Si lega d'amicizia col pittore Willi Oltmanns.
1981/88	Ripetuti viaggi in Tunisia, Algeria e Marocco che si concretano in una intensa stagione pittorica. Sono di questi anni gli acquerelli di grande formato ispirati ai paesaggi, ai mercati, alle donne del Maghreb Mostre in varie città europee, tra queste va ricordata la grande mostra »Images du Maghreb« alla »Vieille Charité« Marsiglia.
1989	Viaggio in Algeria dove è invitato a esporre nei Centres Culturels Français di Annaba, Constantine, Oran, Tlemcen e Alger.

Luigi Coppa vive e lavora a Forio (Isola d'Ischia).

Kritische Anthologie   Antologia critica

Luigi Coppa stellt in der Galerie Lambert aus

Der vor 25 Jahren in Ischia geborene Luigi Coppa hat nach seinem Studium an der Scuola d'Arte in Neapel neben mehreren Ausstellungen in seinem Heimatland, in Deutschland und der Türkei an der Biennale und der Quadriennale in Rom teilgenommen.
Malt er figurativ oder abstrakt? Weder ganz das eine noch ganz das andere. Man kann sehr gut die Silhouetten von Männern mit Lanzen und Schildern erkennen — die eher wie abgegriffene Medaillen oder alte Wappen wirken.... Was einem auffällt, ist die Intensität des Pinselstrichs und die Harmonie der Komposition. Aber was einen bezaubert, ist die Reinheit und Stimmigkeit der Farbtöne.
In einer Zeit der schreienden Farben findet dieser Maler zu Tönen zurück, die den Ruhm der Pompeianer und der Freskenmaler seines Landes ausgemacht haben. Seine Grundnote ist das Braun, harmonisch ausgewogen in seinen zahlreichen Varianten, dazu wunderbare Rot- und Karmintöne. Er ist ganz modern, und sehr sensibel zugleich.

Paris 1959 Jean Grenier
(Aus dem Französischen von Maria Fehringer)

L'esposizione di Luigi Coppa alla Galleria Lambert

Nato a Ischia 25 anni fa, Luigi Coppa è entrato nella Scuola d'Arte di Napoli ed ha esposto nel suo paese natale, in Germania ed anche in Turchia; ha partecipato alla Biennale e alla Quadriennale di Roma.
Dobbiamo considerarlo figurativo o astratto? Non è catalogabile né in un modo né nell'altro. Si percepiscono chiaramente le silhouettes di uomini con lance e scudi — ma come fossero medaglie consumate dal tempo, antichi blasoni... Quel che resta impresso è la fermezza del tratto, l'armonia della composizione, ma ciò che incanta è la sobrietà e l'equilibrio dei toni.
In un'epoca dove i colori sono esacerbati, questo pittore ritrova i toni che hanno fatto la gloria dei maestri pompeiani e degli affreschisti del suo paese. La sua nota fondamentale è il bruno, le sue armonie sono diverse, ma sempre ben composte, ed ha dei rosa e dei carmini che incantano. Modernissimo, è al tempo stesso così sensibile.

Parigi 1959 Jean Grenier
(Traduzione di Maria Fehringer e Riccardo Caldura)

L'exposition Luigi Coppa à la Galerie Lambert

Ne à Ischia il y a vingt-cinq ans, Luigi Coppa est entré à la Scuola d'Arte de Naples e a fait des expositions dans son pays natal, en Allemagne et jusqu'en Turquie; il a pris part à la Biennale et à la quadriennale de Rome.
Est-il figuratif ou abstrait? Ni tout à fait l'un ni tout à fait l'autre. On devine bien des silhouettes d'hommes avec lances et boucliers — ce sont plutôt des médailes effacées, des blasons anciens... Ce qu'on en retient c'est la fermeté du trait, l'harmonie de la composition. Mais ce qui enchante, c'est la sobriété et la justesse des tons.
A une époque où les couleurs sont exacerbées, ce peintre retrouve les tons qui ont fait la gloire des pompéiens et des fresquistes de son pays. Sa note fondamentale est le brun, ses harmonies sont diverses mais toujours assorties, et il a des roses et des carmins qui ravissent. Très moderne, il est en même temps très sensible.

Paris 1959 Jean Grenier

Afrika, eine Realität

[...] Das Wichtigste, was hier verzeichnet werden muß, ist der Prozeß der Verwandlung, den der europäische Maler durchmacht: Afrika überfällt ihn, verändert ihn, er findet sich in einer Lage, die er weder erwartete noch wollte. Er liebt dieses Afrika und kann nun nicht mehr anders, als dieser Liebe Ausdruck geben.
So muß man diese Kunst verstehen: nicht als »Botschaft«, wohl aber als Ausdruck eines Erlebnisses, das eine ganze Künstlerlaufbahn umwarf und ihr einen neuen Impetus gab.
Coppa malt das Rätsel Afrika, das er löst, nicht in kühl berechneter Fixierung, sondern aus einer Leidenschaft heraus, die seine Bilder von innen her bestimmt, und die es nicht leicht macht, sie zu klassifizieren.
Coppa gehört zu den originalsten jungen Künstlern des Westens. Was an seinem Schaffen neu ist, entstammt nicht, wie so vieles Moderne, einer formalen Spielerei, sondern einem Zwang. In der Unterwerfung unter das Erlebnis Afrika liegt die Bedeutung und die Zukunft dieser Kunst...

London 1961 Erik Wiget

Africa, una realtà

[...] La cosa più importante che deve essere rimarcata è il processo di metamorfosi che il pittore europeo subisce: l'Africa lo prende d'assalto, lo muta, ed egli si trova in una situazione che non aspettava, che non voleva. Coppa ama quest'Africa e non può dar altro che l'espressione di quest'amore.
Così si deve comprendere quest'arte: non come »messaggio«, ma come espressione di una esperienza che ha sconvolto una intera carriera artistica dandole nuovo impeto.
Coppa dipinge l'enigma Africa risolvendolo non attraverso un calcolo a freddo, ma grazie ad una passione che determina dall'interno i suoi quadri e che non rende facile il compito di dar loro classificazione.
Coppa appartiene ai giovani pittori più originali dell'Occidente. Ciò che è nuovo nella sua opera, non nasce, come per molti moderni, da un gioco formale, ma piuttosto da una necessità. Nel soggiacere all'evento Africa resta il significato e il futuro di quest'arte...

Londra 1961 Erik Wiget
(Traduzione di Maria Fehringer e Riccardo Caldura)

Durchbruch und Befreiung

[...] Und mit einem Schlag der Durchbruch, die Befreiung. Und so wahr und so einfach ist sein Zugang zu dieser Welt, daß er sein Ziel durch eine wirkliche Beherrschung des Geschauten erreicht, indem er die Szene von oben her erfaßt und wirklich in sie eindringt, die Perspektiven unterstreicht und die Figuren abschneidet, die über den Bildrand hinausreichen. »Devo far volare questi Negri!« (Ich muß diese Neger zum Fliegen bringen) sagt er in seiner eigensinnigen Suche — und erhebt sich selbst. Die Schatten verlängern, die Figuren verkürzen sich und erstarren; sie scheinen zu warten. Das Licht ist das der Abenddämmerung; man fühlt, wie die Erde sich dreht und die Menschen in dieser Bewegung befangen sind. Die Szene erstarrt in einem Augenblick, der das ganze menschliche und kosmische Leben umgreift. Die Gestalten ziehen sich unendlich zurück oder treten

maßlos vergrößert bis zum äußersten Bildrand vor, nicht mehr nur im Verhältnis zueinander gesehen. sondern im Verhältnis zu uns. Maler oder Beschauer Ohne es zu wollen, schließt Coppa an die ästhetischen Erfahrungen seiner Zeit an: seine Gestalten kommen auf uns zu, wie sich die Schauspieler bei Grotowski oder die Musiker bei Xenakis unters Publikum mischen.
Das Gemälde ist nicht mehr Abbild, begrenztes Ganzes, sondern ein Stück Realität.
Aber was wie ein Mangel an Gleichgewicht aussieht, ist in Wirklichkeit nach kunstvollen Regeln angeordnet: Gruppen von Elementen, oft zu dreien, rhythmisieren die Fläche; die Linien von Lanzen, Ästen oder Beinen zeigen Richtungen an, die von den runden Formen der Köpfe oder der Lasten der Baumwollträgerinnen, Fixpunkten der Aufmerksamkeit, interpunktiert werden. Die entfernteren Figuren halten diejenigen, die sich fast bis über den Bildrand hinauswagen, an der äußersten Grenze zurück. Im Strich wie in der Farbe sind Ausgewogenheit, Gleichgewicht, Echos.
Harmonische Gesetze, errungen um den Preis totaler Aufrichtigkeit und dank einer stets wachen Sensibilität, ermöglichen uns den Zugang zum Geheimnis der Naturgesetze.
Das Bild lebt. Es hat deshalb nichts Verwunderliches, daß das afrikanische Gewandmuster seine Struktur bestimmt und besonders deutlich hervortritt; denn es ist — Kunstwerk im Kunstwerk — eine unmittelbare Verbindung. Widerhall des Sujets im Objekt. Seine Einfachheit ist Zeichen der Begegnung von Wesen und Schönheit, und durch seine Kontrastwirkung vermag dieses einzige ornamentale Element in seiner statischen Genauigkeit all das bewegte Leben ringsum zu suggerieren[…]

Paris 1969   Marianne Duvoisin
(Aus dem Französischen von Ingrid Herb)

Esplosione e liberazione

E d'improvviso, l'esplosione, la liberazione. Il suo approccio è così autentico, così immediato, che egli raggiunge il suo scopo nel dominare veramente la sua visione, descrivendo le scene dall'alto, entrando in esse sia accentuandone le prospettive, sia tagliando le figure che sbordano dal perimetro del quadro. »Devo far volare questi negri!« disse il Coppa a proposito della sua ostinata ricerca — ed è lui che prende il volo.
Le ombre s'allungano, le figure si raccorciano e si immobilizzano; sembrano attendere. È la luce del sole nel suo declinare; e si sente che la terra ruota, che gli uomini sono presi dal suo movimento. Le scene si fissano in un'istantaneità che implica tutta la vita umana e cosmica. Allontanandosi verso l'infinito e al contempo avanzando smisurate fino all'estremità del quadro, le figure non vengono più soltanto percepite nelle loro relazioni reciproche, ma in rapporto a noi, quali pittore o pubblico. Inconsciamente Coppa addiviene alle esperienze estetiche del suo tempo: i suoi personaggi vengono verso di noi, così come gli attori di Grotowski o i musicisti di Xenakis si mescolano al pubblico.
Il quadro non è più un insieme delimitato, una immagine definita, ma un frammento di realtà.
Ciò che sembra essere un apparente squilibrio, per chi lo osserva bene, è costruito invece secondo regole sottili: gruppi di elementi, sovente in numero di tre, ritmano l'insieme; le linee delle lance, o dei rami, o delle gambe, danno le direzioni che determinano le forme rotonde delle teste o dei carichi delle portatrici di cotone, punti fissi di attenzione; le figure lontane trattengono, all'estremo limite, quelle che avanzano fin quasi ad uscire dal quadro. Tanto nel tratto così come nel colore vi sono degli equilibri, dei contrappesi, degli echi.
Conquistate al prezzo di una tensione di sincerità totale e grazie ad una sensibilità vivissima, le leggi di armonia ci fanno accedere al mistero delle leggi naturali.
Il quadro vive. E non ci si può meravigliare che il disegno delle vesti africane ne determini la struttura e che ci si distingua una particolare nettezza; perche è, opera d'arte nell'opera d'arte un »trait d'union« immediato, l'eco dell'oggetto nel soggetto. La sua semplicità è il segno dell'incontro di essenzialità e bellezza, e soltanto quest'elemento che è l'ornamento può suggerire, per contrasto, nella sua immutabile precisione, tutta la vita che si anima intorno[…]

Parigi 1969   Marianne Duvoisin
(Traduzione di Maria Fehringer
e Riccardo Caldura)

Éclatement et libération

[…] Et soudain, c'est l'éclatement, la libération. Et si vraie, si simple est son approche de ce monde, qu'il atteint son but en dominant réellement sa vision, c'est-à-dire en saisissant les scènes d'en haut, et en entrant réellement en elles, soit en accentuant les perspectives et en coupant les personnages, qui sortent du cadre. »Devo far volare questi Negri!«, disait-il dans sa recherche obstinée. Et c'est lui qui s'élève.
Les ombres s'allongent, les figures se raccourcissent et s'immobilisent; elles semblent attendre. C'est la lumière du soleil à son déclin, et l'on sent que la terre tourne, que les hommes sont pris dans son mouvement. Les scènes se figent dans un instantané qui implique toute la vie humaine et cosmique. Reculant à l'infini, avançant, démesurés jusqu'à l'extrémité du cadre, les individus ne sont plus seulement perçus dans leurs relations réciproques, mais par rapport à nous, peintre ou public. Sans l'avoir voulu, Coppa rejoint des expériences esthétiques de son temps: ses personnages viennent vers nous, comme les acteurs de Grotowski ou les musiciens de Xénakis se mêlent au public.
Le tableau n'est plus un ensemble délimité, une image, mais un fragment de réalité.
Mais cet apparent déséquilibre est, pour qui l'observe bien, agencé selon des règles subtiles: des groupes d'éléments, souvent au nombre de trois rythment l'ensemble; les lignes des lances, ou des rames, ou des jambes donnent des directions que ponctuent les formes rondes des têtes ou des fardeaux des porteuses de coton, petits centres d'attention fixes; les figures éloignées retiennent, à l'extrême limite, celles qui s'avancent jusqu'à sortir du cadre. Il y a, tant dans le trait que dans la couleur, des balancements, des contrepoids, des échos.
Acquises, au prix d'un effort de sincérité totale, et par une sensibilité très vive, des lois d'harmonie nous font accéder au mystère des lois naturelles.
Le tableau vit. Et l'on ne s'étonnera pas que le dessin du vêtement africain en commande la structure et qu'il s'y distingue avec une particulière netteté; car il est, oeuvre d'art dans l'oeuvre d'art, un trait d'union immédiat, l'écho de l'objet au sujet. Sa simplicitè est le signe de la rencontre de l'essentiel et de la beautè, et ce seul élément qui soit ornement peut suggérer, par contraste, dans sa précision immuable, toute la vie mouvante d'alentour[…]

Paris 1969   Marianne Duvoisin

Afrikanische Farb-Symphonie

[...] Die im Kunstkabinett Baedecker jetzt aus den letzten beiden Jahren. Es sind afrikanische Impressionen, gesammelt auf Reisen durch Uganda und verarbeitet zu einer großen afrikanischen Farb-Symphonie.
Stil und Malweise Coppas sind eigenwillig, originell und einprägsam, sie bewegen sich auf einer verschwommenen Grenzlinie zwischen lebendiger Gegenständlichkeit und radikal abstrahierender Symbolik. Die Farben sind harmonisch komponiert, von zuweilen greller Leuchtkraft im ganzen doch dem Auge schmeichelnd. Zweifellos hat auch die primitive Volkskunst Afrikas den Künstler stark inspiriert. Besonders beachtenswert erscheinen die »Baumwollträgerinnen«, die »Fischer«, »Die Frauen und der Marktplatz« oder der »Markt von Kilembe«[...] Das Bild lebt. Es hat deshalb nichts Verwunderliches, daß das afrikanische Gewandmuster seine Struktur bestimmt und besonders deutlich hervortritt; denn es ist — Kunstwerk im Kunstwerk — eine unmittelbare Verbindung, Widerhall des Subjekts im Objekt[...]

Essen 1969   von Zambauer

Sinfonia africana di colori

[...] Gli acquerelli esposti ora al Kunstkabinett Baedeker appartengono alla produzione degli ultimi due anni. Sono impressioni africane, raccolte durante i viaggi attraverso l'Uganda ed elaborate in una grandiosa sinfonia africana di colori.
Lo stile e il modo di dipingere di Coppa sono personali, originalissimi e caratteristici, e si muovono lungo lo sfumato confine che divide una vivente figuratività da un radicale simbolismo astrattizzante. I colori, armonicamente composti, presentano non di rado una abbagliante luminosità, ma nel complesso comunque sono graditi allo sguardo. Senza dubbio l'arte primitiva africana ha dato forte ispirazione all'artista. Particolarmente notevoli appaiono le »Portatrici di cotone«, i »Pescatori«, le »Donne al mercato«, e il »Mercato di Kilembe«[...]
Nella prefazione al catalogo, allestito con cura e in parte a colori, Marianne Duvoisin scrive: »Il quadro vive. Non è da meravigliarsi allora che il disegno della veste africana ne determini la struttura, distinguendosi con particolare nitore; poichè rappresenta — opera d'arte nell'opera d'arte — l'immediata relazione, l'eco del soggetto nell'oggetto«[...]

Essen 1969   von Zambauer
(Traduzione di Maria Fehringer e
Riccardo Caldura)

Ein dynamischer Maler

[...] Es ist die Farbe, mit der Luigi Coppa sein Konzept des Schönen vorträgt, seine Vorstellung von der Möglichkeit des Glücks, und sein Verlangen ausdrückt, das sich aus heißem Sand, vielfarbigem Blütenstaub, aus prächtigen Stoffen und gleißender Haut nährt. In dieser Malerei gibt es kein Zögern und Verhalten, keine Kompromisse und Unsicherheiten, keinen horror vacui, diese Kunst lebt aus leidenschaftlicher Begeisterung und authentischer Teilnahme am Prozeß des Lebens. Hier ist immer Sommer, dies ist ein biologisches Laboratorium, in dem die Natur sich reproduziert, wo aus einem fruchtbaren und ergiebigen Terrain Leben hervorsprießt und sich mit sanftem Nachdruck ausbreitet und vermehrt. Worauf sich seine Neugier richtet, das macht er sich zu eigen und verleibt sich ein, und wir erhalten eine Ahnung von diesem rauschhaften Gefühl, wenn sich dieses Verlangen von der begrenzten Oberfläche des Bildes her auch uns vermittelt und erfaßt. Luigi Coppa ist im Grunde ein dynamischer Maler, das heißt, sehr schnell in der Anverwandlung der Welt, der er begegnet, seine Kunst ist ein Strudel von Empfindungen und Erregungen, und ganz darauf ausgerichtet, dieses vibrierende Glück mitzuteilen. Er malt mit dem Spiegellicht der Sonnen[...]
Coppa ist ein Mann der Natur; seine Bilder entstehen aus dem geistigen Anspruch und dem Bestreben, im Amalgam der Farben, im Kontrast der Formen, kurz, im Komplex seines malerischen Materials seinen poetischen Intuitionen Ausdruck zu verleihen.
Er denkt in Farben, denn die Farbe ist nichts anderes als eine raffinierte Verkleidung seiner gesamten menschlichen Substanz, ist das Echo auf die von den Philosophen postulierten Ästhetiken, und, in Coppas ganz persönlichem künstlerischem Erleben, der Mensch selbst, der zur Natur wird.

Turin 1971   Janus
(Aus dem Italienischen von Maria Fehringer)

Un pittore dinamico

[...] Attraverso il colore Luigi Coppa sospinge in avanti il suo concetto del bello, l'idea d'una certa possibile felicità, il desiderio d'un possesso che è fatto di calde sabbie, di polline multicolore, di sontuosi tessuti, di epidermidi ardenti. Non ci sono in questa pittura pause o cedimenti o sottintesi o paure del nulla, ma quest'arte è nutrita di caldi entusiasmi, di autentiche partecipazioni al germogliare della vita. Qui è sempre estate, questo è un laboratorio biologico di sostanze che si riproducono, spuntano da un terreno fertile e generoso, si espandono e si moltiplicano con intensa dolcezza. Questo possesso si comunica e si trasmette a tutte le cose che vengono incluse nell'area delle sue curiosità, possiamo immaginarlo mentre dalla limitata superficie del quadro penetra anche nelle nostre vite, incapace di immobilità. Luigi Coppa è in sostanza un pittore dinamico, vorremmo dire veloce nell'assimilare il mondo che egli coglie, poiché la sua arte é un formicolio di sensazioni e di vibrazioni, è tutta tesa a propagare questa frenetica felicità. Egli dipinge attraverso il riverbero dei soli[...]
Coppa è un uomo della natura; i suoi quadri nascono da questa esigenza spirituale, da questo desiderio di vedere nell'amalgama del colore, nel contrasto delle forme, in sostanza nel turbinio della sua materia pittorica l'affermarsi delle sue intuizioni poetiche.
Egli pensa attraverso il colore poiché questo colore non è altro che rivestimento raffinato di tutta la sua sostanza umana, è l'eco delle estetiche postulate dai filosofi, è, nella sua personale esperienza artistica, l'uomo stesso che diventa natura.

Torino 1971   Janus

In der Galerie »Il Fauno« die spannungsgeladenen Aquarelle Luigi Coppas

[...] Bei Aquarell denkt man an etwas Gewöhnliches, Minderes, Ungefähres. Die Arbeiten Coppas widerlegen diesen verbreiteten ungerechtfertigten Vorbehalt. Er stellt uns großartige Blätter vor, auf denen die ihrem Wesen nach als leicht zu definierende Farbe eine materielle Intensität und formale Klarheit gewinnt, die beeindruckend sind.

Obwohl der Künstler vorrangig figurativ malt — daran haben wahrscheinlich seine süditalienische Herkunft (er wurde in Forio d'Ischia geboren) und seine Liebe zu weiten Reisen entscheidenden Anteil —, leben auf den in der Galerie »Il Fauno« ausgestellten großen Blättern die Bilder, zumeist sind es spielende Kinder oder Paare, die in raschem, fieberhaftem Tempo gemalt sind, aus einer plastischen Spannung, die allein und ausschließlich durch die leuchtenden Farbflecken ausgelöst wird; tiefe Blau- und Brauntöne, ein Rot und Gelb mit ihren feinen Abstufungen zwischen den exakten Linien, die die Zeichnung bilden, und den Ausschmückungen, Ausweitungen und Schatten, die eine Atmosphäre der Luftigkeit schaffen, das alles entsteht durch eine meisterhafte Beherrschung der Technik, mit Farbbädern, Belichtungen, Lasierungen und anderen Kunstgriffen, die nicht leicht ihresgleichen finden.

Turin 1971   Luigi Carluccio
(Aus dem Italienischen von Maria Fehringer)

Alla Galleria »Il Fauno« Luigi Coppa propone i suoi acquarelli, animati da una profonda tensione plastica

[...] L'acquerello fa pensare a qualcosa di trito, di ridotto, di approssimativo. Il lavoro di Coppa smentisce questa ingiusta diffidenza. Egli presenta grandi pagine sulle quali il colore, così leggero per sua natura, raggiunge un'intensità materica ed una chiarezza di definizioni formali, che sono impressionanti. Nonostante che l'artista sia prepotentemente raffigurativo — ed in questo la sua origine meridionale, è nato a Forio d'Ischia, come il suo amore per i grandi viaggi, devono avere una loro pressione determinante — sui grandi fogli esposti al Fauno le immagini, sovente sono immagini giocose di bambini o di coppie affrontate in ritmi serrati, rivivono con una tensione plastica che è interamente provocata dalla macchia squillante delle tinte; certi azzurri fondi, o bruni, o rossi, o gialli le cui variazioni sottili, tra arresti netti che fingono il disegno e fioriture, espansioni, ombre che fingono invece l'ariosa atmosfera, sono sempre ottenute con una padronanza della tecnica, bagni, esposizioni, velature ed altri accorgimenti, che non ha molti eguali.

Torino 1971   Luigi Carluccio

Wuchtige Gestalten von metabolischer Sinnlichkeit

[...] Schon in seinen frühesten Jahren hat es sich Coppa zur Gewohnheit gemacht, sich zuweilen von Forio abzuwenden, um dann immer wieder heimlich zurückzukehren wie an den Ort eines Verrats, wenn er den so eindringlichen Lockrufen eines fernen oder auch nahen Anderswo gefolgt war: schließlich ist auch er begierig, andere Freuden zu genießen als die einer schöpferischen Einsamkeit oder einer stets wachen Phantasie, die ihrerseits danach brennt, immer erfahrener zu werden durch das Befriedigen noch nicht gelebter Leidenschaften.
Coppa begann früh mit dem Reisen: Mit 23 in die Türkei, von dort weiter nach Nairobi, um dann bis Kenia, Uganda, in den Kongo und nach Ruanda-Urundi vorzudringen, wieder zurück nach Istanbul, und das alles ist keineswegs die Flucht eines Exzentrikers. Und auch keine Manifestation eines Zornes à la Gauguin. Vielleicht hatte er Rimbaud noch nicht gelesen. Umso besser, wenn die Literatur nichts damit zu tun hatte, nicht einmal Baudelaire mit seinem »J'irai la-bas« und »sous l'ardeur des climats«. 1957 bis 1962 waren für ihn entscheidende Momente auf seiner überwältigenden Fahrt durch Gegenden, die von einer illuminierten und einzigartigen Menschheit bevölkert sind, mit noch primitiven Sitten und Gebräuchen, aber einem großen Reichtum an Traditionen und spektakulären Gewohnheiten, die bis hin zu einer rituellen Grausamkeit gehen, in der das gemeinsame Los eines Volkes zum Ausdruck kommt, das von ewiger Armut geschlagen ist, aber zugleich auch entschädigt wird durch das tägliche Erlebnis einer schmerzlindernden Euphorie. Ganz zu schweigen von der noch viel stärker wirkenden Macht der Natur und dem erregenden Spektakel der mannigfaltigen, phantasmagorischen Farbkombinationen und -variationen ad libitum.
Coppa betrat nun endgültig den Bezirk seiner Malerei. Es waren Nationen, die er, durchtränkt von seinen intensiven Farben, in vollkommen neuen Darstellungen erregendster Szenen faßte, und daran seine Kunst entwickelte und diese außerordentlichen Resultate schuf, die wir in der vorliegenden Blütenlese von Visionen, die gleichsam unter der Oberfläche brennen, bewundern können.
Angesichts dieser allgegenwärtigen und obsessiven Delirien also ging Coppa von der Ölmalerei ab, um den Freuden des Aquarells glücklich zu erliegen, das ihm die tropische Vegetation mit ihrer Flut von alle Grenzen überschreitenden Farben nahelegte, in allen möglichen Ausprägungen nach einem Bedeutungsregister, das nach Degas »le choix des mots, leur sexe et leur melancholie« umfassen würde. Aber warum sollen wir es nicht gleich sagen, daß für Coppa die Technik des Aquarells eine belebende Droge ist, ein bestimmender Faktor, der Inbegriff seines Schicksals? Die Wirkungen, die er damit erzielt, haben etwas vom kreativen Zauber denkwürdiger Realitäten an sich[...]
Weibliche und männliche Akte — allein oder in leidenschaftlich verschlungenen Paaren — formen ein Geschehen von geheimnisvollem und erregtem Lyrismus, und sie entbehren auch nicht jener barbarischen Eleganz, die manchmal hervorschießt aus den übereinandergelagerten Schichten begrabener Kulturen. Es ist da eine unbekümmerte Vergeudung des Lichts, das deren vulkanisches Magma in freie, mimetische Ergüsse atonaler Farben auflöst, nicht ungleich gewissen enharmonischen »Improvisationen« im Jazz. Es sind wuchtige Gestalten von metabolischer Sinnlichkeit. Phantasmen einer allumfassenden Erotik in der tiefsten Tiefe eines heimtückischen Schlafes, der sie aufbläht, oder am Gipfel einer wütenden Schlaflosigkeit, die sie verkrampft im Dunkel des Uterus, das aus der Höhle des Eierstocks strömt. Die nicht zu bändigende Übermacht der Farben tritt aus den Falten und Nähten der Flächen hinaus, die Formen hinter sich zerschmetternd und eingehend in den langsamen und überirdischen Zug von Nebelflecken. Und aus der Tiefe solcher Ruhe steigt der Atem jener äußersten Seligkeit, die auf das Delirium einer gestillten Wollust folgt. Und ebendiese — obgleich unstillbare — Wollust ist es, die in der Kunst Coppas herrscht. Diese Tafeln könnten für ein Stundenbuch bestimmt sein, ein Stundenbuch der Traumliturgie in unserer lieb- und lustlosen Zeit.

Rom 1975   Libero De Libero
(Aus dem Italienischen von Maria Fehringer)

Creature pesanti d'una carnalità metabolica

E' dagli anni più giovani che Coppa si abituò ad assentarsi di tanto in tanto da Forio, e vi ritorna sempre da clandestino come sul luogo d'un tradimento, mentre ascolta i più instistenti richiami d'un **altrove** remoto o no che sia: infine lui pure ansioso di conoscere ben altri godimenti che quelli d'una solitudine operosa

ovvero d'una immaginazione sempre all'erta e non poco avida di smaliziarsi attraverso passioni non ancora soddisfatte.
Coppa incominciò presto coi viaggi. A ventitré anni in Turchia e di lì a Nairobi per spingersi quindi in Kenia, Uganda, Congo e Ruanda Urundi, di nuovo a Istanbul, e non per darsi a fughe eccentriche. E niente collere al seguito di Gauguin. Forse non aveva ancora letto Rimbaud. Tanto meglio se non vi entrasse la letteratura, nemmeno Baudelaire col **j'irai là-bas** e **sous l'ardeur des climats.** Dal '57 al '62 furono per lui i momenti decisivi d'una rotta fulminante per contrade popolose d'una umanità solare e sensazionale negli usi e costumi ancora primordiali, però con tutta una ricchezza di tradizioni e fenomeni spettacolari fino a una violenza rituale, in cui si esprime l'esistenza comunitaria d'una gente afflitta da un'ininterrotta miseria e risarcita insieme dal quotidiano sopravvento d'una euforia palliativa. E senza dire quella più costante prepotenza della natura né la lunga serie di combinazioni e variazioni **ad libitum** di colori volubili e fantasmagorici, talmente provocatori.
Coppa entrava finalmente nei territori definitivi della sua pittura. Per lui erano **Nazioni** grondanti da tavolozze superlative per sceneggiate inedite di circostanze le più bollenti, tutte a destinazione della sua arte e a favore dei risultati massimi che possono ammirarsi in questo florilegio di visioni a scoppio continuo.
Fu allora che, dinanzi a quei delirama onnipresenti e ossessivi, Coppa abbandonava gli impasti a olio per cedere felicemente alle soddisfazioni dell'acquerello che gli suggeriva l'umidore vegetale con un flusso e riflusso a colori espansivi oltre i limiti spaziali, e in tutte le accezioni possibili secondo un registro dei sensi che per Degas sarebbero »**le choix des mots, leur sexe et leur malincolie.**« E perché non dire subito che per Coppa la tecnica dell'acquerello è una droga vivificante, un evento determinativo, la condizione smaccata del suo destino? Gli effetti che ne ricava appartengono al sortilegio creativo di realtà memorabili[…]
Nudi femminili e mascolini in a solo o in coppie intrecciate appassionatamente compongono una vicenda di lirismo arcano e parossistico, e non manca di quella eleganza barbarica che a volte zampilla dagli strati sovrapposti di civiltà sepolte. C'è uno sperpero gaudioso della luce che ne discioglie il magma vulcanico in larghe e mimetiche effusioni di colori atonali non diversi da certi »improvvisi« enarmonici del jazz.
Sono creature pesanti d'una carnalità metabolica. Fantasmi d'un erotismo globale al colmo d'un sonno insidioso che li gonfia o d'una insonnia collerica che li rattrappisce dentro quel buio uterino che rifluisce da un ovario cavernoso. Il subbuglio continuo dei colori dilaga da pieghe e suture degli spazi sulle forme affrante dirottando dovunque in una lenta e ineffabile corsa di nebulose. E dal profondo di tanta calma sale il rifiatio di quella estrema beatitudine che succede al delirio d'una voluttà placata. E' la medesima voluttà ma implacabile che domina nell'arte di Coppa.
Infine queste tavole potrebbero ornare un libro d'oro intestato alle liturgie oniriche del nostro tempo disamorato.

Roma 1975   Libero De Libero

Luigi Coppa und die zärtlichen Spiele der Kinder

[…] Aus seinem Atelier in Forio d'Ischia sendet uns Luigi Coppa eine eben entstandene Serie von Gouachen, die alle um ein zentrales, sehr eigenes und zartes Thema kreisen: ein Junge oder ein Mädchen, die eine Puppe umklammern, liebevoll damit spielen und kämpfen. Die Farbe, sehr fließend und leuchtend, ist es, die Form und Bewegung determiniert. Das Spiel erscheint als Antizipation der wirklichen Liebe und des Kampfes, die nachfolgen werden. Coppa ist ein sinnlicher und raffinierter Kolorist, von einem Vitalismus, der auf eine mediterrane Maltradition nach Picasso zurückzuführen ist.
Auf diesen Blättern läßt sich im Zeitraum weniger Jahre eine rapide Entwicklung der Form ablesen: von einer Statik, die sich ein wenig an Marino anlehnte, zu einer Dynamik und — durch die Auflösung des Volumens im Raum — hin zu einem Fließen. Sehr kühn wird in die Anatomie des Körpers eingegriffen, die leuchtende Farbgebung steht ganz im Vordergrund, aber so, daß sie von der Figur nur das Schema wiedergibt so wie von Licht und Wasser. Und schließlich, wenn auch in sanft verschlüsselter Form, besteht eine gewisse Affinität zum Eros einiger unbändiger Figuren Pignons.

Rom 1975   Dario Micacchi
(Aus dem Italienischen von Maria Fehringer)

Luigi Coppa e i teneri giochi dei fanciulli

[…] Dallo studio di Forio d'Ischia Coppa ha mandato una serie recente di guazzi con un motivo, strano e tenero, dominate: un bambino o bambina che stringe una bambola, e gioca affettuosamente e lotta. Il colore è molto fluido e luminoso ed è il colore a costruire forma e movimento. Il gioco sembra anticipazione dell'amore e della lotta veri che verranno dopo. Coppa è un colorista sensuale e raffinato, di un vitalismo riconducibile a una figurazione mediterranea postpicassiana.
In questi fogli, in un paio d'anni, c'e una rapida evoluzione della forma: da statica un po' »alla maniera di Marino« a dinamica e con una specie di dissolvimento del volume nello spazio fino a una immagine di flusso. Sull'anatomia del corpo l'invenzione è vivacissima e la coloritura guizzante e luminosa prende tutto il primo piano e in un modo che del corpo dà solo la traccia come di luce e d'acqua. Pure in chiave tenera e pacifica c'è qualche affinità con l'eros di certe figure guizzanti di Pignon.

Roma 1975   Dario Micacchi

Die innere Kontinuität eines expressiven Weges

[…] Schon sehr früh, von Anbeginn an, ist es Coppa klar, daß die Malerei ein Problem der Form ist, das heißt einer autonomen Größe mit genauen Gesetzen, die sich sehr wohl aus dem alltäglichen Kontakt mit dem Leben ableiten, aber ihm übergeordnet ist, so wie der Gedanke über der Meinung steht und die Mathematik über dem Chaos der Vielzahl. Indem sie das inhaltliche oder figurative, wie immer man sagen will, Mißverständnis überwindet, ist seine Arbeit das Zeugnis einer Strenge im Ausdruck, die aus einer moralischen Strenge erwächst. Die zwanzig Jahre seines malerischen Schaffens erlauben es, eine Geschichte seines Weges nachzuzeichnen, der reich ist an entscheidenden Momenten des Reifens, der immer tieferen Selbsterkenntnis, aber auch der Treue einem Ausdrucksstil gegenüber, der unverkennbar der seine ist, den man schon in den ersten Anfängen findet und der sich, wie zu vermuten ist, in seinen künftigen Werken weiter bestätigen wird.
Auch die Werke seiner »afrikanischen« Periode, wie allgemein festgestellt wird […] bestätigen die innere Kontinuität seines Weges als Maler. Auch hier ist es die strukturelle Einheit des Sichtbaren, die den Maler, über die Emotionen hinaus, zu einer Begegnung mit einer landschaftlichen und menschlichen Realität führt, die so gewaltig und voller Pathos ist. Ein vor Leben

vibrierender Kosmos, wo die Erde, der Himmel, die Flüsse, die Tiere und Menschen (ihre Lebensführung, ihre Riten, ihre Kultur, und ihre Instrumente) nicht mit dem Auge eines Reisenden auf der Suche nach Exotik und folkloristischen Beobachtungen gesehen werden, sondern mit dem Verlangen, diese Welt auf die Ebene einer formalen Lösung zu bringen, die allein ihr Wesen enthalten und festhalten kann. Alles wird diesem Zweck unterstellt, und der Himmel ist nicht mehr einfach der »Hintergrund«, vor dem die Gestalten stehen; es gibt keinen Gegensatz mehr zwischen Licht und Schatten, weil beide einem höheren Gesetz unterstehen; die Farben sind rein, weil für sie die Norm der reziproken Proportion gilt, jede Farbe ist sie selbst — in ihrer eigenen Tonqualität — eben deshalb, weil sie in den »proportionalen Durchschnitt« der anderen eingefügt ist.

Auf dieser Linie muß auch die letzte Etappe der Malerei Coppas gesehen werden, die lange Reihe der »Figuren«, die uns in der gegenwärtigen Ausstellung zur Ansicht geboten sind.

Der erfahrene und aufmerksame Betrachter möge das hohe Maß an Konzentration beachten, das sie auszeichnet und vereint, das vollständige Fehlen jener Elemente, die eine oberflächliche Bewertung erlaubten, welche an einer äußerlichen und beschreibenden Betrachtung hängenbliebe: diese Figuren beziehen sich nur auf sich selbst: es gibt keinerlei realistischen Hintergrund, keine Innenansichten von Zimmern, keine Himmel, keine Requisiten; selbst ihre Anatomie, die anscheinend so verkrampft und plump ist — ganz zum Unterschied von den schlanken Formen der afrikanischen Gemälde — erscheint befreit von Gewicht und Körper, auf die Ebene der Form übertragen. Das Licht und die Farben beugen sich dem Dienst an der strukturellen Wahrheit, die das letzte Ziel des malerischen Schaffens ist, die Malerei selbst[...]

Forio 1975 Edoardo Malagoli
(Aus dem Italienischen von Maria Fehringer)

La continuita interiore di un itinerario espressivo

[...] Precocemente, fin dall'inizio, si fa chiara in lui la consapevolezza che la pittura è un problema di forma, di un valore cioè autonomo, con leggi precise, alimentate sì dal contatto quotidiano con la vita, ma su di essa sovraordinata come il pensiero lo è sull'opinione o la matematica sul caos della molteplicità. Superando l'equivoco contenutistico o figurativo che dir si voglia, il suo lavoro è la testimonianza di un rigore espressivo che nasce da un rigore morale. I venti anni della sua attività pittorica consentono di tracciare storicamente un cammino ricco dei momenti significativi del suo maturarsi, del suo conoscersi sempre più a fondo, ma anche della sua fedeltà ad uno stile espressivo che è inconfondibilmente suo, che si ritrova fin dai suoi esordi e che si confermerà, è da supporre, nelle sue opere future[...]

Anche le opere del periodo »africano« come viene comunemente indicato, [...] confermano la continuità interiore del suo itinerario espressivo. Anche qui è l'unità strutturale del visibile che impegna il pittore, al di là delle emozioni, per un incontro con una realtà paesistica e umana così violenta e carica di pathos. Un cosmo vibrante di vita, dove la terra, il cielo, i fiumi, gli animali, gli uomini (la loro economia, i loro riti, la loro cultura, e i loro strumenti) vengono guardati non con l'occhio del viaggiatore in cerca di esotismo, di notazioni folkloriche, ma con l'ansia di trasferire quel mondo sul piano della risoluzione formale che unicamente può contenere e fissare la loro essenza. Tutto viene subordinato a questo fine e il cielo non è più, convenzionalmente, uno »sfondo« su cui poggiare le figure; e non v'è contrapposto di luce e di ombra, perchè sono sottoposti a una legge superiore; i colori sono puri perchè vale per essi la norma della proporzione reciproca, sicchè ogni colore è se stesso, nelle sua propria qualità timbrica, solo perchè è inserito entro la »media proporzionale« degli altri.

Su questa linea va inteso anche l'ultimo approdo espressivo di Coppa, la lunga serie di »figure« che sono offerte in visione nella presente mostra.

Osservi il visitatore provveduto ed attento l'alto grado di concentrazione strutturale che le contraddistingue e le unifica. Mancano qui completamente quegli elementi che possono accattivare una valutazione superficiale, rivolta alla notazione esteriore e descrittiva: queste figure non si rapportano che a se stesse: non vi sono sfondi realistici, non interni di stanze, non cieli, non suppellettili; la loro stessa anatomia, all'apparenza così contratta e pesante, e che le distingue dalle sagome longilinee dei quadri africani, risulta alleggerita e scorporata, traslata sul piano della forma. La luce e i colori si piegano al servizio della verità strutturale, che è il fine ultimo dell'operazione pittorica, la pittura stessa[...]

Forio 1975 Edoardo Malagoli

Die Einheit der Dinge in der Harmonie

[...] Die Malerei ist konzentriert, die Formen sind nüchtern, abstrahiert bis zur reinen Wesenhaftigkeit. Ziel ist, über den direkten Kontakt mit dem Realen die Ordnung der Geometrie zu erreichen, die Harmonie, ohne die Wahrheit zu verraten, die die Triebfeder bleibt, welche den Künstler drängt, die Dinge und die Menschen, die ihn umgeben, »zu sehen«, sie in ihrem innersten Wesen zu verstehen und zu lieben. Er scheint sich an einer Maxime Paul Klees zu inspirieren, die lautet: »Man muß die Dinge auf eine Einheit zurückführen, und das ist auf figurativem Gebiet möglich, indem man verschiedene Dinge harmonisch vereint«. Die Malerei Coppas ist wie ein anhaltender Diskurs im kraftvollen Rhythmus der Formen, die durch logische Klarheit und Maß miteinander verbunden sind. Die Farbe ist rein, oft flammend, die Zeichnung mit wissender Hand ausgeführt und das Wesentliche treffend. Die Art, wie der Künstler seine weisen Geschichten mit Pinsel und Farbe erzählt, erinnert an die Verzierung eines Mischkruges aus dem 8. Jhdt. v. Chr., der auf einem Gräberfeld in Lacco Ameno gefunden wurde und eine Schiffbruchsszene darstellt, ein gekentertes Schiff und die von riesigen Haien verfolgten Menschen. Damit will gesagt sein, daß die Malerei Coppas immer auch Ausdruck einer weiten und vielschichtigen Kultur ist, die er sich durch tiefgehende Erfahrungen und intellektuelle Entscheidungen — gefiltert durch eine wache und lebendige Sensibilität — erworben hat, die nichts dem Zufall und der Improvisation oder dem reinen formalen Spiel überläßt. Daraus entsteht auch jener Eindruck von menschlicher Energie und Sicherheit, der von seinen Bildern ausgeht, auch von denen seiner frühesten Jugend, und der das charakterisierende Merkmal seines gesamten Werkes darstellt; eines Werkes, das — und darin liegt ein großer Verdienst Coppas — niemals seine ethnische Charakterisierung verliert; dessen Inhalte dank einer lebendigen und aktuellen Sprache Allgemeingültigkeit erlangen[...]

Neapel 1975 Paolo Ricci
(Aus dem Italienischen von Maria Fehringer)

L'unità delle cose nell'armonia

[...] La pittura è tesa, le forme scarnificate fino all'essenzialità assoluta, l'obbiettivo è di raggiungere, attraverso il vivo contatto col reale, l'ordine geometrico, l'armonia, senza tradire la verità, che rimane la molla che spinge l'artista a »vedere« le cose, gli uomini che lo circondano, a comprenderli nella loro segreta essenza e ad amarli. Egli sembra ispirarsi a una massima di Paul Klee che dice: »Bisogna ricondurre le cose all'unità, e questo è possibile in campo figurativo, unendo insieme, armoniosamente, cose diverse«. La pittura di Coppa è come un discorso continuo, cadenzato dal ritmo robusto di forme, concatenantesi con logica chiarezza e misura. Il colore è puro, sovente acceso, il disegno sapiente ed essenziale. Il modo come l'artista dispone i motivi delle sue sapide narrazioni pittoriche ricorda la decorazione di un cratere dell'VIII secolo a. C., scoperto nella necropoli di Lacco Ameno, rappresentante una scena di naufragio, con la nave capovolta e gli uomini inseguiti da grossi squali. Si vuol dire, con questo, che nella pittura di Coppa affiora sempre il senso di una cultura vasta e composita, assimilata attraverso esperienze profonde, scelte intelligenti, filtrate da una sensibilità acuta e vibrante, che nulla lascia al caso e all'improvvisazione, al puro gioco formale. Da ciò deriva quel senso di umana energia e di sicurezza, si potrebbe dire di necessità, che si sprigiona dalle sue pitture, anche da quelle della prima giovinezza, e che costituiscono il segno caratterizzante di tutta la sua opera. La quale, e ciò risiede il principale merito di Coppa, non perde mai la sua caratterizzazione etnica; i cui dati contenutistici, in virtù di un linguaggio vivo e attuale, assumono valori universali[...]

Napoli 1975   Paolo Ricci

Mit offenen Augen

Einsam lebt und arbeitet in Forio (aber mit offenen Augen für alles, was in der Welt geschieht) der Maler Luigi Coppa.
Es ist nicht zu umgehen, auf die »Besonderheit« der Insel Ischia hinzuweisen. »Ausgedehnt wie ein Kontinent«, sagt der Dichter Libero De Libero von ihr; und sie spielt auch auf Grund der Funktion, die sie erfüllt hat und immer noch erfüllt, die Rolle eines »Kontinents«, was sie sehr von Capri unterscheidet. Es mag genügen, daran zu denken, wer die »Fremden« sind — Deutsche, Engländer, Amerikaner und auch Italiener von hohem intellektuellen Ansehen wie De Libero, Sapegno, Bigiaretti, Visconti, De Angelis —, die zu längerem Aufenthalt nach Ischia kommen, und daran, mit welcher Absicht sie kommen. Nicht um Ferien zu verleben, oder der »ruhigen Abgeschiedenheit« wegen. Die Anwesenheit dieser »Fremden« wirkt aktivierend auf der Insel; seit je tragen sie dazu bei, ein besonderes internationales kulturelles Klima zu schaffen, das objektiverweise viele örtliche, kulturelle Energien freisetzt. Luigi Coppa ist die interessanteste Frucht dieses Klimas. Wie vieles er sich z. B. von einer bestimmten Tradition der Aquarellmalerei anverwandelt hat und in Eigenes übersetzt hat, ist leicht zu sehen, aber noch wichtiger ist die ganz und gar originelle Weise, mit der Coppa ebendiese Tradition umgestoßen hat; sein »qualitativer Sprung«, der nicht zuletzt darin besteht, daß er die Dimension des Aquarells erweitert hat, um schließlich immer größere Oberflächen bedecken zu wollen — mit seinem wassergesättigten, heftigen, tiefgründigen, entschlossenen, umkreisenden, entscheidenden Pinselstrich.
Man müßte neben seinen Aquarellen seine Ölbilder — kleine, große und riesengroße —, seine afrikanischen Bilder, die Krieger und die Bisons sehen, um den Sinn dieser Arbeit zu begreifen, wie er sich auf das Blatt hinwirft und es um Formen, Körper (Kinder und ihre Spiele, Akte etc.) bereichert, welche zu etwas Magischen, Beschwörenden werden, was Ischia schließlich zu einem neuen Tahiti werden läßt. Ich halte Luigi Coppa für eine ursprüngliche, kräftige Stimme, und ich hoffe, daß dies in einer Ausstellung seiner besten Werke sichtbar werden kann, von der reichhaltigen afrikanischen Produktion bis hin zu den großen Aquarellen und Zeichnungen der lezten Zeit.

Rom 1976   Renato Guttuso
(Aus dem Italienischen von Günther Däubler)

Ad occhi aperti

A Forio vive e lavora in solitudine (ma con gli occhi aperti su tutto quel che succede) il pittore Luigi Coppa.
Non si può non accennare alla »particolarità« dell'isola di Ischia. »Vasta quanto un continente« dice il poeta Libero De Libero; e che assolve anche funzione di »continente«, assai differente da Capri, per la funzione che ha svolto e svolge. Basti pensare a chi sono gli »stranieri«, tedeschi, inglesi, americani, ed anche italiani di grande prestigio intellettuale, come De Libero, Sapegno, Bigiaretti, Visconti, De Angelis, che vanno e soggiornano a Ischia, e a *come* ci vanno. Non per vacanza o »buen retiro«. La presenza di questi »stranieri« è attiva nell'isola; essi hanno contribuito e contribuiscono a generare un clima culturale particolare, internazionale, che suscita obiettivamente molte energie culturali locali. Luigi Coppa è il frutto più interessante di questo clima. Quanto Coppa abbia assimilato e condotto ai propri fini, per esempio, di una certa tradizione »acquarellista«, è facile vedere, ma ciò che più conta è il modo totalmente originale col quale Coppa ha stravolto tale tradizione; il suo »salto qualitativo«, a cui non è estraneo il fatto di aver allargato la dimensione dell'acquerello, fino a desiderare di poter ricoprire superfici sempre più grandi con la sua pennellata gravida d'acqua, intensa, profonda, decisa, aggirante, determinante.
Bisognerebbe vedere insieme agli acquerelli i suoi quadri ad olio, piccoli, grandi e grandissimi, i quadri africani, i guerrieri e i bisonti, per capire il senso di questo suo modo di abbattersi sul foglio e di allargarlo di forme, di corpi (i bambini e il loro giocare, nudi ecc.) che diventano magiche, evocatorie, sino a far diventare Ischia una nuova Tahiti. Ritengo Coppa una voce originale e potente e spero che lo si possa vedere in una mostra completa delle migliori sue opere, a partire dalla ricca produzione africana, ai grandi acquerelli e disegni dell'ultimo periodo.

Roma 1976   Renato Guttuso

Luigi Coppa und der samtene Widerschein

[...] Wenn der lange Aufenthalt in Afrika natürlich die Sprache des Künstlers bereichert und gefestigt und von jedem vielleicht noch bestehenden formalen Mangel endgültig befreit hat, so ist es doch so, daß Coppa sich immer schon auf Ergebnisse des Problems der Darstellung stützen konnte, die er bereits in seinen Anfängen gefunden hatte: man kann allenfalls behaupten, daß er in jenen Gegenden einer primitiven und ursprünglichen Natur, die noch im glücklichen Refugium esoterischer Riten und Mythen verharrt, sein innerstes menschliches und künstlerisches Wesen gefunden hat. In diesen Jahren trat die Aquarelltechnik, mit der er unvergeßliche Blätter geschaffen hatte, in den Hintergrund, und er beschäftigte sich neuerlich mit der Ölmalerei, wie wenn er ein Bild verfestigen wollte, das voller Geschehen und

...auber ist, so wuchsen seine Kompositionen aus einem Gewirr dichter, gedrängter Materie, um eine Realität mythologischen Prunks und archaischer Riten einzufangen, wobei es — wie Edoardo Malagoli vor kurzem schrieb — »die strukturelle Einheit des Sichtbaren ist, die den Maler, über die Emotionen hinaus, zu der Begegnung mit einer landschaftlichen und menschlichen Realität führt, die so gewaltig und voller Pathos ist«.

Und wirklich ist es bei Coppa die Form, die jeweils dem Bild seinen Sinn gibt, sich aber nicht in dieser Funktion erschöpft, sondern darüber hinaus ein ganz wichtiger expressiver Faktor wird, der unleugbare Ausdruck einer Realität, die sich von der Erfindungskraft des Künstlers emanzipiert, vielleicht sogar sublimiert hat und die ganz banalen Konstanten der objektiven Gegebenheit ins rechte Maß an den Rand rückt.

Ebenso ist Luigi Coppa in den zwar seltenen und fallweisen Porträtproben bestrebt, die strenge Autonomie der formalen Substanz nicht zugunsten der physiognomischen Verlockungen des Modells anzutasten oder auch nur die Frage zu stellen: indem er eben — wie Baudelaire es ausdrückte — »das, was natürlicherweise hervorsticht, was betont und wesentlich ist, ins Licht rückt, und all das, was nebensächlich ist oder eine zufällige Beeinträchtigung darstellt, wegläßt oder im Ganzen verschmilzt«. So ist zum Beispiel das Porträt der »Maria Grazia« aus dem Jahr 1970 (gewiß ein kleines Meisterwerk, das von der Idee her an die »Annunziata« von Antonella da Messina in Palermo erinnert), in dem nach den Gesetzen der Geometrie beliebig in verschiedenste Dreiecke in Kreise, Ovale und Rechtecke eingeschrieben sind, ein Zeugnis für das Fehlen jeglichen naturalistischen Anstrichs. Dieser Anspruch ist ganz deutlich auch in der Ausführung eines Werkes wie »Kind mit Pfeife« (ebenfalls aus dem Jahr 1970) zu erkennen, das von der Porträtkunst weit entfernt ist, auch wenn eine Figur im Zentrum des kompositorischen Aufbaus steht.

Die Geometrie mit ihren Unveränderlichkeiten ist übrigens das erste Fundament im Werk Coppas. Es soll daher nicht pleonastisch erscheinen, noch einmal an das »San-Gaetano-Kirche in Forio« betitelte Blatt zu erinnern, nicht nur gerade wegen der geometrischen Dimension des Bildes, sondern auch wegen der großartigen technischen Meisterschaft, mit der das Aquarell ausgeführt ist: in dieser Technik zeichnet sich der Künstler aus Forio zweifelsohne aus und erlangt beispielhafte Größe, die ihn in die Nähe eines Turner rücken läßt, jenes unübertroffenen Aquarellisten[...]

Das Aquarell ist aber deshalb nicht der höchste Trumpf Coppas, allenfalls steht es für die ihm ureigenste Ausdrucksweise: für sein dringliches Bedürfnis, ein Bild aus der Feuchtigkeit der Farbpigmente entstehen zu lassen, für seine besondere Vorliebe, die formale Ordnung der kompositorischen Idee in dem leuchtenden Zug eines Pinselstrichs zu suchen, der kein Bedenken und kein Zögern kennt.

Neben und aus dieser Beschäftigung mit Technik und Form entsteht (ich beziehe mich daher auf die Arbeiten dieser letzten fünf Jahre) eine Ikonographie des Alltags: spielende Figuren, immer als Paare dargestellt, wobei einer das Spielzeug des anderen ist, bis sie sich in Liebende verwandeln, die sich den Riten der Liebe mit wahrhaft kindlicher Keuschheit hingeben. »Wuchtige Gestalten von metabolischer Sinnlichkeit« (de Libero) sind sie gewiß auch wegen des andauernden Wandels und der Erneuerung der formalen Attribute; wegen dieser Verausgabung der Farbe, die langsam verblaßt und deren letztes Licht samtenen Widerschein gibt.

Rom 1976   Carlo Giacomozzi
(Aus dem Italienischen von Maria Fehringer)

Luigi Coppa e i velluti riverberi

[...] Se il lungo soggiorno africano ha di sicuro arricchito e rinsaldato il linguaggio dell'artista ancora desquamandolo d'ogni possibile vizio formale è pur vero — s'è appena detto — che esso s'è sempre confortato sui dati di un problema espressivo conquistato agli inizi: si può se mai affermare che in quei luoghi d'una natura primitiva ed ancestrale, rifugiata nella felicità di riti e miti esoterici, egli abbia ritrovato la sua più interiore essenza umana ed artistica. In quegli anni, accantonata la tecnica dell'acquerello attraverso cui aveva riempito indimenticati fogli, Coppa prese nuovamente ad impegnarsi con la pittura ad olio come a voler solidificare un'immaginazione gremita d'eventi e di sortilegi: così le composizioni si raccoglievano entro coaguli di materia, serrata e compressa, a figurare una realtà di fasti mitologici e culti arcaici in cui — ha scritto di recente Edoardo Malagoli — »è l'unità strutturale del visibile che impegna il pittore al di là delle emozioni per un incontro con una realtà paesistica e umana così violenta e carica di pathos«.

Per Coppa, infatti, è la forma che ogni volta assicura all'immagine la sua ragione e su questa essa mirabilmente eccelle divenendo supremo fattore espressivo, nozione irriducibile di una realtà emancipata (sublimata, fors'anche) dal potere inventivo dell'artista che emargina nella giusta misura le costanti didascaliche del dato oggettivo.

Egualmente nei pur brevi e saltuari propositi ritrattistici Luigi Coppa si preoccupa di non alterare o comunque sommettere l'autonomia rigorosa della sostanza formale a favore delle lusinghe fisionomiche del modello: insomma, — secondo un'osservazione di Baudelaire — »nel mettere in luce quanto è naturalmente saliente, accentuato e principale, e nel tralasciare o fondere nell'insieme tutto quello che è insignificante, o che risulta da una degradazione accidentale«. Così ad esempio il ritratto di »Maria Grazia« del '70 (certamente un piccolo capolavoro che idealmente richiama l'antonelliana »Annunziata« di Palermo), formulato sulle istanze della geometria per lo svolgersi indifferenziato di triangoli variamente inscritti in tondi e in ovali e in rettangoli, sta a denunciare l'assenza di qualsiasi accento di ordine naturalistico: termini, in definitiva, riconoscibili anche nella conduzione di un'opera come »Bambino col piffero« (sempre del '70) del tutto estranea alla ristrattistica, anche se l'orchestrazione compositiva impegna la figura.

La geometria, con le sue invarianze, è del resto il fondamento primo dell'opera di Coppa. Non sembri pertanto pleonastico ricordare ancora una volta il foglio intitolato alla »Chiesa di San Gaetano a Forio« non solo per la dimensione appunto geometrica dell'immagine ma anche per la tecnica con cui è concluso l'acquerello: tecnica nella quale l'artista foriano senz'altro si distingue ed emerge con la grandezza esemplare diciamo di un Turner, acquerellista insuperato[...]

L'acquerello non rappresenta peraltro l'atout assoluto di Coppa se mai indica il modo suo più alto di espressione: è dunque la vocazione eminente di fermentare l'immagine attraverso l'umidore dei pigmenti colorati, la disposizione eletta di ricercare l'assetto formale dell'idea compositiva sul luminoso prorompere di una pennellata che non concede ripensamenti né remore. Tuttavia ai valori della tecnica come a quelli della forma fa da controcanto (mi riferisco all'impegno di questi ultimi cinque anni) una iconografia quotidiana: sempre in coppie, sono figure che giocano l'uno essendo il giocattolo dell'altro fino a conformarsi in amanti che attendono ai riti dell'amore davvero con infantile pudicizia. »Creature pesanti d'una carnalità metabolica« (De Libero)...

buti formali; per quell'estenuamento del colore che impallidisce lentamente e l'ultimo suo lume fa splendere vellutati riverberi.

Roma 1976   Carlo Giacomozzi

Kapuzenmänner aus der Wüste

[...] Die Kapuzenträger erinnern an mittelalterliche Wanderer und europäische Klösterbrüder moderner Zeit und sind auch, in ihrer Gesprächshaltung, Symbol einer menschlichen und kulturellen Kommunikation über verschiedene Epochen und Ufer hinweg. Die mit wissender und feiner Hand, die auf die deutschen Meister des 16. Jahrhunderts verweist, gezeichneten Kapuzenmänner wandeln sich und erstarren zu grotesken und geheimnisvollen freien Formen, die uns unbekannt bleibende, intensive Gespräche andeuten, fast als ob sie Eigenleben besäßen.

In den geheimnisvollen und nur angedeuteten Frauendarstellungen wird die Sprache der Blicke deutlich, Zeichnung und Schattierung werden noch verfeinert, wie wenn eine spezifische menschliche Bereicherung erfolgt wäre, die stark und lebendig ist und noch nicht ganz zu entdecken[...]

Rom 1980   Graziella Pagliano
(Aus dem Italienischen von Maria Fehringer)

Gli incappucciati del deserto

[...] Gli incappucciati evocano viaggiatori medievali e frati europei dell'età moderna e sono così anche, nel loro atteggiamento di dialogo, simbolo di una comunicazione umana e culturale al di là di epoche e sponde diverse. Resi con segno sapiente e sottile, dove è l'allusione a maestri tedeschi del cinquecento, questi cappucci si arricciano e si induriscono in libere forme grottesche e sapide a indicare colloqui ignoti e intensi, quasi venissero dotati di vita propria.

Nelle misteriose e appena accennate sagome femminili filtra acuto il linguaggio degli sguardi, più preziosi diventano il disegno e le ombre, come per un apporto umano specifico, denso e vibrante, ancora tutto da scoprire[...]

Roma 1980   Graziella Pagliano

Wenn dein Land dir unter den Füßen brennt

[...] Und wirklich, die Landschaften Coppas sind Himmelserscheinungen von Städten, deren Anblick zu mythischer Interpretation verführt, wie wenn diese von Palmen gekrönte Architektur etwas versinnbildlichte, das nicht aus der Leere auf eine Ebene des Sehens, sondern aus einem Zustand des Lärms in den der Stille führen soll; symbolische Zeichen also. Die Durchsichtigkeit verdinglicht sich in jedem Bild (eine Durchsichtigkeit, die nur im Aquarell möglich ist), Landschaften dargestellt unter der Last ihrer eigenen Schwere gesteigert und geheimnisvoll gebunden an die Motive der Kälte, der Schatten, des Schweigens und tiefer Versunkenheit. Die dunklen, unter ihren Mänteln zusammengekauerten Figuren, welche sich in geisterhafter Stille bewegen, drücken nicht ein Gefühl der Einsamkeit aus, sondern einen Zustand der Sammlung. Hier ist alles abgegrenzt, genau klar, beinahe frei von Atmosphäre, und diese entzauberte Klarheit, die sich auf die Dinge senkt, wird von den Dingen aufgenommen wie die gebündelten Lichtstrahlen von einer Linse. Nun versteht man, warum sich Coppa über viele Jahre hinweg einer Landschaft entzog, die sich in ständigem Umbruch befindet: weil die Orte, die er sich erträumt, weder der Zeit noch der Geschichte angehören. Hier ist alles in Abwesenheit versunken, sogar der Markt mit seinen bunten Waren ist von einer verhaltenen Innerlichkeit, die zur Versenkung einlädt und in völliger Ruhe gipfelt. Man versteht auch, warum wir jenes schmerzliche Gefühl erfahren mußten, um in dieses der Vergangenheit zugehörige Universum einzutreten, ein Gefühl bewirkt durch den Übergang aus der gewohnten Hektik, die unsere Zeit zersplittert, in die Ruhe der Konzentration; vom Formlosen zur Beständigkeit der Form. Von diesem Gesichtspunkt aus ist die symbolische Figur des schlafenden Arabers bedeutungsvoll, eine große dunkle Masse in sich selbst zusammengekauert, durchdringt und besetzt sie gleichwohl den ganzen Raum, der sich um sie zusammenzieht wie ein Kreis des Friedens. Es gibt kein Jenseits für diese Figur, weder für sie noch für alle Dinge, die ihr vertraut sind, aber in sich selbst, ein jedes an seinem Platz, erfüllen sie völlig die an sie gestellte Erwartung, bieten dem Leben einen sicheren Ort der Ruhe. In ihnen vergißt man Entfernungen, weil die zunehmende Beschränkung des Bildes dazu treibt, sich mehr in sich selbst zurückzuziehen, sich abzugrenzen in einer Haltung des Nichthörens gegenüber dem Chaos der Welt. Dieser Zustand muß Coppa wohl als einzige Möglichkeit der Rettung vorgeschwebt haben, als er dahin aufbrach, auf eine Reise hinter die Zeit, um diese Ruhe und diesen Frieden einzuatmen.

Neapel 1981   Maria Roccassalva
(Aus dem Italienischen von Maria Fehringer)

Quando la terra ti brucia sotto i piedi

[...] I paesaggi di Coppa, infatti, sono la straordinaria apparizione di città a partire dal cielo, apparizioni il cui aspetto si presta ad un'interpretazione mitica, come se quelle architetture coronate da palmeti segnassero il passaggio non di un vuoto ad un piano visuale, ma da uno stato di rumore ad uno stato di silenzio; quindi figure simboliche. La trasparenza si concretizza in ogni paesaggio raffigurato (e una tale trasparenza poteva rivelarla solo l'acquerello) sotto il travaglio della propria pesantezza accumulata e fantasticamente legata ai motivi del freddo, delle ombre, del silenzio, dell'assorto raccoglimento. E le buie figure raccolte nei loro mantelli, che si muovono col silenzio dei fantasmi, esprimono pienamente questo senso di concentrazione, non di solitudine.

Quì tutto è netto, preciso, limpido, quasi privo di atmosfera, e questa limpidità decantata, che discende sulle cose, si accumula sulle cose come le luci condensate in una superficie che le contiene.

Si capisce, allora, perchè Coppa abbia rifiutato per tanti anni un paesaggio in continua evoluzione: perchè i luoghi che egli sogna non appartengono né al tempo né alla storia. Qui tutto è immerso nell'assenza, perfino il mercato con la sua variopinta mercanzia è una intimità trattenuta che invita all'abbandono e si magnifica nella quiete. Si capisce anche perchè, per entrare in questo universo che appartiene al passato abbiamo dovuto provare quella sensazione dolorosa dovuta al passaggio da una frenesia abitudinaria, quale è quella che scandisce il nostro tempo, alla calma concentrazione; dall'informe alla solidità della forma. Significativa, sotto questo aspetto, è la simbologia dell'arabo addormentato: una grande massa scura raggomitolata su se stessa e che tuttavia invade ed occupa lo spazio che gli si restringe intorno come un cerchio di pace. Non c'è aldilà per questa figura, né per tutte le cose che gli sono familiari, ma in se stesse, ciascuna al suo posto, rispondono pienamente all'attesa, offrono finalmente

alla vita un sicuro riposo. In esse le lontananze si dimenticano, perchè il progressivo restringimento del quadro spinge a rannicchiarsi di più in se stessi, ad isolarsi in una sordità nei confronti del mondo caotico; stato questo, che Coppa deve avere considerato come l'unica condizione di salvezza, se è andato fin laggiù, in un viaggio a ritroso nel tempo, per respirare questa quiete e questa pace.

Napoli 1981   Maria Roccasalva

Menschengruppen

[...] Luigi Coppa, der einmal gesagt hat, daß ihn Nordafrika deshalb so fasziniere, weil das Leben dort noch so ursprünglich sei, beschränkt sich dennoch keineswegs auf nostalgische Verklärung oder romantische Schönfärberei.
Vielmehr gelingt es ihm, das Typische einer Landschaft und vor allem ihrer Menschen zu rhythmisch organisierten Kompositionen zu verdichten, die von dem Kolorit der Gewänder, von Licht und Schatten, besonders aber von der ruhig gelassenen Haltung von Menschengruppen geprägt sind. Das soziale Miteinander scheint ihm wichtiger zu sein als das Individuelle des Einzelnen. Dieser ist Teil einer Gruppe, die als Gemeinschaft verstanden wird. Die Gruppe ist Coppas Motiv. Sie füllt das Blatt als menschlich dynamische Skulptur. Der Mensch prägt das Ambiente; er ist von seiner Landschaft und ihrem Licht bestimmt.[...]

München 1984   Wolfgang Lengsfeld

Gruppi d'uomini

[...] Luigi Coppa, il quale una volta ha dichiarato che ciò che lo affascinava del Nordafrica era la vita in quei luoghi ancora così vicina alle origini, non si limita affatto ad una nostalgica trasfigurazione o ad un romantico cromatismo.
Anzi, riesce a condensare la tipicità di un paesaggio e soprattutto la sua umanità in composizioni ritmicamente scandite, che sono caratterizzate dal colore delle vesti, dalla luce e dalle ombre e in particolare dall'atteggiamento assorto e pacato dei suoi gruppi d'uomini. La dimensione sociale sembra a Coppa più importante dell'essere una singolarità individuale. Singolarità che è parte di un gruppo inteso come una comunità. Il gruppo è il motivo ispiratore in Coppa fino a riempire l'intero foglio come una scultura umanamente dinamica. L'umano qualifica l'ambiente e, a sua volta, dal paesaggio e dalla sua luce viene qualificato[...]

Monaco 1984   Wolfgang Lengsfeld
                                      (Traduzione di Maria Fehringer
                                       e Riccardo Caldura)

Menschliche Themen

[...] In den, verglichen mit dem Strand von Citara, so unendlich viel größeren Sandwüsten Afrikas begegnet er endlich den »blauen Menschen«, und der Kreis schließt sich. Das verlorene Paradies und der monolithische Sinn des unwandelbaren Lebens sind wiedergefunden. Damit wird das Wissen um den »in einem Zuge aufgetragenen Pinselstrich«, von dem Shitao spricht, zur Realität.
In seiner forianischen Zurückgezogenheit vollzieht Coppa heute nach, was der Mönch Zuccamara vor Jahrhunderten in seinen Malvorschriften niederlegte. Eine nervenaufreibende Auseinandersetzung mit Pinselstrich, Linie, Zeichen und Farbe.
Die Ergebnisse sind jene prachtvollen Motive aus einer Welt ohne Rhetorik und Sinnestäuschungen. Körper, erstarrt in steinerner Umbeweglichkeit; Gebärden, die vergessen und für den heutigen Blick verloren sind; Geschichten und Erzählungen, aus denen alle Folklore verbannt ist, in denen jedoch die Armut und das Verhältnis den Ausdruck von ernstem und zeitlosem Adel annehmen.
All dies ist in ein Licht getaucht, das Coppa dank einer der in vielen Jahren erarbeiteten Technik wiederzugeben weiß. Dieses kaum wahrnehmbare und undefinierbare Licht, das dem Maghreb eigen ist und den großen Weiten, in denen die Nächte in ein Bad von Kobaltblau getaucht zu sein scheinen und die Tage vibrieren in jenem blendenden Staub, der die Fata Morgana hervorruft. Das Transparente wird dunkel, die Ebenen überlagern sich, die Entfernungen verkürzen sich im Spiel der Schatten. Was bleibt, sind die mächtigen Massen. Zusammengekauerte Frauen, hockende Männer, Häuser und Dinge, wie für die Ewigkeit erstarrt, Gesten, die unvollendet sind wie in Erwartung des Göttlichen oder im Schrecken der Apokalypse. Was sich im Hintergrund abspielt, hat seinen Ursprung in uralten, alltäglichen und ewigen Notwendigkeiten. Notwendigkeiten der menschlichen Existenz.

Forio d'Ischia / Paris 1986   Enrico Giuffredi
                    (Aus dem Italienischen von Dagmar von Erffa)

Cose umane

[...] Nelle sabbie lunghe un milione di volte la spiaggia di Citara, incontrava gli »uomini blu« e il ciclo si concludeva. Il paradiso perduto era ritrovato e il senso basaltico della vita immutabile, ricostruito. Con essi la coscienza dell' »Unico Tratto di Pennello« di cui ci parla Shitao diventava realtà.
Oggi Coppa, isolato nella sua solitudine foriana, ricalca i secolari »Precetti sulla pittura del monaco Zuccamara« in duello snervante col tratto, la linea, il segno e il colore.
I risultati sono questi superbi motivi di un mondo privo di retorica e di allucinazioni. Corpi bloccati in un'immobilità granitica, gesti dimenticati e perduti agli sguardi d'oggi, storie e racconti da cui il folklore è bandito ma in cui indigenza e fatalità assumono toni di nobiltà severa e intemporale.
Tutto questo in una luce che Coppa ha saputo ritrovare attraverso una tecnica a cui lavora da anni. Quella luce evanescente e indefinibile che è propria del Maghreb e dei grandi spazi dove le notti sembrano immerse in un bagno di cobalto blu e viola e i giorni vibrano in un pulviscolo allucinante che rende possibile i miraggi. Le trasparenze diventano cupe, i piani si sovrappongono, le distanze si appiattiscono nei giochi d'ombra.
Restano, possenti, le masse. Donne rannicchiate, uomini accosciati, case e cose bloccate per l'eternità, gesti sospesi come in attesa del Divino o nel terrore dell'Apocalisse.
Attorno le attività hanno motivazioni antiche, urgenze quotidiane et eterne. Umane.

Forio d'Ischia / Paris 1986   Enrico Giuffredi

Die Farbe ist wichtig

[...] Seine Leidenschaft für die Farbe gilt vor allem den reinen Tönen: Rot, Blau, Orange, Violett, Sepia, Ocker oder Gelb, so erscheint das Antlitz der Wüste zu den verschiedenen Stunden des Tages und der Nacht; die Drapierung des Gewandes, das schwer auf dem ruhenden Körper liegt, die tausend Falten, die eine solide und wohl konstruierte anatomische Struktur bilden, das sind die Dünen der Wüste: Wellen, ein Meer mit dem mächtigen Atem des Unendlichen und Außerzeitlichen. Ein majestätisch stolzer »Tuareg« entsteht auf einer Fläche von 1,50 x 1,10 auf einer Tonleiter von Blautönen, die vom Himmel reflektiert und vom Weiß seines Taguelmoust gedämpft werden, mit tausend eingegrabenen Furchen um das Dreieck seiner Augen.

Im Hintergrund das ebenfalls weiß-blaue Schottgebirge mit den Salzablagerungen von der Regenzeit, die nun von der Sonne aufgetrocknet werden, die jetzt einen leuchtenden Rahmen abgibt und die gesamte Architektur in Farbe auflöst.

Noch eine »Afrikanische Frau« unter dem Schirm schwarzer Zöpfchen, die lang über die Schultern fallen und in Kontrast zu dem Weiß ihres Akerbays stehen, des Gewandes, das die sitzende Gestalt umspielt und eine sinnliche und geheimnisvolle Nacktheit ahnen läßt, die maliziös in der unverdeckten Gesichtshälfte angedeutet ist, die unter dem Vorhang der Haare erscheint: ein Halbmond mit seinen Narben und Kratern.

Das Weiß des Rahmens kehrt wieder, der wahre Ursprung des Vollmonds, und beseitigt jede mögliche Leere.

Diese so kühn verkürzten Figuren stehen auf riesigen Füßen, ihr Wesen ruht in der Zeichnung, ihr Körper in dem ganz bestimmten, den ganzen Raum ausfüllenden Farbfleck, der durch wenige Linien angezeigt wird. Wichtig und entscheidend an den ausladenden Kompositionen ist die Arbeit an der Perspektive.

Coppa treibt die »Antinomie« auf die Spitze, um die Grundidee zu unterstreichen.

Die Farbe erlangt Konsistenz durch großzügige Pinselstriche, die sich frei von jedem Punkt aus auf großen Flächen bewegen, in einer Art Rausch, einer Lust zu zeichnen, die Umrisse mit scharfen Strichen markierend.

Die Farbe behält ihre ganze Vorherrschaft und ihren Glanz, in diesen Megaformen, die sich gegenseitig aufheben und ausgleichen und Raum und Volumen nur durch das Spiel der Kontraste wiedergeben.

Linien, Volumen und Farben in einer harmonischen und funktionalen Eurythmie[...]

Forio 1987   Pietro Paolo Zivelli
(Aus dem Italienischen von Maria Fehringer)

L'importante è il colore

[...] La sua passione per il colore, si disegna sopprattutto per gradi puri: i rossi, i blues, gli arancioni, i viola, i seppia, gli ocra, i gialli sono in definitiva i volti del deserto nelle diverse ore del giorno e della notte; il drappeggio del panno pesantemente abbandonato sul corpo in riposo, le mille pieghe, a modellare una solida e ben costruita struttura anatomica, sono le dune del deserto: onde, mare che respira con la potenza dell'immenso e dell'atemporale. Un »Tuareg«, si sviluppa su una superficie di 1,50 x 1,10, statuario e sereno nella sua fierezza, soffiato in una gamma di blues, riflessi dal cielo e bilanciati dal bianco del suo taguelmoust, con le mille crepe frantumate sul triangolo degli occhi.

Sul fondo-chott, ancora bianco-azzurro, con accumuli di sale, dopo la stagione delle piogge asciugate dal sole, a suggerire una cornice luminosa ed a risolvere, coloristicamente, l'intera architettura.

Ancora »Donna araba« sotto un ombrello di treccine nere, lunghe a coprire le spalle ed a contrastare il bianco dell'Akerbay, panno che, accarezzando la figura in posizione seduta, suggerisce una nudità sensuale ed enigmatica, maliziosamente ammiccata dalla metà leggibile del volto che si staglia sulla cortina dei capelli: una mezza luna con i suoi butteri ed i suoi crateri.

Ritorna il bianco della cornice, vera sorgente di piena luce, ad eliminare ogni possibilità di »iato«.

Queste figure, audacemente scorciate, principiano da enormi piedi, chiudono lo spazio raggomitolate in una macchia di colore deciso, informato da poche linee, essenzializzate nel disegno ed è forte il lavoro nella dimensione prospettica, monumentale nella composizione a tutto pieno.

Coppa forza l'»antinomia« per dar maggior risalto all'ordito.

Il colore prende consistenza in grandi pennellate che si muovono libere da ogni traccia su larghe superfici, con una sorta di frenesia, di desiderio di dipingere, rimarcando frequentemente i contorni con tratti spiccati.

Il colore conserva tutta la sua prevalenza ed il suo splendore, in queste gigantoforme che si compensano e si equilibrano vicendevolmente e suggeriscono lo spazio, i volumi con il solo gioco dei contrasti.

Linee, volumi, colori in un'armonica euritmia funzionale.

Forio 1987   Pietro Paolo Zivelli

Einzelausstellungen   Mostre personali

1957 Galerie Staab. Hofheim am Taunus, Juli: Frankfurter Kunstkabinett (Hanna Bekker vom Rath) in der Stuttgarter Hausbücherei. Frankfurt am Main, 23. Juli—6. August: Presentazione di Hanna Bekker vom Rath.
Galleria Scirocco. Forio (Isola d'Ischia), 1—15 settembre.
Moderno Galerisindi. Istanbul, 28 novembre—8 dicembre, a cura del Centro di Studi Italiani in Turchia.
1959 Galerie Lambert. Paris, 3—21 novembre.
1960 Galerie Läubli. Zürich, 23. Februar—12. März: Presentazione di Edwin Maria Landau.
1965 Galerie Bremer. Berlin, »Afrikanischer Mythos«, 4.—30. Mai: Presentazione di Eduard Bargheer.
1969 Kunstkabinett Baedeker. Essen, 25. Januar—1. März: Presentazione di Marianne Duvoisin.
Galerie im Osram-Haus. München, April—Mai.
Libreria Mattera. Forio (Isola d'Ischia), 16 giugno—20 agosto.
1970 Galerie Seifert-Binder. München, 17. September—17. Oktober.
1971 Galleria Il Fauno. Torino, 15 gennaio—3 febbraio: Presentazione di Janus.
Libreria Mattera. Forio (Isola d'Ischia), agosto—settembre.
1972 Libreria Mattera. Forio (Isola d'Ischia), 1—30 settembre.
Galerie Seifert-Binder. München.
1974 Galerie Seifert-Binder. München, 2. Oktober—1. November.
1975 Toninelli Arte Moderna. Roma, aprile: Presentazione di Libero De Libero.
Centro Culturale »Angelo Rizzoli«. Lacco Ameno, 4—30 maggio. Mostra Antologica curata e presentata da Paolo Ricci.
1976 Galleria Mediterranea. Napoli, 13—24 aprile: Presentazioni di Paolo Ricci e Renato Guttuso.
1979 Galleria »Lo Zahir« Centro d'Arte. Napoli, 10—20 febbraio: Presentazione di Edoardo Malagoli, scheda critica di Graziella Pagliano..
Galerie Kontraste. Worpswede, 17. Februar—16. März.
Libreria Mattera. Forio (Isola d'Ischia), 12 dicembre—20 gennaio: Presentazione di Edoardo Malagoli.
1980 Libreria Mattera. Forio (Isola d'Ischia), settembre—ottobre: Presentazioni di Graziella Pagliano e Giuseppe Russo.
1981 Galleria Toledo. Napoli, 5—19 dicembre: Presentazione di Ercole Camurani.
Galerie »Im Achtersteven«. Kampen/Sylt, 6.—20. Juni.
1982 Galerie »Im Achtersteven«. »Luigi Coppa — Afrika«. Kampen/Sylt, 31. Juli—14. August.
1983 Städtische Galerie »Haus Coburg«. »Gemälde und Tuschzeichnungen aus Nordafrika«. Delmenhorst, 22. April—20. Mai: Presentazioni di Jaques Bergassoli, Renato Guttuso e Marion Gräfin Dönhoff.
1984 Vieille Charité (Salle Allende). »Images du Maghreb«. Marseille, mai: Introduzione di Simone Bourlard-Collin, Presentazione di Jaques Bergassoli.
Galerie Seifert-Binder. München, 20. November—22. Dezember.
1985 Manifestazioni del Castello Aragonese. »Luigi Coppa - Maghreb 1976—1985«. Ischia, 6—31 luglio.
1986 Der Kunstkreis »Rolf Flemes Haus«. »Impressionen aus dem Maghreb« Hameln. 22. November—21. Dezember. Introduzione di Charlotte Flemes, Presentazione di Enrico Giuffredi e di Marion Gräfin Dönhoff.
1987 Museo del Torrione, Forio (Isola d'Ischia), 22 settembre—10 ottobre: Presentazione di Pietro Paolo Zivelli.
1989 Centres Culturels Français en Algerie »Luigi Coppa — Algerie 1981—1988«. Annaba, Constantine, Oran, Tlemcen. Alger, mars—juin 1989: Introduzione di Pierre Berthier, Presentazione di Edoardo Malagoli.

Ausstellungsbeteiligungen   Mostre collettive

1950 Palazzo Comunale. Forio (Isola d'Ischia), »Prima Estate Foriana«, 13 agosto—10 settembre.
1953 Palazzo delle Esposizioni. Roma, »L'Arte nella Vita del Mezzogiorno d'Italia«, I febbraio—31 maggio.
»V° Premio Golfo della Spezia«. La Spezia, 19 luglio—18 settembre.
1954 Circolo Artistico di Napoli. »Mostra degli Allievi dell'Istituto d'Arte«, aprile—maggio.
Palazzo Reale di Napoli. »L'Arte nella Vita del Mezzogiorno d'Italia«.
Antiche Terme Comunali d'Ischia. Mostra »Il Porto d'Ischia«, settembre.
Palazzo Comunale. Forio (Isola d'Ischia), »Terza Estate Foriana«, settembre.
1955 Palazzo delle Esposizioni. Roma, Mostra Internazionale di Arte Contemporanea »Gli Artisti per l'Infanzia« 15—31 gennaio.
Palazzo Comunale. Forio (Isola d'Ischia), »Quarta Estate Foriana« luglio—settembre.
Palazzo Reale di Napoli. »Mostra degli Artisti del Mezzogiorno«, dal 19 dicembre — Catania, Teatro Massimo — Roma, Palazzo delle Esposizioni.
»VII° Premio Golfo della Spezia«. La Spezia, luglio—settembre.
VII Quadriennale di Roma. Novembre 1955—aprile 1956.
1956 »VIII° Premio Nazionale di Pittura Golfo della Spezia«. La Spezia, 8 luglio—9 settembre.
Palazzo del Turismo. Repubblica di S. Marino, »I° Premio d'Arte del Titanio«, agosto—settembre.
1957 Kunstausstellung im Universa-Haus. Nürnberg, »A. A. Mascolo, M. Mazzella, L. Coppa«, 14 April—19 Mai.
Internationale Ausstellung für Malerei — Frankfurt/Höchst.
Positano Art Workshop. Positano, »Mostra Annuale d'Arte« V Edizione, giugno.
Galleria »La Fontana«. Ischia, »Il Natale nell'Arte Ischitana«, dicembre 1957 — gennaio 1958.
The Uganda Arts Club »Town Hall«. Kampala (Uganda), »Annual Exhibition of Paintings«. February 1958.
Galerie Roland & Delbanco — London.
Premio Isola d'Ischia — Ischia.
1959 Premio Isola d'Ischia. Forio, Padiglione di Punta del Soccorso, agosto.
1961 Libreria Einaudi — Roma.
1963 Premio Nazionale di Pittura — Isola d'Ischia.
1966 Galerie The Contemporaries — New York.
1967 Mostra »Colpo di Luna« — Forio, agosto.

1970 Libreria Mattera. Forio (Isola d'Ischia), »Bolivar, Coppa, Mascolo, Mattera, Petroni«, 25 dicembre—15 gennaio.
Galerie Seifert-Binder. München, »Weihnachts-Ausstellung 1970«, 14. Dezember.
Galerie 66 H. G. Krupp. Hofheim am Taunus, »Miniaturen °70 International, 20. September—24. Dezember: Presentazione di D. Hoffmann.
1971 »Miniaturen °70 International«. München »Stuckvilla«, 15. Januar—6. April; Gütersloh »Kunstverein«, 23. April bis 12. Mai; Kassel »Kunstverein«, 24. Oktober—5. Dezember.
Mostra »Giardini Poseidon«. Forio, agosto 1971.
Libreria Mattera, Ed. EDART, Galleria »Il Dialogo«. Forio, »Bargheer, Coppa, D'Auria, De Angelis, Guttuso, Marques, Mascolo, Petroni, Pinna, Russo, von Gamp«, dal 18 settembre.
1972 »Miniaturen °70 International«. Paderborn »Kreishaus«, 11. Dezember—15. März; Offenbach/M. »Theater«, 20. September—12. November.
Galerie Seifert-Binder. München, vom 4. November.
1973 Galerie Seifert-Binder, München, vom 15. November.
Galleria d'Arte »G. de Angelis«. Ischia, »Coppa, Fed. De Angelis, Fran. De Angelis, G. De Angelis, L. De Angelis, Mascolo, Mattera, Mazzella, Petroni«, 20 dicembre—6 gennaio.
Museo del Torrione. Forio (Isola d'Ischia), »Pittori operanti ad Ischia«, 1—30 dicembre.
1974 Padiglione Pompeiano, Villa Comunale. Napoli, »Mostra di Grafica e di Pittura«, 16—22 aprile.
II° Rassegna d'Arte Figurativa alle »Rampe Tellini«. Pozzuoli, 25 luglio—10 agosto: Presentazione di Antonio D'Ambrosio.
Salone del Kursal. Sorrento, »Mostra degli Incontri«, settembre.
Mostra »Il delitto Matteotti«. Casamicciola Terme, 27—29 settembre.
Galleria G. De Angelis. Ischia, 20 dicembre—6 gennaio.
1975 Mosta Regionale di Pittura ENDAS. Avellino, 6—16 agosto: a cura di Paolo Ricci.
Giornate della Cultura Italiana. Bakù (URSS), 20—27 ottobre.
Rassegna di Pittori Contemporanei, Napoli.
1976 II° Rassegna d'Arte dell'Isola d'Ischia. Ischia Ponte, 18—26 settembre: a cura di M. Jelasi.
1977 Galerie Seifert-Binder. München, »Aquarelle-Ausstellung: Aigner, Bargheer, Coppa, Fichert, Pfeiffer-

Watenphul, Röttger, Salzmann, Sohl«, 27. Januar—11. März.

Annali Ischitani. Ischia, »Coppa, De Angelis, Mascolo, Mattera«, agosto—settembre: Presentazione di Edoardo Malagoli, scheda critica di Graziella Pagliano.

1978 Mostra d'Arte C.R.I. Ischia, 20 dicembre—7 gennaio.

1979 Circolo Nautico. Forio, »Mostra dei Pittori Isclani«, 6—8 aprile: Presentazione di Edoardo Malagoli.

1980 Sala Principe di Napoli. Napoli, »Mostra Mercato«, 12 aprile.

Galleria del Teatro Curci. Barletta, »Omagio a Paolo Ricci«, 24 febbraio—2 marzo: Scheda critica a cura di Paolo Ricci.

Circolo Culturale di Via Torrione. Forio (Isola d'Ischia), 1—15 agosto.

Galleria G. De Angelis. Ischia, »Mostra di Pittura, Scultura e Disegni degli Artisti Ischitani«, 6—19 dicembre.

1982 Galerie »Im Achtersteven«. Kampen/Sylt, 31. September bis 14. Oktober.

Galleria Toledo. Napoli, »Pittori Napoletani«, gennaio.

1985 Palazzo Comunale. Forio (Isola d'Ischia), »36 Artisti per l'Unità«, 6—20 agosto.

Mostra degli Artisti Isolani. Casamicciola Terme, 22—30 novembre.

1986 Manifestazioni del Castello Aragonese. Ischia, settembre.

Colpo di luna II. Forio (Isola d'Ischia), settembre.

Galerie Seifert-Binder. München, Dezember.

1988 Manifestazioni del Castello Aragonese. Ischia, »24 Artisti d'Ischia«, marzo-maggio.

Galleria Jelasi. Ischia Ponte, »Artisti del Bar Internazionale«, maggio-giugno.

1988-89 Architrav Galerie. Stuttgart, »Maler von der Insel Ischia«, 26 November—15 Januar.

Bibliographie — Bibliografia

Kataloge, Artikel, Rezensionen. — Cataloghi, articoli, recensioni.

M. ALBERGHINI: Artisti a Ischia, »Eco d'Arte Moderna«, Firenze, novembre—dicembre 1978.
ASTERIX: Coppa in Germania, »Il Giornale d'Ischia Nuovo«, Ischia, maggio 1983
L. ATTINELLI: Pittori italiani a Parigi, »La Fiera Letteraria«, Roma, aprile 1960.
L. BAER: Italienische Maler und Graphiker, »Nürnberger Nachrichten«, Nürnberg, 13. April 1957.
L. BALDINO: Annali Ischitani, »Ischia Oggi«, Ischia, 21 settembre 1977.
C. BARBIERI: Pittori napoletani al Golfo de La Spezia, «Il Mattino«, Napoli, 3 agosto 1956.
G. BARBIERI: Gino Coppa, «Il Corriere d'Ischia«, Ischia, dicembre 1981.
G. BARBIERI: Luigi Coppa, »La Rassegna d'Ischia«, Ischia, agosto 1983.
G. BARBIERI: Voci dal Maghreb, »Ischia Express«, Ischia, 15 agosto 1985.
G. BARBIERI: Luigi Coppa, »Forio nella Storia nell'Arte nel Folclore — Biblioteca Privata G. Barbieri«, Forio 1987.
E. BARGHEER: Presentazione al catalogo per la mostra personale alla Galleria Bremer, Berlin, 4. April 1965.
H. BARTEN: Ein Gefühl von Verlassenheit — Luigi Coppa — und die Suche nach der anderen Landschaft, »Flensburger Tageblatt«, 7. August 1982.
H. BEKKER vom RATH: Presentazione al catalogo per la mostra personale alla Stuttgarter Hausbücherei, Frankfurt am Main, 23. Juli—6. August.
BERENICE: Un'autentica scoperta — Luigi Coppa espone alla »Toninelli«, »Paese Sera«, Roma, 16 aprile 1975.
P. BERTHIER: Introduzione al catalogo delle mostre personali presso i Centres Culturels Français en Algerie: Constantine, Annaba, Oran, Tlemcen et Alger. mars — juin 1989.
L. BIGIARETTI: Fatti e personaggi nel mondo della cultura, »Punto Interrogativo«, conversazione trasmessa dalle RAI, II° Programma, Roma, 15 aprile 1975.
M. VON BRUCK: Zur Münchener Ausstellung von Luigi Coppa, discorso per l'inaugurazione della mostra alla Galleria Seifert-Binder, München, 17. September 1970.
W. BRÜMMEL: »ISCHIA«, Ellert & Richter Verlag - Hamburg 1989. Pag. 20.
W. BRÜMMEL — T. TANAKA: »ISCHIA«, Knaur Verlag, Dezember 1989.
F. BOLOGNA: Luigi Coppa a Lacco Ameno, »Il Mattino«, Napoli, 13 maggio 1975.
F. BOLOGNA: Gino Coppa alla »Mediterranea«, »Il Mattino«, Napoli, 24 aprile 1976.
M. BONUOMO: Tutti i colori del silenzio, »Il Mattino«, Napoli, 29 settembre 1987.
V. BOTTINO: Gallerie d'Arte — Gli allegri ed epressivi acquerelli di Luigi Coppa, »Cinema Sport«, Torino, 30 gennaio 1971.
M. BOUREE: Begeisterung zu wecken, fällt nicht schwer, »Ruhr-Nachrichten«, Mühlheim, 1. Februar 1968.
R. BUTTLER: Intervista a Luigi Coppa, »Mittags Magazin«, WDR-Köln, 1969.
C.: Universahaus: Maler aus Ischia, »Nürnberger Monatsspiegel«, 1957.
G. CAMETTI ASPRI: Luigi coppa a »Il Fauno«, »Le Arti e gli Spettacoli«, Roma, 16 febbraio 1971.
E. CAMURANI: Presentazione al catalogo per la mostra personale alla Galleria »Toledo«, Napoli, 5 dicembre 1981; poi in »Il Settimanale d'Ischia«, Ischia 15 dicembre 1981.
L. CARLUCCIO: Alla Galleria »Il Fauno« Luigi Coppa propone i suoi acquerelli, animati da una profonda tensione plastica. »Gazzetta del Popolo«, Torino, 28 gennaio 1971.
G. CASTIGLIONE: Luigi Coppa alla »Mediterranea«, »Notiziario Culturale«, Radio Ischia, maggio 1976.
DIZIONARIO COMANDUCCI: Luigi Coppa, Milano 1971.
V. CORBI: Artisti d'Ischia. »Il Mattino«. Napoli, 24 febbraio 1979.
A CROMME: Bilder von exotischer Vielfalt, »Delmenhoster Kurier«, Delmenhorst, 26. April 1983.
F. D.: In der Galerie Bremer, »Telegraf«, Berlin, 21. Mai 1965.

N. D'AMBRA: Pomeriggio dal pittore Coppa, »Tribuna dell'Isola d'Ischia«, Ischia, 30 aprile 1970.
T. DELLA VECCHIA: Luigi Coppa, lo stregone dei colori, »Ischia Mondo«, Ischia luglio 1985.
L. DE LIBERO: Presentazione al catalogo della mostra personale alla Galleria »Toninelli«, Roma, 10 aprile 1975; poi in »Artisti dell'Isola d'Ischia«, Società Editrice Napoletana, Napoli, 1982.
M. DI DOMENICO: Luigi Coppa: alla ricerca della forma perduta, »Paese Sera«, Napoli, 11 dicembre 1981.
A. DI LUSTRO: A Napoli personale del pittore foriano Luigi Coppa, »Ischia Oggi«, Ischia, 28 aprile 1976.
A. DI LUSTRO: Con l'arte di Coppa in augura tal a nuova Galleria Mattera, »Ischia Oggi«, 29 gennaio 1980.
M. GRÄFIN DÖNHOFF: Luigi Coppa, Forio d'Ischia — Presentazione al catalogo della mostra personale alla »Die Städtische Galerie Haus Coburg«, Delmenhorst, aprile—maggio 1983; poi rist. nel catalogo per la mostra personale alla Galerie »Seifert-Binder«, München, ottobre—novembre 1984; poi rist. nel catalogo per la mostra personale al »Der Kunstkreis«, Hameln, novembre—dicembre 1986.
A. DRAGONE: Luce del Mediterraneo su Germania e Africa, »Stampa Sera«, Torino, 27 gennaio 1971.
M. DUVOISIN: Presentazione al catalogo per la mostra al »Graphik-Kabinett G. D. Baedeker«, Essen, gennaio-marzo 1969; rist. come presentazione al catalogo per la mostra »Seconda Ras segna d'Arte dell'isola d'Ischia«, Ischia Ponte, 18 settembre 1976.
P.W. ENGELMEIER: Die Tz-Rose für die Woche vom 2. bis 9. Oktober 1970 wird vergeben an die Galerie Seifert-Binder für die Ausstellung von Luigi Coppa, München 11. Oktober 1970.
M. FIORE: L'exposition du peintre Luigi Coppa à la »Moderno Galerisindi«. »Le Journal d'Orient«, Istanbul, 18 décembre 1957.
C. FLEMES: Luigi Coppa und der Maghreb, presentazione al catalogo per la mostra personale al »Der Kunstkreis«, Hameln, novembre—dicembre 1986.
Gg.: Der Maler aus Ischia, »Nürnberger Zeitung«, Nürnberg, 12. April 1957.
A. GAROFALO: Destino della Ceramica, »Il Giornale« (del pomeriggio), Napoli, 6—7 aprile 1954.
E. GATTI: Arte Flasch — Galleria il Fauno, »Tuttarte«, Torino, gennaio 1971.
C. GIACOMOZZI: Mostre Romane — Libero De Libero presenta gli acquerelli di Luigi Coppa —, »La Fiera Letteraria«, Roma, 27 aprile 1975.
C. GIACOMOZZI: Luigi Coppa e i vellutati riverberi, »La Fiera Lettararia«, Roma 11 aprile 1976.
P. GIRACE: Incontro con i pittori dell'isola verde, »Roma«, Napoli, 20 agosto 1969.
E. GIUFFREDI: Presentazione al catalogo per la mostra personale al »Der Kunstkreis«, Hameln, novembre-dicembre 1986.
L. GRAESER: Coppas farbsprühende Mann-Frau-Kind-Gestalten, »Abendzeitung«, München, September 1970.
J. GRENIER: L'exposition Luigi Coppa à la Galerie »Lambert«, »Preuves«, Paris, décembre 1959, pag. 61. N. 106.
GRÖEGER: Kunstchronik Galerie Läubli, »Neue Zürcher Nachrichten«, Zürich, 9. März 1960.
R. GUTTUSO: Presentazione al catalogo della mostra personale alla Galleria »Mediterranea«, Napoli, 13 aprile 1976, rist. nel catalogo della mostra »Die Städtische Galerie HAUS COBURG«, Delmenhorst, 20. Mai 1983, »Artisti dell'Isola d'Ischia«, S.E.N. Napoli 1982, pag. 189, 190.
Z. GÜVEMLI: Fikir ve Sanat Luigi Coppa, »Vatan«, Istanbul, 3 dicembre 1957.
Z. GÜVMELI: Cronache d'Arte — Luigi Coppa — Radio Istanbul, 28 novembre 1957.
L. H.: Luigi Coppa, »Arts«, Paris, 25 novembre 1959.

TACO...: La personale di Gino Coppa, »Il Settimanale d'Ischia«, Ischia, 19 dicembre 1979.
M. IELASI: Successo di Coppa con una mostra a Roma, »Il Giornale d'Ischia«, Ischia, 18—25 aprile 1975.
JANUS: Presentazione al catalogo della mostra alla Galleria »Il Fauno«, Torino, 5 gennaio 1971; rist. come, Luigi Coppa a »Il Fauno« di Torino visto da Janus, in »Il Milardo«, Carrara-Avenza, 10 febbraio 1971.
H. K.: Die Insel der Maler — Luigi Coppa zeigt seinen »Afrikanischen Mythos«, »Berliner Morgenpost«, Berlin, 16. Mai 1965.
H. K.: Aquarelle von Luigi Coppa in der Galerie Seifert-Binder, »Chiffren der Schönheit«. »Nürnberger Nachrichten«, Nürnberg, 23. September 1970.
E. M. LANDAU: Presentazione al catalogo della mostra personale alla Galleria Läubli, Zürich, März 1960.
F. LAUFER: Ausstellungen in Zürich, »Die Woche«, Zürich, 7. März 1960.
W. LENGSFELD: Das Bild der Gruppe. Luigi Coppa in der Galerie Seifert-Binder, »Süddeutsche Zeitung«, München, 8. November 1984.
M. LONGOBARDO: L'anima africana di Gino Coppa, »Il Giornale d'Ischia«, Ischia, 24 settembre 1972.
M. LONGOBARDO: Ischia terra d'artisti, »Il Giornale d'Ischia«, Ischia, 8 agosto 1974.
A. LUBRANO: Mascolo, Coppa, Mattera, un trinomio che marcia in solitudine. »Ischia Mondo«, Ischia, 15—28 febbraio 1979.
P. LUFFT: Maghrebinische Impressionen; Ausstellungseröffnung im Kunstkreis Hamel, 22. November 1986.
M.: Arts Club Hold Annual Display, »Uganda Argus«, Kampala, 19 February 1958.
E. MALAGOLI: Pittori nell'Isola — Gino Coppa — »Corriere d'Ischia«, Ischia, 15 agosto 1960.
E. MALAGOLI: Gli acquerelli di Gino Coppa alla Libreria Mattera, »Il Giornale d'Ischia«, Ischia, 1—15 settembre 1971.
E. MALAGOLI: La pittura di Gino Coppa è un problema di forme come valore autonomo, »Il Giornale d'Ischia«, Ischia, 1—31 dicembre 1974.
E. MALAGOLI: L'opera di Luigi Coppa nella mostra del Premio Rizzoli, »Il Giornale d'Ischia«, Ischia, 1 maggio 1975.
E. MALAGOLI: Presentazione al catalogo per la mostra »Annali Ischitani«, Ischia, agosto-settembre 1977.
E. MALAGOLI: Presentazione al catalogo della »Mostra dei Pittori Isclani«, Circolo Nautico, Forio, aprile 1979.
E. MALAGOLI: Presentazione al catalogo della mostra personale alle Liberia Mattera, Forio 12 dicembre 1979.
E. MALAGOLI: Luigi Coppa et le Maghreb — Un chant épique de J'homme. Presentazione al catalogo delle mostre personali presso i Centres Culturels Français en Algerie: Constantine, Annaba, Oran, Tlemcen et Alger. Mars—juin 1989 rist. »Rassegna d'Ischia«, 5—6 luglio 1989.
M. MAZZOLI: Mostre d'Arte, in »Avvenire«, Roma, 16 aprile 1975.
D. MICACCHI: Luigi Coppa e i teneri giochi dei fanciulli, »L'Unità«, Roma, 10 maggio 1975.
L. MIGLACCIO: Luigi Coppa, »Forio d'Ischia 1966«, Napoli, 29 maggio 1966.
A. MINUCCI: Le Mostre d'Arte, »La Stampa«, Torino, 26 gennaio 1971.
G. MOHR: Ausstellungseröffnung in der Galerie »Achtersteven«, Kampen/Sylt, 6. Juni 1981.
E. MÜLLER-GARTNER: Aquarelle von Luigi Coppa in der Galerie im Osram-Haus, »Abendzeitung«, München, 9. Mai 1969.
R. MÜLLER-MEHLIS: Immer wieder Umarmungen. »Münchener Merkur«, 30. September 1970.
C. MUSCETTA: Il fascino dell'arte e della cultura nella storia der Mezzogiorno, »Sul Cammino delle Grandi Civiltà, At dei convegno, Caserta, novembre 1985, pag. 40—50.
C. NEGRO: Luigi Coppa, »La Rassegna d'Ischia«, Lacco Ameno, ottobre 1987.
H. NEUBURG: Hanny Fryes und Luigi Coppa, »Die Weltwoche«, Zürich, 4. März 1960.
M. NILS Luigi Coppa alla Galerie Läubli, »Tages Anzeiger«, Zürich, März 1960.
H. O.: Dreißigjährige drängen nach vorn. »Der Tages Spiegel«, Berlin, 6. Mai 1965.
G. PAGLIANO UNGARI: Presentazione al catalogo della mostra »Annali Ischiani«, Ischia, agosto—settembre 1977, rist. nel catalogo per la mostra alla Galleria »Lo Zahir«, Napoli, 10 febbraio 1979.
G. PAGLIANO: Presentazione al catalogo per la mostra personale alla »Libreria Mattera«, Forio, settembre 1980.
PAN.: Cronache d'Arte, in »La settimana a Roma«, Roma 18 aprile 1975.
C. PETERSEN: Galerie »Achtersteven« zeigt Aquarelle von Luigi Coppa, »Sylter Rundschau«, 10. Juni 1981.
E. PFEIFFER-BELLI: Neue Ausstellungen — Aus Ischia und Karlsruhe, »Süddeutsche Zeitung«, München, 11. Oktober 1974.
H. PFLUG-FRANKEN: Nürnberger Kulturbrief — Revolution der Farben, »Schwabacher Tagblatt«, Nürnberg, April 1957.
RED: Una mostra a Ischia — Gli acquerelli di Luigi Coppa 1971 —, »L'Industria Meridionale«, Napoli, 9 settembre 1971.
E. RADZIEWSKY: Luigi Coppa, Impressionen aus Maghreb, »Die Zeit«, Hamburg, 5. Dezember 1986.
E. REGINE: Convegno ai Maronti sui pittori isolani antichi e moderni, »Il Mattino«, Napoli, 24 dicembre 1975.
M. REGINE: Nomi illustri nella »Collettiva« a Forio, »Il Mattino«, Napoli, 6 ottobre 1971.
M. REGINE: Il Premio Ischia 77, »Il Mattino«, Napoli 21 agosto 1977.
M. REGINE: Vernissage al Premio Ischia, in »Il Mattino« Napoli, 14 agosto 1977
P. RICCI: Nel Mondo dell'Arte, »Il Giornale« (del pomeriggio), Napoli, 17—18 aprile 1954.
P. RICCI: Seconda rassegna d'Arte di Pozzuoli, »L'Unità«, Napoli-Campania, 21 luglio 1974.
P. RICCI: Mostre degli »Incontri«, »L'Unità«, Napoli-Campania, 25 settembre 1974.
P. RICCI: Presentazione al catalogo della mostra personale al »Centro Culturale Rizzoli« di Lacco Ameno, maggio 1975; rist. poi nel catalogo della mostra personale alle Galleria »Mediterranea«, Napoli 13 aprile 1976, come presente in »Artisti dell'Isola d'Ischia«, Società Editrice Napoletana, Napoli 1982.
P. RICCI: Luigi Coppa a Lacco Ameno, »L'Unità«, Napoli-Campania, 9 maggio 1975.
P. RICCI: Manifestazione artistica ai Maronti, »Ischia Oggi«, Ischia, 25 dicembre 1976.
P. RICCI: Artisti cancellati dalla storia, »La Voce della Campania«, Napoli, 22 maggio 1977.
P. RICCI: Luigi Coppa, Forio d'Ischia 1934, »Riapertura della restaurata Galleria del Teatro Curci«, »Omaggio a Paolo Ricci«, Barletta, febbraio-marzo 1980.
K. V. RIEDEL: Menschen und Landschaften, »NWZ«, Delmenhorst, 11. Mai 1983.
M. ROCCASALVA: Gino coppa alla Mediterranea, »L'Unità«, Napoli-Campania 18 aprile 1976.
M. ROCCASALVA: Coppa, Mascolo e Mattera allo Zahir, »L'Unità«, Napoli-Campania, 24 febbraio 1978.
M. ROMANO: Il Premio Ischia, »Avvenire«, Roma, 3 settembre 1977.
G. RUSSO: Luigi Coppa 1971 — Acquerelli, »Tribuna Sportiva«, Ischia, 4 settembre 1971.
G. RUSSO: Presentazione al catalogo della mostra personale alla Libreria Mattera, Forio, settembre 1980.
G. RUSSO: Luigi Coppa pittore mediterraneo, »La Rassegna d'Ischia« Ischia aprile 1982.
G. RUSSO: L'Africa nera di Gino Coppa, »Ischia Express«, Ischia, 15 settembre 1982.
C. RUYU: Luigi Coppa alla »Mediterranea«, »Corriere di Napoli«, Napoli, 28—29 aprile 1976.
L. S.: Luigi Coppa in der Galerie Bremer, »Die Welt«, Berlin, 8. Mai 1965.
A. SADI AMER: Immagini d'Algeria del pittore italiano Luigi Coppa »Ach AAB« Algeri, 21 giugno 1989.
E. SANTY: Un Italien amoureux de l'Orient, »Le Provançal«, Marseille, 8. Mai 1984.
A. SCHETTINI: Pittori contemporanei alla Galleria Mattera, »Corriere di Napoli« Napoli, 2 ottobre 1971.
F. SCIALFA: Immagini dal Maghreb. »Corriere di sicilia«, Catania, 24 luglio 1989
E. SETTANNI: I pittori d'Ischia s'impongono oggi anche in campo internazionale, »Il Giornale«, Napoli, 31 maggio 1957.
E. SETTANNI: Mostra di un pittore di Forio d'Ischia a Parigi, »La Voce di Napoli« 14—15 novembre 1959.
E. SETTANNI: Successo del pittore ischitano Luigi Coppa a Zurgio, »La Voce di Napoli«, Napoli, 2—3 aprile 1960.
E. SETTANNI: Forio d'Ischia rifugio d'artisti, »Il Giornale«, Napoli, 5 febbraio 1961.
E. SETTANNI: Una mini-esposizione a Forio d'Ischia, »La Voce di Napoli« Napoli, 12 luglio 1969.
R. SPRINGER: The artist of Forio, »Lettera ad Ischia«. 21 dicembre 1957.
H. STACHELHAUS: Folklore des Schwarzen Erdteils, »Essener Revue«, Essen Februar 1969, n.° 1.
H. STEPHAN: Homogenisierte Farbenergien, »Delmenhoster Kreisblatt«, Delmenhorst, 25. April 1983.
H. STEPHAN: Der Maler Luigi Coppa, Forio, »Delmenhoster Kurier«, 19. April 1983.
G. VALENTINO: Successo della mostra organizzata dal Premio Ischia, »Roma« Napoli, 27 agosto 1977.
A. VAN DYCK: Coppa bei Baedeker, »Westdeutsche Allgemeine Waz«, Essen 25. Januar 1969.
A. VERDE: Luigi Coppa a Essen, »Almanach«, WDR Köln, 1969.
A. VERDE: La mostra di Luigi Coppa alla Galleria »Graphik-Kabinett Baedeker« Essen, »Heute«, WDR, Köln, 1969.
G. VISENTINI: Luigi Coppa, »Il Messaggero«, Roma, 21 aprile 1975.
A. VOGT: Kunst in Zürich — Hanny Fries, Luigi Coppa (Galerie Läubli), »Neue Zürcher Zeitung«, Zürich 1. März 1960.
VON ZAMBAUER: Afrikanische Farb-Symphonie — Aquarelle von Luigi Coppa »Essener Woche«, Essen, 25. Februar 1969.
U. VUOSO: Il cuore dei Tuareg, »L'Uguaglianza«, Novembre 1987.
U. VUOSO: Gino Coppa ad Algeri, »Ischia Oggi«, giugno 1989, M. 6
O. W.: Afrika inspirierte den Italiener, »Der Kurier«, Berlin, 17. Mai 1965.
S. E. WARREN: Luigi Coppa painter of the Black Continent, »Islands in the Sun — Ischia«, New York, 1961, n.° 3.
D. WOLFF: Monumentale Kraft, »Weser Kurier«, Bremen, 9. März 1979.

K. ZIMMER: Luigi Coppa und der Maghreb, »Deister und Weserzeitung«, Hameln, 28. November 1986.
M. ZIVELLI: Successo per l'italiano innammorato dell'Oriente, »Ischia Oggi«, Ischia, 22 giugno 1984.
P.P. ZIVELLI: Un pomeriggio nello studio del pittore foriano Gino Coppa, »Ischia Mondo«, Ischia, dicembre 1975.
P. P. ZIVELLI: Consensi di critica e di pubblico a tre pittori isolani, »Ischia oggi«, Ischia, 28 maggio 1979.
P. P. ZIVELLI: Luigi Coppa e la sua straordinaria pittura, »Ischia Oggi«, Ischia, 22 dicembre 1979.
P. P. ZIVELLI: Incontri — Luigi Coppa, »La Rassegna d'Ischia«, Ischia, novembre 1980, n° 3.
P. P. ZIVELLI: Coppa: amor d'Africa, »Lettera da Ischia«, Napoli, gennaio 1982, Anno VIII.
P. P. ZIVELLI: Luigi Coppa a Marsiglia, »La Rassegna d'Ischia«, Ischia, agosto 1984.
P. P. ZIVELLI: Presentazione al catalogo della mostra personale al Museo del Torrione — Forio, settembre—ottobre 1987; rist. in »La Rassegna d'Ischia«, Ischia, ottobre 1987.
P.P. ZIVELLI: »Incontri«, Forio, 1989, da pag. 43 a pag. 56.

Hinweise, Fotos, Interviews

E. SETTANNI: Luigi Coppa »Un posto nel Golfo«, »Il Giornale« (del pomeriggio), Napoli, 2—3 gennaio 1956.
IL MATTINO: Artisti Italiani a Norinberga, Napoli 1957.
C.: Maler aus Ischia, »Nürnberger Monatsspiel«, Nürnberg, April 1957.
OcK: Drei Maler aus Ischia, Die neue Universa-Ausstellung, April 1957. (giornale sconosciuto)
NEUE PRESSE: Luigi Coppas Malerei — Ein Kampf mit Farben, Frankfurt, 25. Juli 1957.
HOFHEIMER ZEITUNG: Italienischer Maler stellte Bilder in Hofheim aus, Hofheim, Juli 1957.
HOFHEIMER ZEITUNG: Der Italienische Maler Luigi Coppa, Hofheim, 27. Juli 1957.
FRANKFURTER ALLGEMEINE ZEITUNG: Südliche Landschaft im Bild, Frankfurt, 26. Juli 1957.
MILLIYET: Luigi Coppa alla Moderno Galerisinda, Istanbul, novembre—dicembre 1957.
YENI ISTANBUL: Yeni bir sergi, Istanbul, 28 novembre 1957.
DAILY AMERICAN: Endless Parade — Luigi Coppa, 27 novembre 1957.
RADIO ISTANBUL: Intervista radiofonica, 3 dicembre 1957.
RADIO ISTANBUL: Cronaca d'Arte di Zahir Güvemli, Istanbul, 28 novembre 1957.
CUMHURIYET: Italyan ressami sergisi, Istanbul, 28 novembre 1957.
LA VOCE DI NAPOLI: La critica francese e la mostra del pittore foriano Luigi Coppa, Napoli, 14—15 novembre 1959.
WSPOLCZESNOSC: Kwiatkowski Jerzy: List galernika, Warzawa, novembre 1959.
WIADOMOSCI: London, 29 novembre 1959.
ANNUARIO DEGLI ARTISTI: E. D. I., Roma 1961.
SPANDAUER VOLKSBLATT BERLIN: Luigi Coppa, Berlin, 11. Mai 1965.
L'UNITA': Ritratto di giovane africano. (Foto), Napoli, 7 marzo 1965.
WESTDEUTSCHE ALLGEMEINE WAZ: Drittes Programm zeigt Baedekers Coppa-Ausstellung, Essen, 27. Januar 1969.
E. M.: Aquarelle von Luigi Coppa in der Galerie OSRAM Haus, in Abendzeitung, München, 5. Mai 1969.
MÜNCHENER MERKUR: Kunst in OSRAM Haus — Luigi Coppa, München, Mai 1969.

Segnalazioni, Fotografie, Interviste.

L'UNITA': Mostra del pittore Coppa a Forio d'Ischia, Napoli, 12 giugno 1969.
L'UNITA': Una mostra di Luigi Coppa a Forio d'Ischia, Napoli, 23 giugno 1969.
ABENDZEITUNG: Trompetende Kinder (Foto), München, 2. Oktober 1970.
NÜRNBERGER ZEITUNG: Sicher im Gefüge der Form — Luigi Coppa in der Münchener Galerie Seifert-Binder, Nürnberg, 24. September 1970.
TRIBUNA: La Rosa TZ a Gino Coppa, Ischia, 16 settembre 1970.
MÜNCHENER MERKUR: Gruppenbilder von Coppa, München 1. Oktober 1970.
BOLAFFIARTE: Torino, febbraio 1971.
BOLAFFIARTE: Torino, marzo 1971.
ARTEGUIDA Internazionale: Lo Faro Editore, Roma 1973.
ANNUARIO COMANDUCCI: Milano 1974.
ANALISI: Mercato di Quargla (Foto), Arabo dormiente (Foto), Bologna, 15 agosto 1982.
WESER KURIER: Luigi Coppa, Bremen, 14. Mai 1983.
G. W.: Delmenhorster Kurier, Delmenhorst, 19. März 1983.
GAF: »Haus Coburg: zeigt Bilder von Luigi Coppa, Delmenhorster Kurier, Delmenhorst, 19. April 1983.
LA MARSEILLAISE: Luigi Coppa à la Vieille charité, Marseille, 10 mai 1982.
LE MERIDIONAL: Luigi Coppa à la Vieille Charité, Marseille, 13 mai 1984.
REPORTER: Artisti napoletani all'estero, Napoli, 18 maggio 1984.
IL FOTOGRAMMA: Gino Coppa espone a Marsiglia, Ischia, giugno 1984.
ISCHIA MONDO: Mostra del pittore Gino Coppa a Marsiglia, Ischia, maggio 1984.
TZ: Namentlich in der TZ, München, 22. Oktober 1984.
ABENDZEITUNG: München, 22. Oktober 1984.
L'UNITA': Luigi Coppa al Castello Aragonese, Napoli 7 luglio 1985.
IL MATTINO: Russo, Zito e Coppa, tre proposte su tela, Napoli, 20 luglio 1985.
C. CENATIEMPO: Alla riscoperta dell'arte perduta, Napoli, 8 novembre 1985.
DEISTER-UND WESERZEITUNG: Impressionen aus dem Maghreb, Hameln, 22. November 1986.
DEISTER-UND WESERZEITUNG: Impressionen aus dem Maghreb, Hameln, 24. November 1986.
IL MATTINO: Settembre di cultura nel Torrione di Forio, Napoli, 24 settembre 1987.
VADEMECUM NELL'ARTE ITALIANA: Ed. S. E. N., Torino.
ALGÉRIE ACTUALITE: Algerie 1981—1989 de L. Coppa, Alger, 8—14 juin 1989.

Verzeichnis der Abbildungen — Indice delle illustrazioni

1 Der Schatten (Schutzumschlag)
1976
Tuschzeichnung auf Papier
46 x 70,5 cm
Privatbesitz des Künstlers — Forio
L'ombra (Sopraccoperta)
Inchiostro su carta
Collezione dell'artista — Forio

2 Porträt des Künstlers
1984
Photo: Bernard Lesaing, Aix en Provence
Ritratto dell'artista
Foto di Bernard Lesaing, Aix en Provence

3 Coppa mit Emy Roeder in Forio
1969
(Photo aus dem Privatarchiv des Künstlers)
Coppa con Emy Roeder a Forio nel
1969
(foto proveniente dall'archivio personale dell'artista)

4 Uganda 1957
(Photo aus dem Privatarchiv des Künstlers)
Uganda 1957
(foto proveniente dall'archivio personale dell'artista)

5 Kongo 1958
(Photo aus dem Privatarchiv des Künstlers)
Congo 1958
(foto proveniente dall'archivio personale dell'artista)

6 Coppa mit Renato Guttuso in Forio
1974
Coppa con Renato Guttuso a Forio nel
1974
(foto proveniente dall'archivio personale dell'artista)

7 In Algerien 1985
(Photo aus dem Privatarchiv des Künstlers)
In Algeria 1958
(Foto proveniente dall'archivio personale dell'artista)

8 Forio
1953
Tuschzeichnung auf Papier
22 x 28 cm
Privatbesitz des Künstlers — Forio
Forio
Inchiostro su carta
Collezione dell'artista — Forio

9 Forio
1956
Zeichnung auf Papier
22 x 28 cm
Privatbesitz des Künstlers — Forio
Forio
Pennarello su carta
Collezione dell'artista — Forio

10 Der tote Großvater Vincenzo
1956
Öl auf Masonit
40 x 51,5 cm
Privatbesitz des Künstlers — Forio
Il nonno Vincenzo morto
Olio su masonite
Collezione dell'artista — Forio

11 Häuser von Maulbronn
1957
Tuschzeichnung auf Papier
22 x 34 cm
Privatbesitz des Künstlers — Forio
Case di Maulbronn
Inchiostro su carta
Collezione dell'artista — Forio

12 Häuser von Maulbronn
1957
Zeichnung auf Papier (Detail)
Privatbesitz des Künstlers — Forio
Case di Maulbronn
Pennarello su carta (particolare)
Collezione dell'artista — Forio

13 Hofheim am Taunus (BRD)
    1957
    Aquarell auf Papier
    22 x 28 cm
    Privatbesitz des Künstlers — Forio
    Hofheim am Taunus (Germania)
    Acquerello su carta
    Collezione dell'artista — Forio

14 Prozession in Forio
    1962
    Öl auf Leinwand
    25 x 25 cm
    Privatsammlung — Forio
    Processione a Forio
    Olio su tela
    Collezione privata — Forio

15 Istanbul
    1957
    Tuschzeichnung auf Papier
    22 x 28 cm
    Privatbesitz des Künstlers — Forio
    Istanbul
    Inchiostro su carta
    Collezione dell'artista — Forio

16 Semliki-Tal (Uganda)
    1958
    Tuschzeichnung auf Papier
    21,5 x 34 cm
    Privatbesitz des Künstlers — Forio
    Valle del Semliki (Uganda)
    Inchiostro su carta
    Collezione dell'artista — Forio

17 Bundibugyo (Uganda)
    1958
    Tuschzeichnung auf Papier
    21,5 x 34 cm
    Privatbesitz des Künstlers — Forio
    Bundibugyo (Uganda)
    Inchiostro su carta
    Collezione dell'artista — Forio

18 Einbaumboot
    1958
    Aquarell auf Papier
    16 x 47 cm
    Privatsammlung — Forio
    Piroga
    Acquerello su carta
    Collezione privata — Forio

19 Afrikanische Frauen
    1959
    Öl auf Leinwand
    45 x 35 cm
    Privatsammlung — Graz
    Donne africane
    Olio su tela
    Collezione privata — Graz

20 Notre-Dame (Paris)
    1959
    Zeichnung auf Papier
    11 x 18 cm
    Privatbesitz des Künstlers — Forio
    Notre-Dame (Parigi)
    Pennarello su carta
    Collezione dell'artista — Forio

21 Gestalten in der Dämmerung
    1960
    Tuschzeichnung auf Papier
    47 x 70 cm
    Privatsammlung — Paris
    Figure al tramonto
    Inchiostro su carta
    Collezione privata — Parigi

22 Kinder mit Pferdchen
    1970
    Zeichnung auf Papier
    22 x 28 cm
    Privatbesitz des Künstlers — Forio
    Bambini con cavalluccio
    Pennarello su carta
    Collezione dell'artista — Forio

23 Kind mit Puppe
    1970
    Zeichnung auf Papier
    22 x 28 cm
    Privatbesitz des Künstlers — Forio
    Bambino con bambola
    Pennarello su carta
    Collezione dell'artista — Forio

24 Kind mit Puppe
    1974
    Aquarell auf Papier
    57 x 77 cm
    Privatsammlung — Rom
    Bambino con bambola
    Acquerello su carta
    Collezione privata — Roma

25 Straße in Medenine
    1981
    Aquarell auf Papier
    27 x 38,5 cm
    Privatsammlung — Aix en Provence
    Strada di Medenine
    Acquerello su carta
    Collezione privata — Aix en Provence

26 Händler in Marrakesch
    1985
    Tuschzeichnung auf Papier
    55,5 x 41,5 cm
    Privatbesitz des Künstlers — Forio
    Mercanti di Marrakech
    Inchiostro su carta
    Collezione dell'artista — Forio

27 Verkäuferinnen in Marrakesch
    1985
    Tuschzeichnung auf Papier
    55,5 x 42 cm
    Privatbesitz des Künstlers — Forio
    Venditrici di Marrakech
    Inchiostro su carta
    Collezione dell'artista — Forio

28 Tuareg
    1985
    Tuschzeichnung auf Papier
    24 x 18 cm
    Privatbesitz des Künstlers — Forio
    Tuareg
    Inchiostro su carta
    Collezione dell'artista — Forio

29 Im Atelier in Forio
    1985
    Photo von Bernard Lesaing, Aix en Provence
    Nello studio di Forio
    Foto di Bernard Lesaing, Aix en Provence

30 Luigi Coppa mit Marion Gräfin Dönhoff
    1986 (Hameln)
    Photo von Bernhard Lesaing, Aix en Provence
    Luigi Coppa con Marion Gräfin Dönhoff
    Foto di Bernhard Lesaing, Aix en Provence

31 Stilleben
    1948
    Öl auf Papier
    35,5 x 48,5 cm
    Privatbesitz des Künstlers — Forio
    Natura morta
    Olio su carta
    Collezione dell'artista — Forio

32 San Gaetano-Kirche — Forio
    1949
    Aquarell auf Papier
    22 x 28 cm
    Privatbesitz des Künstlers — Forio
    Chiesa di San Gaetano — Forio
    Acquerello su carta
    Collezione dell'artista — Forio

33 Basso Cappella — Forio
    1952
    Aquarell auf Papier
    47 x 58 cm
    Privatbesitz des Künstlers — Forio
    Basso Capella — Forio
    Acquerello su carta
    Collezione dell'artista — Forio

34 Porträt Vito Mattera
    1952
    Öl auf Papier
    45 x 30 cm
    Privatsammlung — Forio
    Ritratto di Vito Mattera
    Olio su carta
    Collezione privata — Forio

35 Badende
    1953
    Öl auf Leinwand
    115 x 143 cm
    Privatbesitz des Künstlers — Forio
    Bagnanti
    Olio su tela
    Collezione dell'artista — Forio

36 »Cuotto« — Forio
    1954
    Öl auf Papier
    43 x 54 cm
    Privatsammlung — Ischia
    »Cuotto« — Forio
    Olio su carta
    Collezione privata — Ischia

37 Prozession
    1957
    Öl auf Leinwand
    35 x 45 cm
    Privatbesitz des Künstlers — Forio
    Processione
    Olio su tela
    Collezione dell'artista — Forio

38 Prozession in Forio
    1957
    Öl auf Leinwand
    71 x 100 cm
    Privatbesitz des Künstlers — Forio
    Processione a Forio
    Olio su tela
    Collezione dell'artista — Forio

39 Safari (Uganda)
    1958
    Aquarell auf Papier
    22 x 28 cm
    Privatsammlung — Genf
    Safari (Uganda)
    Acquerello su carta
    Collezione privata — Gèneve

40 Markt in Katwe (Uganda)
    1958
    Aquarell auf Papier
    26 x 54,5 cm
    Privatbesitz des Künstlers — Forio
    Mercato di Katwe (Uganda)
    Acquerello su carta
    Collezione dell'artista — Forio

41 Menschen von Afrika (Uganda)
    1958
    Öl auf Leinwand
    70 x 70 cm
    Privatbesitz des Künstlers — Forio
    Gente d'Africa (Uganda)
    Olio su tela
    Collezione dell'artista — Forio

42 Fischer am Edward-See (Kongo)
    1961
    Aquarell auf Papier
    22 x 56 cm
    Privatbesitz des Künstlers — Forio
    Pescatori del lago Edward (Congo)
    Acquerello su carta
    Collezione dell'artista — Forio

43 Askari (Uganda)
    1962
    Aquarell und Tempera auf Papier
    35 x 72 cm
    Privatbesitz des Künstlers — Forio
    Ascari (Uganda)
    Acquerello e tempera su carta
    Collezione dell'artista — Forio

44 Safari (Uganda)
    1962
    Öl auf Leinwand
    140 x 200 cm
    Privatbesitz des Künstlers — Forio
    Safari (Uganda)
    Olio su tela
    Collezione dell'artista — Forio

45 Safari (Uganda)
    1963
    Öl auf Leinwand
    300 x 140 cm
    Privatbesitz des Künstlers — Forio
    Safari (Uganda)
    Olio su tela
    Collezione dell'artista — Forio

46 Zum Markt (Kongo)
    1964
    Aquarell auf Papier
    35 x 46 cm
    Privatbesitz des Künstlers — Forio
    Verso il mercato (Congo)
    Acquerello su carta
    Collezione dell'artista — Forio

47 Massai (Kenia)
    1965
    Aquarell auf Papier
    59 x 46 cm
    Privatbesitz des Künstlers — Forio
    Massai (Kenja)
    Acquerello su carta
    Collezione dell'artista — Forio

48 Fischer am Edward-See (Kongo)
    1966
    Aquarell auf Papier
    48 x 67,5 cm
    Privatsammlung — Graz
    Pescatori del lago Edward (Congo)
    Acquerello su carta
    Collezione privata — Graz

49 Frau aus Goma (Ruanda)
    1968
    Aquarell auf Papier
    70 x 47 cm
    Privatbesitz des Künstlers — Forio
    Donna di Goma (Ruanda)
    Acquerello su carta
    Collezione dell'artista — Forio

50 Baumwollträgerin (Ruanda)
    1968
    Aquarell auf Papier
    70 x 47 cm
    Privatbesitz des Künstlers — Forio
    Portatrice di cotone (Ruanda)
    Acquerello su carta
    Collezione dell'artista — Forio

51 Nomaden
    1970
    Aquarell auf Papier
    76 x 56 cm
    Privatsammlung — München
    Nomadi
    Acquerello su carta
    Collezione privata — München

52 Mädchen mit Puppe
    1970
    Aquarell auf Papier
    76 x 56 cm
    Privatbesitz des Künstlers — Forio
    Bambina con bambola
    Acquerello su carta
    Collezione dell'artista — Forio

53 Kind mit Puppe
    1970
    Aquarell auf Papier
    76 x 56 cm
    Privatsammlung — Forio
    Bambino con bambola
    Acquerello su carta
    Collezione privata — Forio

54 Kind mit Puppe
    1971
    Aquarell auf Papier
    76 x 56 cm
    Privatbesitz des Künstlers — Forio
    Bambino con bambola
    Acquerello su carta
    Collezione dell'artista — Forio

55 Kind
    1971
    Aquarell auf Papier
    39,5 x 50,5 cm
    Privatbesitz des Künstlers — Forio
    Bambino
    Acquerello su carta
    Collezione dell'artista — Forio

56 Kind mit Puppe
    1972
    Aquarell auf Papier
    56 x 76 cm
    Privatbesitz des Künstlers — Forio
    Bambino con bambola
    Acquerello su carta
    Collezione dell'artista — Forio

57 Liebende
    1973
    Aquarell auf Papier
    78 x 56 cm
    Privatsammlung — Forio
    Amanti
    Acquerello su carta
    Collezione privata — Forio

58 Spielzeug
    1973
    Aquarell auf Papier
    77 x 57 cm
    Privatbesitz des Künstlers — Forio
    Giocàttolo
    Acquerello su carta
    Collezione dell'artista — Forio

59 Kinder
    1974
    Aquarell auf Papier
    67 x 100 cm
    Privatbesitz des Künstlers — Forio
    Bambini
    Acquerello su carta
    Collezione dell'artista — Forio

60 Kind mit Puppe
    1974
    Aquarell auf Papier
    56 x 76 cm
    Privatbesitz des Künstlers — Forio
    Bambino con bambola
    Acquerello su carta
    Collezione dell'artista — Forio

61 Kind mit Puppe
    1975
    Aquarell auf Papier
    110 x 77 cm
    Privatbesitz des Künstlers — Forio
    Bambino con bambola
    Acquerello su carta
    Collezione dell'artista — Forio

62 Kind mit Puppe und Kinderwagen
    1976
    Aquarell auf Papier
    110 x 77 cm
    Privatbesitz des Künstlers — Forio
    Bambino con bambola e carrozzina
    Acquerello su carta
    Collezione dell'artista — Forio

63 Kind mit Puppe und Kinderwagen
    1976
    Aquarell auf Papier
    110 x 77 cm
    Privatbesitz des Künstlers — Forio
    Bambino con bambola e carrozzina
    Acquerello su carta
    Collezione dell'artista — Forio

64 Menschen von Goulimine (Marokko)
    1980
    Mischtechnik auf Papier
    48 x 77,5 cm
    Privatbesitz des Künstlers — Forio
    Gente di Goulimine (Marocco)
    Tecnica mista su carta
    Collezione dell'artista — Forio

65 Dorf im Souf (Algerien)
    1981
    Aquarell auf Papier
    77 x 110 cm
    Privatsammlung — Graz
    Villaggio del Souf (Algeria)
    Acquerello su carta
    Collezione privata — Graz

66 Marktplatz in El-Oued (Algerien)
    1982
    Öl auf Papier
    27 x 38 cm
    Privatbesitz des Künstlers — Forio
    Piazza del mercato di El-Oued (Algeria)
    Olio su carta
    Collezione dell'artista — Forio

67 Alte Männer in Metameur (Tunesien)
    1981
    Mischtechnik auf Papier
    27 x 38,5 cm
    Privatsammlung — Graz
    Vegliardi di Metameur (Tunisia)
    Tecnica mista su carta
    Collezione privata — Graz

68 Markt in El Hamma (Tunesien)
    1981
    Mischtechnik auf Papier
    77 x 110 cm
    Privatbesitz des Künstlers — Forio
    Mercato di El Hamma (Tunisia)
    Tecnica mista su carta
    Collezione dell'artista — Forio

69 Schlafender (Algerien)
    1981
    Mischtechnik auf Papier
    109 x 77 cm
    Privatbesitz des Künstlers — Forio
    Uomo dormente (Algeria)
    Tecnica mista su carta
    Collezione dell'artista — Forio

70 Ghardaia (Algerien)
    1981
    Mischtechnik auf Papier
    77 x 109 cm
    Privatbesitz des Künstlers — Forio
    Ghardaia (Algeria)
    Tecnica mista su carta
    Collezione dell'artista — Forio

71 Alter Mann (Algerien)
    1982
    Aquarell auf Papier
    109,5 x 77 cm
    Privatbesitz des Künstlers — Forio
    Vegliardo (Algeria)
    Acquerello su carta
    Collezione dell'artista — Forio

72 Schlafende Alte (Algerien)
    1982
    Aquarell und Tinte auf Papier
    65 x 151 cm
    Privatsammlung — Graz
    Vegliardi dormenti (Algeria)
    Acquerello e inchiostro su carta
    Collezione privata — Graz

73 Mann aus dem Großen Erg (Algerien)
    1982
    Mischtechnik auf Papier
    77 x 109 cm
    Privatbesitz des Künstlers — Forio
    Uomo del Grande Erg (Algeria)
    Tecnica mista su carta
    Collezione dell'artista — Forio

74　Frau in Gelb (Algerien)
　　1983
　　Mischtechnik auf Papier
　　110 x 77 cm
　　Privatbesitz des Künstlers — Forio
　　Donna in giallo (Algeria)
　　Tecnica mista su carta
　　Collezione dell'artista — Forio

75　Frau in Rot
　　1983
　　Mischtechnik auf Papier
　　110 x 77 cm
　　Privatsammlung — Berlin
　　Donna in rosso
　　Tecnica mista su carta
　　Collezione privata — Berlin

76　Frau mit Armreif
　　1983
　　Aquarell auf Papier
　　77 x 110 cm
　　Privatbesitz des Künstlers — Forio
　　Donna con bracciale
　　Acquerello su carta
　　Collezione dell'artista — Forio

77　Nomade
　　1984
　　Aquarell auf Papier
　　109 x 77 cm
　　Privatbesitz des Künstlers — Forio
　　Nomade
　　Acquerello su carta
　　Collezione dell'artista — Forio

78　Menschen von M'zab
　　1984
　　Mischtechnik
　　38,5 x 55,5 cm
　　Privatsammlung — München
　　Gente del M'zab
　　Tecnica mista su carta
　　Collezione privata — München

79　Frau in Grün
　　1984
　　Aquarell auf Papier
　　110 x 77 cm
　　Privatbesitz des Künstlers — Forio
　　Donna in verde
　　Acquerello su carta
　　Collezione dell'artista — Forio

80　Nomadenkind
　　1984
　　Aquarell auf Papier
　　110 x 77 cm
　　Privatbesitz des Künstlers — Forio
　　Bambino nomade
　　Acquerello su carta
　　Collezione dell'artista — Forio

81　Menschen von Touggourt (Algerien)
　　1984
　　Mischtechnik
　　56,5 x 76,5 cm
　　Privatsammlung — München
　　Gente di Touggourt (Algeria)
　　Tecnica mista su carta
　　Collezione privata — München

82　Sitzende Frau
　　1985
　　Aquarell auf Papier
　　110 x 77 cm
　　Privatbesitz des Künstlers — Forio
　　Donna seduta
　　Acquerello su carta
　　Collezione dell'artista — Forio

83　Frauen der Sahara
　　1985
　　Mischtechnik auf Papier
　　110 x 77 cm
　　Privatsammlung — Graz
　　Donne del Sahara
　　Tecnica mista su carta
　　Collezione privata — Graz

84　Tuareg
　　1985
　　Aquarell auf Papier
　　109 x 76,5 cm
　　Privatbesitz des Künstlers — Forio
　　Tuareg
　　Acquerello su carta
　　Collezione dell'artista — Forio

85　Luigi Coppa
　　1986
　　Photo von Bernard Lesaing, Aix en Provence
　　Foto di Bernard Lesaing, Aix en Provence

1. Träume der Kindheit	11	1. I sogni della fanciullezza	11
2. Jahre des Studiums	13	2. Anni di studio	13
3. Der Weg in die Fremde	14	3. La via per l'estero	14
4. Wichtige Jahre: 1957/58	16	4. Anni importanti: 1957/58	16
5. Eine Vision, die sich erfüllt: Afrika	18	5. Una visione che si avvera: l'Africa	18
6. In Forio bei der Familie	21	6. A Forio con la Famiglia	21
7. Begegnung mit Nordafrika	23	7. Incontro con il Nordafrica	23

Zum Künstler

L'artista

I. Ischia: Ein Ort für Künstler	25	I. Ischia: un luogo per artisti	25
II. Frühe Werke	33	II. Opere giovanili	33
III. Schwarz-Afrika	35	III. Africa nera	35
IV. Kinder mit Spielzeug, Liebende	41	IV. Bambini con giocattoli, amanti	41
V. Maghrebinische Welt: Marokko, Tunesien, Algerien	45	V. Mondo maghrebino: Marocco, Tunisia, Algeria	45

Das Atelier 53

Lo studio 53

Luigi Coppa in Forio d'Ischia
Marion Gräfin Dönhoff, 1983 57

Luigi Coppa a Forio
Marion Gräfin Dönhoff 57

Farbtafeln	59	Tavole a colori	59
Biographie	115	Biografia	115
Kritische Anthologie	121	Antologia critica	121
Einzelausstellungen	133	Mostre personali	133
Ausstellungsbeteiligungen	135	Mostre collettive	135
Bibliographie	137	Bibliografia	137
Hinweise, Fotos, Interviews	139	Segnalazioni, Fotografie, Interviste	139
Verzeichnis der Abbildungen	141	Indice delle illustrazioni	141